国家出版基金项目
NATIONAL PUBLICATION FOUNDATION

中國歷史教程

（上）

[日]佐野袈裟美◎著
劉惠之 劉希寧◎譯

山西出版傳媒集團
山西人民出版社

圖書在版編目(CIP)數據

中國歷史教程 / [日] 佐野袈裟美著；劉惠之，劉希寧譯. —太原： 山西人民出版社，2015.12
(近代海外漢學名著叢刊 / 鄭培凱主編)
ISBN 978-7-203-09373-2

Ⅰ. ①中… Ⅱ. ①佐… ②劉…③劉… Ⅲ. ①中國歷史－教材 Ⅳ. ①K2

中國版本圖書館CIP數據核字(2015)第276295號

中國歷史教程

叢刊主編 鄭培凱
著　　者 [日]佐野袈裟美
譯　　者 劉惠之 劉希寧
責任編輯 張　潔

出 版 者 山西出版傳媒集團·山西人民出版社
地　　址 太原市建設南路21號
郵　　編 030012
發行營銷 0351-4922220 4955996 4956039
0351-4922127(傳真)
天猫官網 http://sxrmcbs.tmall.com 0351-4922159(電話)
E-mail sxskcb@163.com 發行部
sxskcb@126.com 總編室
網　　址 www.sxskcb.com

經 銷 者 山西出版傳媒集團·山西人民出版社
承 印 廠 山西出版傳媒集團·山西人民印刷有限責任公司

開　　本 700mm×970mm 1/16
印　　張 25.5
字　　數 217千字
印　　數 1—2000冊
版　　次 2015年12月 第1版
印　　次 2015年12月 第1次印刷
書　　號 ISBN 978-7-203-09373-2
定　　價 77.00圓(上、下)

近代海外漢學名著叢刊編委會名單

出版説明

近代海外漢學名著叢刊選取一九四九年以後未再刊行之近代海外漢學作品，編例如次：

一、本叢書遴選之作品在相關學術領域具有一定的代表性，在學術研究方嚮、方法上獨具特色。

二、爲避免重新排印時出錯，本叢書原本原貌影印出版。影印之底本皆經專家組審定，原書字體大小、排版格式均未做大的改變。

三、爲使叢書體例一致，本叢書前言後記均采用繁體字排版。

四、個別頁碼較少的版本，爲方便裝幀和閲讀，進行了合訂。

五、少數作品有個別破損之處，編者以不改變版本内容爲前提，部分進行修補，難以修復之處保留缺損原狀。

六、原版書中個别錯訛之處，皆照原樣影印，未做修改。

由於叢書規模較大，不足之處，在所難免，殷切期待方家指正。

總序／温故而知新

晚清以來，西力東漸，西方文化思想的著作也大量譯成中文，最著名的如嚴復與林紓的譯著，影響了整個二十世紀中國的知識界與文學界，使得中國文化的思維脈絡爲之丕變。除了西方思想經典、文學與實證科學著作的翻譯，以實證方法系統化探討中國文史的域外漢學，也對中國學術思想界産生了莫大衝擊，改變了中國學術的著述方法與取嚮。

中國傳統的知識結構，是按經史子集四庫分類的，以儒家意識形態的經學爲文化知識的砥柱，以史學爲貫串歷史經驗的殷鑒，至於子部與集部，則是作爲保存文獻、擴大知識面的附帶知識，可以耽情冥想，可以悠遊玩賞，却都是邊緣化的知識，無關聖教的弘揚，無關文化精髓的宏旨。西方文藝復興之後的現代學術體系，在知識分類上，與中國傳統大相徑庭，講究系統分科，不同知識領域各有其客觀存在的價值，有其相對獨立的目的與標準。日本知識界在明治維新以來，鑒於東方文明落後於西方的船堅炮利，率先效法西方，在追求「文明開化」、「脱亞入歐」的過程中，爲日本學術發展循着現代西方的體例，建立了哲學、文學、歷史學、經濟學、法學、商學、物理學、化學、地質學、醫學、農學、工程學、植物學、動物學等等新型學科，企圖與西方學術齊頭並進，從而影響了中國近代學術體系的發展。

本叢刊選印二十世紀上半葉出版的漢學譯著近百冊，分爲三大類：「歷史文化與社會經濟」、「古典文獻與語言文字」、「中外交通與邊疆史」，反映民國時期學術界重視西方及日本漢學研究的成果，藉助他山之石，重新審視中國傳統歷史文化的意義，特別是開拓了傳統學術忽略的領域。五四新文化運動以來，中國學者如蔡元培、胡適都提倡「整理國故」，以理性實證的方法，對中國文化傳統做出系統化的研究，是與這些漢學譯著相輔相成的。這些譯著除了介紹域外漢學的成果，還引進了嶄新的學術研究方法與視角，有助於梳理中國文化傳統的脈絡，重新整合知識結構與學術體系。雖然這些學術著作不是中國學者的成就，無法納入二十世紀中國文史學術的主脈，但是從中文譯本的影響而言，起碼也應當視爲中國近代學術發展的支脈或潛流，不容忽視。可惜的是，到了二十世紀下半葉，因爲兩岸政治形勢的變化，這些漢學譯著，除了部分因王雲五重新入主臺灣商務印書館，而得以在臺灣做了少量的重印，在大陸的出版界，則完全受到遺忘，甚至在許多新成立的大學圖書館中也不見踪影。我們搜集了近百冊塵封的漢學譯著，呈現給二十一世紀的中國學術界，一方面是爲了銘記前人爲推展學術而做出的努力，另一方面也是爲了提醒新常態時期的學人，學術發展有其歷史累積的脈絡，可以從中汲取歷史經驗，温故而知新。

説到「温故知新」與這批早期漢學譯著的關係，可以從兩個方面來思考，以見翻譯域外漢學如何反映了時代精神，爲融匯東西方學術思維，重新闡釋中國文化傳承，做出不可磨滅的貢獻。一是域外漢學的研究對象，以中國歷史文化典籍爲主，屬於中西文化碰撞期間興起的「國學」範疇，與五四新文化人物提倡的「整理國故」運動若合符節。研究中國歷史文化，並賦予新的學術意義，是清末民初知識精英念兹在兹的心結。歷史發展走到一個環節，時代的狂風揚起了批判傳統的大旗，風中的英雄幫着推波助瀾，却又無時或忘自己民族文化主體的未來，糾纏於「傳統」能否「現代」的困境。域外漢學的出現，以西方實證方法研究中國歷史文化傳統，綜合東西方各種語言文字材料，擴大了研究國學的眼界，即使無法打開中國文化傳統是否走到盡頭的心結，至少是提供了一個解惑的方嚮，在大霧彌漫的夜晚，看到了依稀渺茫的星光。

二是翻譯域外漢學，有一種以子之矛攻子之盾的吊詭作用，逐漸化解了中國文化思維中的自大心理與封閉心態，讓唯我獨尊的國粹基本教義派解除武裝到牙齒的盔甲，轉而吸收並接受西方實證研究的學風。民國期間新式教育制度的推行、學術體系的變化、大學學術專業的創建，具體到北京大學國學門的成立，中央研究院規劃歷史、語言、考古的研究領域，都與翻譯域外漢學背後的旨意是息息相關的。因此，重新閱覽這批民國期間的漢學譯著，對二十一世紀的現代學人來說，温故而知新，不但可以窺知民國學人追求新知的心理狀態，也會刺激吾人反思，認真思考學術研究方法與中國學術發展的前景，更進一步，探索文化傳統的重新闡釋與新知介入的關係。知識體系的變化當然與傳統的重新闡釋有關，是外爍的影響大呢，還是內因變化的成分居多？

論語·爲政記載孔子說：「温故而知新，可以爲師矣。」歷代解經，對這個「爲師」的道理，有兩種相近似但又取嚮不同的解釋。朱熹四書集注說：「故者，舊所聞。新者，今所得。言學能時習舊聞而每有新得，則所學在我而其應不窮，故可以爲人師。若夫記問之學，則無得於心而所知有限，故學記譏其不足以爲人師，正與此意互相發也。」雖然朱熹把知識分爲「舊所聞」與「新所得」，强調的却是「學而時習之」，從中生發新的心得，也就是從詮釋舊典中得到新知。這個説法與朱熹在鵝湖之會以後，作詩唱和，寫給陸九淵的詩句，「舊學商量加邃密，新知涵養轉深沉」，异曲同工，是一個意思，萬變不離其宗，舊學與新知是同一個脈絡的知識學理。

然而，有些朱熹之前的經學家，解釋「温故知新」，却有不同的取嚮。皇侃論語義疏就說：「故，謂所學已得之事也。所學已得者則温尋之不使忘失，此是月無忘其所能也。新，謂即時所學新得者也。知新，謂日知其所亡也。若學能日知所亡，月無忘所能，此乃可爲人師也。」皇侃明確説到，「故」指的是過去所學的知識，而「新」則指的是新近學到的知識，新舊結合，相互發明，就可以「爲人師」了。邢昺論語注疏循着皇侃的思路，也説：「言舊所學得者，温尋使不忘，是温故也。素所未知，學使知之，是知新也。既温尋故者，又知新者，則可以爲人師也。」這裏講的「素所未知」，就不衹是研讀舊學，有了新的體會，從過去的傳統中發展出的「新知」，而是從來没聽過、没想過的新學問了。這種「素所未知」的新學問，結合「舊所聞」，對習以爲常的知識框架，就會産生巨大的衝擊，而出現飛躍性的結構變化。知識内容或許大體沿襲傳統，知識結構却得以重新整合，出現嶄新的認知系統，重新審視自己文化傳統的意義，打開文化傳承的新局面。二十世紀上半葉的漢學譯作，就發揮了這樣的作用，促使中國學者放棄自我中心的文化態度，從各種不同側面，探知中國歷史文化的光譜，以域外（或是全球）的角度觀測中國傳統，摇動了文化的萬花筒，看到七彩繽紛的中國。

嚴復在甲午戰争之後，改良變法思想風起雲涌之時，開始大量翻譯西方思想經典著作，是有感於國人（特别是傳統文化孕育的知識精英）思維系統封閉，企圖介紹實證新知，引進邏輯思維的方法，以破除儒學之道「一以貫之」與「放之四海而皆準」的虚妄。他翻譯天演論，在序文中提到，有人歸納東西方學術思想，認爲中國文化重精神，是形而上之學，立意高超，而西方文化重物質，是形而下之學，衹追求功利的回報。他認爲，這種自以爲是的蒙昧態度，陷入傳統舊學的框囿而不自知，没有自我反思的能力，無法吸收「素所未知」的新知識，也就無法開展並弘揚自己的文化傳統。嚴復非常清楚他翻譯西方經典的目的，是爲了介紹新知，打破中國傳統思維的封閉性，但是，作爲披荆斬棘的拓荒人，他深知思想封閉者的頑固心理，必須因勢利導，以免遭到盲目衛道之士的攻訐。嚴復有其防身的策略，不會像許褚戰馬超那樣赤膊上陣，而是以桐城文章譯述赫胥黎、斯賓塞、穆勒、亞當·斯密、孟德斯鳩，博得晚清知識精英的贊許，文章深閎而傳入了新知義理。從文化變遷的角度而言，通過翻譯，以迂迴戰術來介紹西方思想，得到巨大的成功，産生了改變傳統思維體系的實效，是中國近代思想史上影響深遠的大事。以此類推，民國時期大量翻譯域外漢學的影響，也是不容忽視的思想史課題。

關於清末民初西方學術思維衝擊中國知識精英，顛覆傳統文化的知識結構，錢穆在現代中國學術論衡的序言中，從中國文化本位的立場，發出深刻的感慨，做了籠統的批評：「文化异，斯學術亦异。中國重和合，西方重分別。民國以來，中國學術界分門別類，務爲專家，與中國傳統通人通儒之學大相違异。循至返讀古籍，格不相入。此其影響將來學術之發展實大，不可不加以討論。」錢穆所指出的問題，是傳統知識體系强調「通」，文史哲不分家，最崇尚通儒，而現代學術講究專業分科，各司其職，以至於讀不通古籍呈現的整體性知識思維。姚名達在撰寫中國目録學史的時候，對西力東漸，西潮帶來的翻譯著作及新知新學，也有類似的感慨：「四部分類法，不合時代也，不僅現代爲然。自道光、咸豐允許西人入國通商傳教以來，繼以派生留學外國，於是東西洋洋籍逐年增多。學問翻新，迴出舊學之外。目録學界之思想不免爲之震蕩。」這種對學術體系發生重大變化的觀察，反映了中國學人從晚清一直到民國，夾在東西方兩種不同思維體系的衝突中，身歷其境的切身感受，因此感觸良多。

二十世紀上半葉最能代表中國學術的通儒是王國維與陳寅恪，他們浸潤了經史子集的四部知識傳統，承繼乾嘉篤實的考據學風，却都經過西洋邏輯思維與實證科學的洗禮，參與中國知識結構的轉型。對西方現代知識結構如何在中國生根發芽，不但再三致意，并且以自己的學術實踐來努力促成。王國維早在一九〇二年就寫信給張之洞，反對把經學列爲大學分科之首，而主張效法西方與日本的大學，設立哲學科，明確指出知識結構的分類不可因循傳統，而必須另起爐竈。陳寅恪在一九二五年就清華大學建制的問題，寫了吾國學術之現狀及清華之職責，指出大學的職責在於學術之獨立，而中國學術界的情況令人十分不滿，必須認真效法西方學術的體制及實踐。他說：「蓋今世治學以世界爲範圍，重在知彼，絕非閉門造車者比。」這兩位國學大師，對西方與日本的漢學研究十分注意，都是以開放態度對待域外漢學研究，集思廣益，以成其大家。

再回到「温故知新」的歷代經解，說說文化傳承的闡釋學意義。劉寶楠在論語正義中指出，上古之時，文化知識是上層統治精英的家學，不再治理實際政事的長者可以傳遞德行的知識，可以爲人師。「温故而知新」，就顯示長者不忘舊時所學，且能吸收新知，繼承并發揚這種學術與政治合一的傳統。到了孔子之時，時代出現了變化，士大夫不見得能夠謹守家法，弘揚德行，也不一定能夠「爲師」了。孔子之後，世變日亟，「道術爲天下裂」，文化知識不再爲少數統治精英所壟斷，也不必然與治理政事有關，學術在民間百花齊放，百家争鳴。但是，學術知識發展的脈絡基本未變，仍然是要温故知新，進德修業。從劉寶楠不經意的闡釋中，可以看到時代變遷影響了學術文化的內容，改變了知識結構的體系，但其內在發展的理路仍舊，還是需要舊學與新知的融合，才能有所發展。

劉寶楠還引述了劉逢禄的解釋：「故，古也。六經皆述古昔、稱先王者也。知新，謂通其大義，以斟酌後世之製作，漢初經師皆是也。」劉寶楠贊成這個說法，並指出，漢唐人解釋「知新」，大多數都沿用此意。也就是說，舊學是傳統的知識結構體系，新知是時代變化出現的新知識，必須相互斟酌，才能發揮得宜。至於如何對舊學「通其大義」，就見仁見智，各有說法了。從這個通達的詮釋來討論近代西學東漸的情況，我們可以看到，「温故而知新」在民國學人的心底，是産生「傳統」與「現代」糾葛的心理陷阱，不易跨越。若依照朱熹的說法，「學能時習舊聞而每有新得，則所學在我而其應不窮」，雖然在哲理上可以模模糊糊說通，但在清末民初的具體歷史環節，西學的新知屬於完全不同的知識體系，在原有的舊學脈絡中，根本無從立足，如何「其應不窮」？所以，真要放之四海而皆準，提升「温故而知新」的普世意義，以理解域外漢學譯著與近代學術知識體系變遷的文化史意義，我們認爲，皇侃、邢昺，一直到劉寶楠的闡釋，是比較合適，並與現代文化闡釋學的説法相近。

伽達默爾（Hans-Georg Gadamer）在他的名著真理與方法中，説到認知理性與文化傳統的關係，特別指出，人們通過理性，來判斷歷史文化中事實的真相，但是人的理性與生存環境息息相關，與傳統所衍生的豐富文化底蕴有關，不可能完全超越文化傳統的思維脈絡。他認爲，人生活在文化傳統之中，就不可能「遺世獨立」，以全能超越的抽象思辨來認識傳統，甚至是批判或顛覆傳統。傳統是歷史文化延續與傳承的表徵，不會一成不變，而我們的認知理性也會因時代變遷，而不斷重新詮釋傳統。伽達默爾的闡釋學以西方文化傳統爲例，説明新知如何納入傳統，而使文化傳統生機不斷，生生不息，與中國歷代經學家的説法（朱熹除外），有异曲同工之效。以此觀照民國時期的漢學譯著，我們認爲，這批學術新知傳入中國，對中國文化傳統的繁衍與發展，實有承先啓後之功。

近代海外漢學名著叢刊的出版，最值得感謝的是南兆旭先生二十多年來搜羅的執着與努力。雖然這套叢刊不能窮盡民國時期的漢學譯著，但是，能滙集上百冊自一九四九年以來在國内不曾重印的學術著作，再度公之於世，總是功不唐捐的大功德。忝爲本叢刊的主編，我面對這批民國學術材料，先是感到紛雜無章，有些原作者的學術素養也難副當前的學術標準，甚爲猶豫。後轉念一想，這是上個世紀中國最紛亂時期的學術記録，也是民生凋敝，國勢隤危，內亂外患交加之際，仍有許多學者孜孜矻矻，戮力翻譯域外漢學，爲中國學術的傳承拓展新知的坦途，不禁肅然起敬，開始用心整理分類。掛一漏萬，在所難免，好在有學殖豐贍的諍友擔任分卷主編，並撰寫各分卷前言，實在是衷心銘感。有傅杰教授負責「歷史文化與社會經濟」、戴燕教授負責「古典文獻與語言文字」、霍巍教授負責「中外交通與邊疆史」，吾道不孤矣。在整理編輯過程中，周威先生費心最多，也是我要衷心感謝的。

道術之存亡，全在人心之嚮背。這批民國漢學譯著重新問世，對我們生長在承平之世的學人，應當有激勵的作用，爲學術研究多盡份力，讓中國學術發展更上一層樓。

鄭培凱

二〇一五年七月

前言/

一九四九年，身在美國的鄧嗣禹在遠東季刊發表近五十年中國歷史編纂學，總結半個世紀以來中國歷史編纂學從保守走嚮開放，「先是受日本，然後是英國、美國、法國，最後是蘇聯等影響」，既擴大了史料的範圍，又應用了科學的方法，把重點從帝國的政治事件轉移到社會經濟方面，終於「取得了巨大的進步」。鄭培凱教授主編的近代海外漢學名著叢刊，正是鄧氏提及的各國影響中的一部分——甚至堪稱是主要的部分。

本分卷主要包括兩大類：一是歷史文化，包括渡邊秀方中國哲學史概論、三浦藤作中國倫理學史、津田左右吉儒道兩家關係論、服部宇之吉儒教與現代思潮、五來欣造儒教政治哲學、濱田耕作東亞文化之黎明、梅原末治中國青銅器時代考、新城新藏中國上古天文、卡特中國印刷術源流史等；二是社會經濟，包括沙發諾夫中國社會發展史、駒井和愛等中國歷代社會研究、柯金中國古代社會、森谷克己中國社會經濟史、田崎仁義中國古代經濟思想及制度、卜凱中國農家經濟、馬札亞爾中國農村經濟研究、克拉米息夫中國西北部之經濟狀況、高林士中國礦業論、長野朗中國資本主義發達史等（以上作者譯名一仍所收各譯本）。這些著作引入中國的背景與影響，培凱教授的總序已經作了高屋建瓴、提綱挈領的論述。這裏祇就著作、作者、譯者三端分別舉例，略作一些補充説明。

先説著作。包括本輯在内，本叢書所選入的日本學者論著佔據了多數。曾有西方的東方學家概括日本學術實爲三餘：文學竊中國之緒餘、佛學竊印度之緒餘、各科學竊歐洲之緒餘。其言雖刻薄，却一針見血。但也正因善於嫁接，所以在用西方研究模式梳理中國歷史傳統方面，日本學者往往最具搶佔先機的便利，他們的著作也成爲當時的中國最多引進與借鑒的對象。例如梅原末治藉助於西方科學方法來分析中國青銅器的器形、成分，進而推論其時代的中國青銅器時代考在半個世紀中產生了廣泛的影響，如歷史學家呂思勉在先秦史中就引用過他對殷商時代青銅器的分析，考古學家黄展岳在關於中國開始冶鐵和使用鐵器的問題中則對他殷代已知用鐵的觀點提出駁正。卡特的名著出版至今九十年，仍然是時常被引用的經典，除早期的節譯本，一九五七年北京出版了吴澤炎譯的中國印刷術的發明和它的西傳，一九六八年臺北出版了胡克希譯的經傅路德修訂的卡德著作新版中國印刷術的發明及其西傳。其書既出，哲學大師杜威也給以好評，桑原騭藏、鄧嗣禹發表了長篇書評。直至本世紀芮哲非的新著谷騰堡在上海：中國印刷資本業的發展（一八七六—一九三七），還指出正是卡特著作的出版，因其表彰中國印刷術的悠久歷史和對世界印刷史的巨大貢獻，迅速影響了一批中國學者，進而影響了近代以來的中國印刷史書寫。其實，受影響的還不止是印刷術與中西交流史的學者。以夢溪筆談校證而蜚聲中外的當代夢溪筆談研究第一人胡道静回憶，正是從卡德的書中，他才知道夢溪筆談：

> 卡特的書説明了史料的來源，還特别夸譽了夢溪筆談這部著作，説它這好那好。於是我這個當時對古籍祇讀先秦、兩漢之書的小伙子就迫不及待地去找這本沈括的名著來閲讀了。（夢溪筆談校證五十年）

至於沙發諾夫、柯金、馬札亞爾等用唯物史觀來研究中國社會經濟史的論著，在蘇聯和中國都引發過爭議，而在當時就有學者指出，陶希聖等人對魏晋時期中國社會性質的看法，即深受沙發諾夫中國社會發展史的影響。

次説作者。各書作者背景各异，身份不一，研究中國的目的也頗有差距。其中既有津田左右吉這樣的學術大師，更不乏各學科中的權威名家，而且不少跟中國還有密切的聯繫。如濱田耕作與梅原末治師徒都在中國從事考古多年，不僅以自己寫下的著作、也以自己參與的活動，影響了中國考古學的發展，甚至用自己的工作給中國考古學家樹立了榜樣。早在一九二六年，北京大學國學門的考古協會與日本東亞考古協會成立東方考古協會，被譽爲日本考古學之父的濱田耕作就參與其事，一九二九年他又與高足梅原末治再赴北京演講，爲正起步的中國現代考古學注入了新的信息。其後梅原又在上海、天津、河南等地調查文物古迹。撰中國上古天文的天文學家新城新藏在二十世紀三十年代出任過上海自然科學研究所所長。撰中國農家經濟的美國學者卜凱從康奈爾大學農學院畢業後，次年即來安徽宿州，以傳教士的身份從事農村的改良試驗與推廣，在中國致力農業經濟學的教學與調查幾三十年。同樣是以傳教士身份在安徽宿州從事教育與宗教活動長達十二年的還有美國學者卡德——而他一生祇活了四十三歲。在離開中國後他一直從事中國學術的研究，在伯希和指導下研究中國印刷術的發明與西傳，傾注了滿腔的熱情，用盡了全部的心力，終以勤勞過度，在該書出版的當年與世長辭。

末説譯者。當年就有學者感慨，外國的漢學著作可資參證者甚夥，但譯著的數量與質量總體而言殊不令人樂觀，通西文者多鄙棄漢學，治國學者又忽視西文。從事者的學養並不都足以勝任這類專門著作的翻譯，因此有的譯文比較粗糙，但就已有的成績來看，仍有可稱道者。一是有的著作不止出版了一個譯本，如濱田耕作東亞文化之黎明、馬札亞爾中國農村經濟研究等時隔不久就出版了不同的譯本；有的甚至同一年中就出版了兩個譯本，如森谷克己中國社會經濟史在一九三六年既由中華書局出版了孫懷仁的譯本，又由商務印書館出版了陳昌蔚的譯本。二是譯者之中不乏後來的著名學者。如高林士中國礦業論的譯者是曾擔任北京水利水電學院院長多年、爲中國水利事業做出了卓越貢獻的中國科學院院士汪胡楨。在年過九旬之後寫的自述中，他還憶及當年由丁文江介紹認識了中國礦業論的作者、並受作者之托翻譯該書的經過。而梅原末治中國青銅器時代考的譯者則是舉世公認的甲骨學與殷商史權威胡厚宣，身爲中央研究院歷史語言研究所的研究人員，他正是在參與殷墟發掘之際譯出梅原末治的著作的。

世事沉浮，風雲變幻，這些昔日的譯著有的還在被學者屢屢提及，有的則塵封甚久，不再被人記得。如今輯而再印，使之重見天日，是既富於現實意義，也富於歷史意義的。現實意義在於這些譯著中的若干材料仍可供今天的讀者取資，若干見解仍可給今天的讀者啓示；歷史意義在於這些譯著中的部分雖然陳舊過時，無論材料還是觀點都被證明千瘡百孔，但它們在中國現代學術史的建立與發展進程中都曾經多多少少起過作用——因此它們不再僅僅是外國漢學史的組成部分，實際上也已經成爲中國學術史的組成部分，是我們不能輕忽，更不能遺忘的。

傅　杰

二〇一五年七月

作者簡介

著　者

佐野袈裟美，資料不詳。

譯　者

劉惠之（一九〇七年—一九五六年），玉溪市易門縣朝陽村人。主編過同盟雜誌，創辦過僑商報，還曾在新華日報做過編輯。撰寫、翻譯出版有中國歷史教程、資本主義的發展等書籍。

劉希寧，資料不詳。

目 次

第二篇

第三篇

第四篇

第十章　外國資本主義的侵入與中國封建社會的崩壞過程、中國民族資本主義的發達

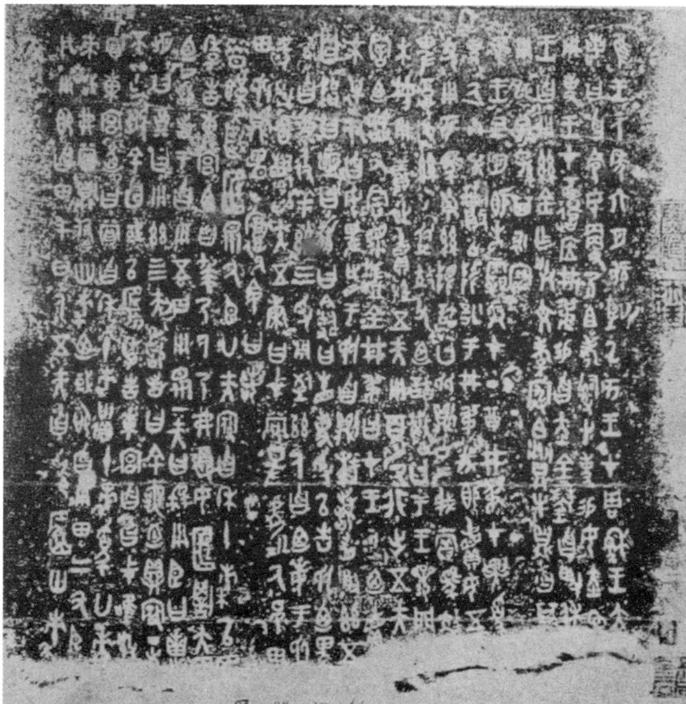

曶鼎拓的原文

曶鼎

隹王元年六月既望乙亥，王在周穆王大□〔室〕，若曰：
"曶，令女更乃祖考𤔲卜事，賜女赤𩵦〔市〕□，用事。"王在
遹居，井叔賜曶赤金𩱛，曶受休□□王，曶用茲金作
朕文考宄伯𩱛牛鼎，曶其萬〔年〕用祀，子子孫孫永寶。
隹王四月既生霸，辰在丁酉，井叔在異為□，〔曶〕使厥
小子𣪕以限訟于井叔："我既賣女五〔夫效〕父，用匹
馬束絲。"限許曰："𥻦則卑我賞馬，效〔父則〕卑復厥絲〔束〕。"
𥻦、效父迺許𥻦曰："于王參門□□木榜，用徵征賣茲
五夫，用百寽，非出五夫□□𥻦。"迺𥻦又𥻦眔𥻦金。井
叔曰："在王人迺賣用□，不逆付，曶毋卑式于𥻦。"曶則
拜稽首，受茲五〔夫〕：曰陪、曰恒、曰𦙶、曰𧍬、曰眚。使寽以
告𥻦，迺卑□以曶酒及羊，茲三寽，用致茲人。曶迺每
于𥻦□□□舍𣪕矢五秉，曰："必尚卑處厥邑，田〔厥〕田。"
𥻦則卑復令曰："諾。"
昔饉歲，匡眔厥臣廿夫寇曶禾十秭，以匡季告東宮。
迺曰："求乃人，乃弗得，女匡罰大。"匡迺稽首于曶，用五
田，用眾一夫曰益，用臣曰疐〔曰〕朏、曰奠，曰："用茲四夫
稽首。"曰："余無卣具寇，正□不□，鞭余。"曶或以匡季告
東宮，曶曰："必唯朕□賞。"東宮迺曰："賞曶禾十秭，遺十
秭，為廿秭，□來歲弗賞，則付卌秭。"迺或即曶用田二，
又臣□，凡用即曶田七田，人五夫，曶覓匡卅秭。

上圖的釋文(見郭沫若著「周兩金文辭大系」)

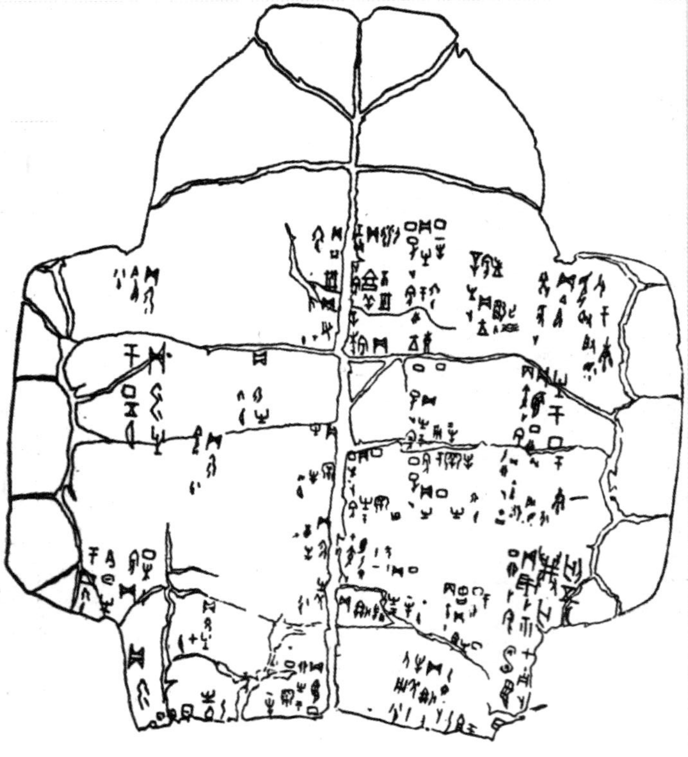

刻於龜的復甲上的甲文(卜辭)

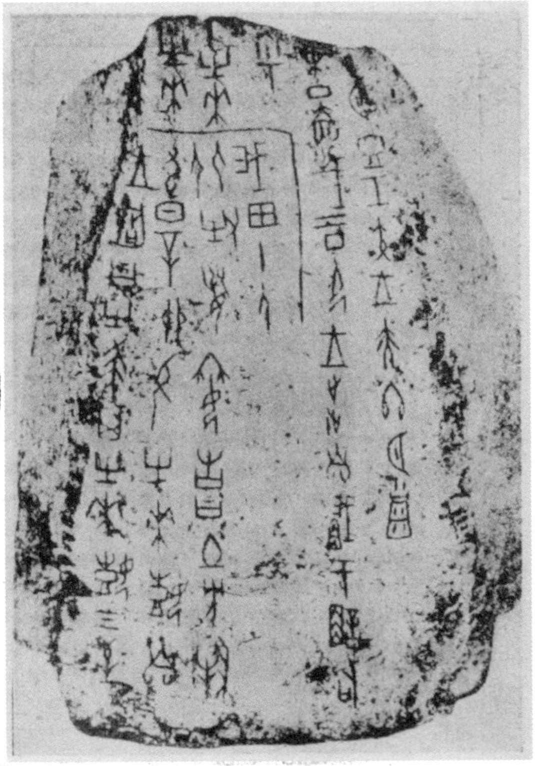

由殷墟出土的獸骨文

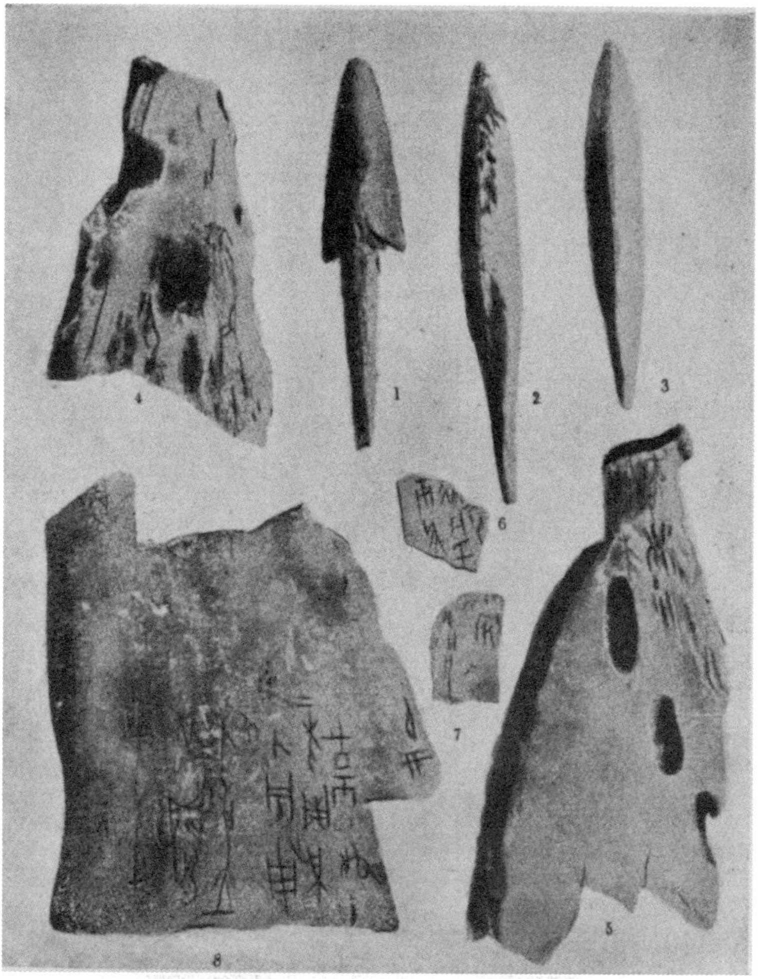

殷墟出土之骨鏃(1—3)及貞卜獸骨(4—8)

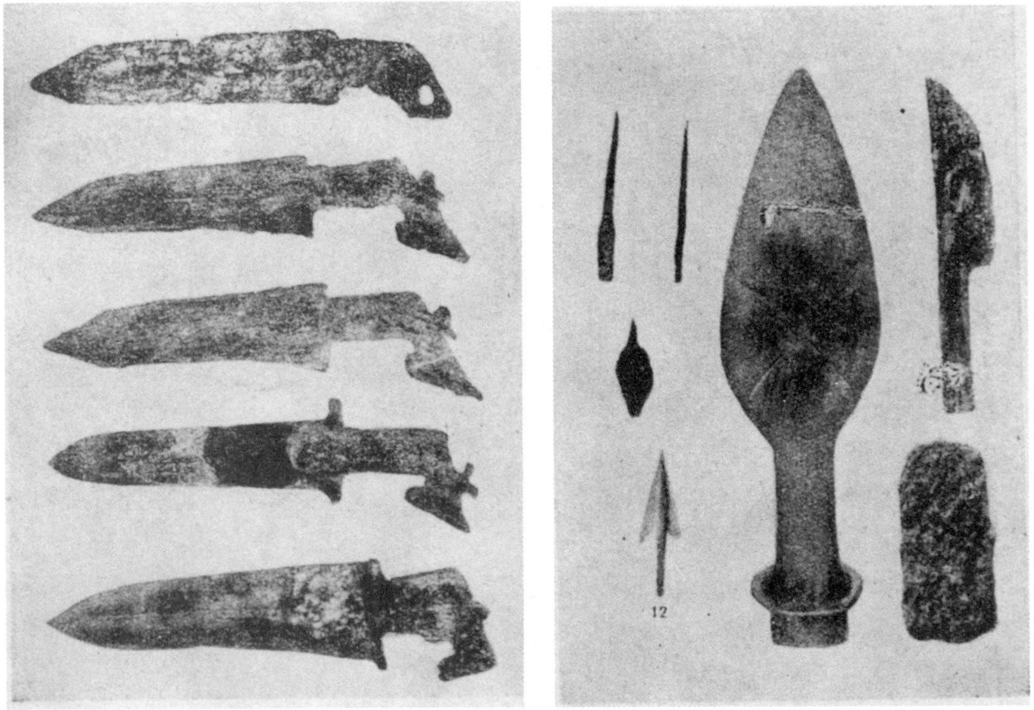

殷墟出土的銅利器

上列圖樣爲銅戈(1—5)，矛(6)，刀(7)，斧(8)，錐或針(9—10)，鏃(11—12)

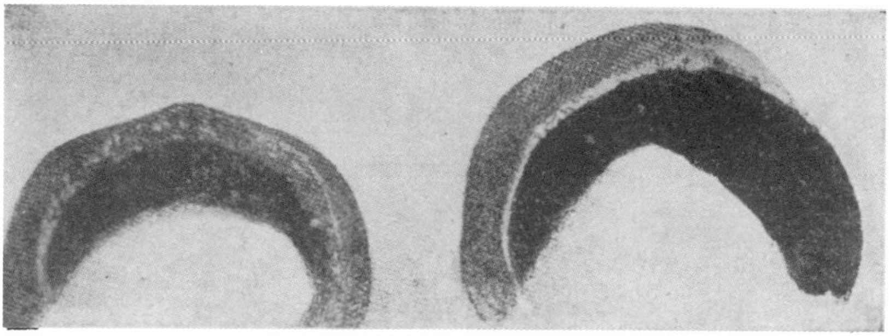

北京猿人(左)與近代人(右)的頭蓋骨的比較

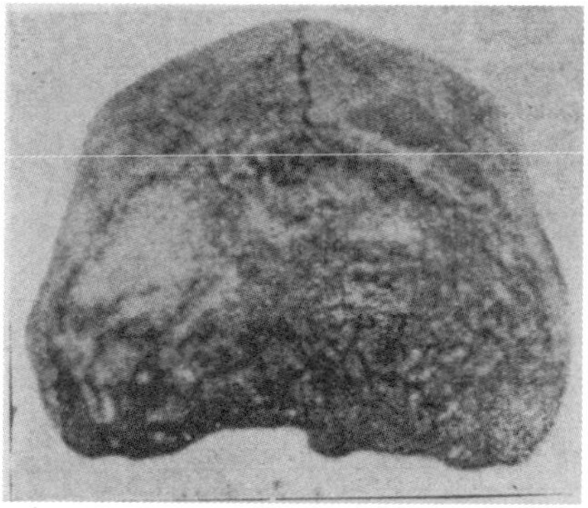

北京猿人頭蓋骨的後部

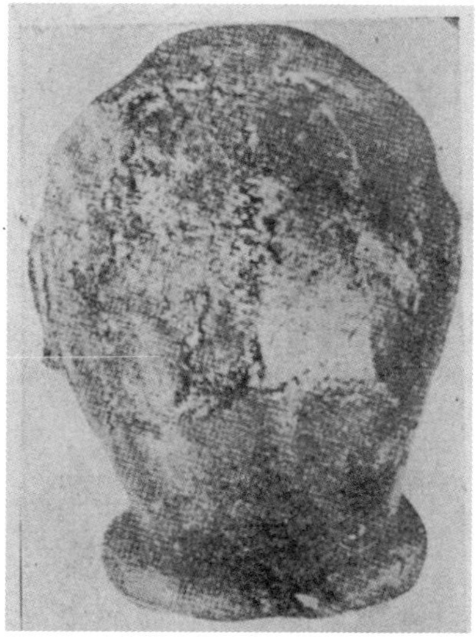

北京猿人的頭蓋骨；圖的下端係後頭部，上端突起處係眼窠的上方。

由仰韶（河南省澠池縣）出土的單色土器（據 J. G. Andersson 氏發掘所得）

周朝的散氏盤及其銘文

黄河上流寧夏地方的水車(見 A .L. Stron, "China Reise")

譯者序言

中國歷史的研究，現在已經由理論論爭的階段，路進了實際整理歷史資料的時期了。雖然一直到現在，關於中國歷史的時代劃分和中國社會性質等問題，還是意見紛歧，無法統一，可是空泛的理論上的探討，已不能滿足目前一般讀書界的要求；所以許多過去曾經熱烈參加理論論爭的人們，都宣稱要從事或者已經從事於史料的整理了。由於這些研究中國歷史的人們的方向轉換和努力，雖然出現了一些中國歷史的叢書和刊物，可是由國人撰述的包括中國全部歷史的簡明讀物，却還很少看見，這不能不說是中國史學界的一個大大的缺陷罷。

日本佐野袈裟美先生這本中國歷史教程，是從中國人種的起源一直說到最近中國社會現狀的一本中國通史；所以剛好補足了中國史學界的這一個缺陷。佐野先生這本著作，用正確的觀點把中國歷史剖析出來，所以在日本得到了非常的好評，從今年一月出書到四月便銷了三版了。

這一本中國歷史教程可以說有下述的幾個優點：第一是材料豐富，每一個問題，作者都從中國的典籍和雜誌上徵引了許多資料，而批判地加以處理；第二是敘述方法的進步，每一個時代都先從其經濟政治狀況說起，再談到那時代的意識形態，使讀者能對每一個時代有正確的全面的理解；第三是在很多地方對於過去的不正確的見解，都給與了適當的批判。我們相信，把這樣一本外國人著的中國歷史介紹到中國來，對於正在建設中的中國新史學，是有相當的幫助的；而且這樣一本書對於正在渴望了解自己民族國家的過去和現在的讀者也是一種適時的糧食罷。

本書的第一第四兩篇，是由惠之譯的，第二第三兩篇是由希甯譯的；但是兩人的譯文，都曾互相校閱過。原著徵引中國典籍雜誌的地方，譯者都盡可能地蒐尋原文照錄，遇原書徵引和原文有出入時，便依原文訂正。書中的西人名和外國地名，原文只有日文音譯，譯者均參考其他有關書籍，查出其英文原名，並沿用中國典籍上已有的慣用譯名，以便讀者參讀其他書籍。此外還有幾處譯者覺得應該加上註解的也加上了譯註。書末的最後一段約有五六十字，是敍述一九二七年以後中國的大勢的，譯者為了出版上的方便也將其刪去了；但是譯者相信這一點刪削，對於中國的讀者，也不會有甚麼妨礙，因為一九二七年以後的中國大勢，對於他們已經是常識了。

此外，關於本書翻譯的經過，還須說幾句話。本書原來是決定由黎洛兄和惠之合譯的；但是黎洛兄剛動筆便病了，所以改由希甯翻譯。黎洛兄擔任的部份，因此在出版時間上就延了許久，這是應該對讀者致歉的！黎洛兄在參考書的供給和校閱方面，都幫了許多的忙，在此併向黎洛兄致謝。

譯者

一九三七年五卅

原序

要寫一部正確的歷史，實在是不容易的事。我寫的這部中國歷史是否正確呢？連我自己也不敢相信；但我想我已經是竭盡心力，這一點算是差可自慰的。

要在這不滿四百頁的書裏，把幾千年來的中國通史寫了出來，真是一樁過於困難的工作；因此，把所有的問題都拿來統統加以處理，是做不到的。我在此不得不用大膽的手法來去冗取精，把力量集中在非加以闡明不可的問題上。因而就寫成了一部和普通所寫的大相逕庭的中國史了。

我首先打算在中國的具體的形態上，探究一下亞細亞生產樣式的問題，並且證明了中國也經過了奴隸制社會，即奴隸所有者的社會的和經濟的構成的發展階段，從西周時代到春秋時代的初期，就是相當於這一個期間。繼續着這個階段的春秋戰國時代，可以看成是從奴隸制社會到封建制社會的過渡期，到了秦朝，封建制才完全建立起來，而這種封建制乃是中國特有的官僚的中央集權的封建制。

這個封建制社會是走過了獨特的發展的途徑。幾多王朝的興亡，好像走馬燈似的演進着，但這不是一種單純的循環。雖說已走了許多曲折崎嶇的路子，但它的發展是很緩慢的。許多王朝的興亡，是和農民的暴動有着密切的關係，農民的生產的發展受到了專制王朝的封建的生產關係的強烈的桎梏。農民人口的增加，王朝的越來越利害的苛斂誅求，農民脫離土地而流亡四方的人數的日漸增加，這一切都表示生產力和生產關係的矛盾。這樣，結果就引起農民的暴動，生產力的破壞在廣大的地域內進行着；舊王朝於是乎被推倒了。野心家利用了這種農民的叛亂，樹立起自己的政權，開拓了新王朝的基礎；農民則再轉了回去，重來耕種荒蕪的生滿雜草的耕地。新王朝為要收買農民的歡心，搾取上多少要緩和了一些，農民也相當感到滿足；但在不久之後，專制王朝漸次腐敗下去，奢侈浪費，各種支出日漸浩大，結果不得不借苛斂誅求的手段來維持。這樣，在中國的封建社會，農民鬪爭是發生很大的作用的。最後的封建王朝的清朝，也在從作為農民鬪爭的太平天國運動更加展開的布爾喬亞民主主義革命之中被打倒了。然而在外國資本主義的壓迫下，到資本主義去的發展的道路受了阻礙，因而中國的布爾喬亞民主主義革命就遲慢起來，到今日還停留在半封建社會的落後的狀態。然而我們從這好像是複雜錯綜的諸關係中，可以看出一種向前伸展的力量來。讓我們以這樣的發展為中心來追溯中國的歷史罷！

佐野袈裟美

一九三七年一月十四日

序論

一　中國人種的起源

中國民族在今日擁有四億以上的人口，占有亞洲東部的廣大的地域，而這個民族的人種的起源究竟是在那裏呢？這個問題的確是一個很有興味的問題。但是，一直到現在，還沒有得到可以列舉出來而又可以的確斷定它不錯的證據，今後還需要很多的研究和調查咧。不過，把過去所得到的成果蒐集起來檢討一下，我想也並不是無益的工作吧！

法國的格奈斯（Joseph de Guines）一七五八年在法國學士院發表中國人是發源於埃及的一個殖民地的學說，主張中國人的道德、宗教、文學都是由埃及傳來的。但這種主張沒有一種足以使我們能夠十分首肯的根據，所以早就被拋棄了。古代中國文明的西方起源論的著者拉克丕里（Terrlen de Lacoupérie）也和格奈斯站在同一的立場，認為中國的人種和文明是發源於巴比倫，認為中國傳說中的人物（黃帝）是實在的人物，這位黃帝曾率領着他的人民從巴比倫遷移到中國的西北來。

又以翻譯中國古典著作聞名的列格(James Legge)則認為中國民族也是諾亞(Roah，希伯來人家長之名)的子孫，原來是居住在黑海和裏海之間後來通過了阿爾泰山和天山山脈之間，到達了山西省的南部，就停住在那裏以後卽以該地為根據地而向四週發展開去。古代的中國民族是有過一次很大的移動的。

德國有名的中國研究專家李赫特霍芬(F. V. Richthofen)在他所著的中國一書中，則認為東土耳其斯坦西南的和闐附近沙漠中的水草區域乃是中國民族的發源地，此說的根據也很薄弱，不足憑信。

牛津大學的保爾博士(C. J. Ball)曾把中國和蘇米爾(Sumer)的言語和文字拿來比較研究，由於其間有許多類似點，大膽地作出了如次的結論：卽中國人和蘇米爾人的祖先是血屬相同的種族，約在紀元前四千年前，都是鄰居於中亞細亞的高原地帶，後來，中國人向東方遷移，蘇米爾人則向西方(巴比倫)遷移。然而單是由言語中若干單語的近似，以及由在形成過程中的原始的象形文字的形態的相同，就斷定兩個種族是有同一的血族關係，則不是一種正確的科學方法。特別是把兩個種族任意帶到中亞細亞高原來，使他們相鄰而居，最後又使他們向東西兩方開分，這種說法，就好像是耍把戲一樣，但這把戲是耍得太不妙了。

認爲中國人是起源於中亞細亞的主張也很多。

摩卡布(J. Mocabe)在他的著作文明的進化裏，認爲世界人類的發祥地是在中亞細亞。因爲當時的中亞細亞的自然的環境是最適於原始人生存的。關於這一點，沙發洛夫也曾說過「不要忘記，裏海和現今的中國，其間那一帶土地，在當時的氣候條件之下，是比現在良好的。」因此沙發洛夫也毫不躊躇地主張中國人種的發源地是在中亞細亞。他同時說：「這是很確實的：遊牧民族的一支向黃河沿岸遷移，他們帶來了在發源地中亞細亞就已經有了的文化的成果。」（新生命版中國社會發展史第六頁）實際上這種主張是不可靠的。

奧斯本(H. F. Osborn)他認爲中亞細亞是人類的發源地。

安德留斯（R. C. Andrews）以生物系統的研究爲根據，推定蒙古爲世界人類的誕生地。這種承認人類是發生於中亞細亞或蒙古或其他某一個地方的單元說，雖爲許多觀念論學者所贊同，但實際上牠並沒有提供充分的科學證據，這和舊約聖經中關於人類發生的單元說只不過是五十步與百步之差而已。同時，主張各種人類是由相異的根元出發的布爾喬亞學者的多元說，也不過是企圖由觀念論的立場把人類區分爲高等人種下等人種罷了，不用說這完全是無意義的說法。

根據地質學者的意見，在太古時代，在亞細亞大陸的中部，有一個名叫台提斯（Thétys）的大內海，一直連到地中海去，把亞細亞分成南北兩大陸；到了地質年代的第三紀間，這個大內海漸次乾涸，變為陸地，把南北兩大陸連成整個的亞細亞大陸；這個大內海的痕跡還遺留在現今的裏海、鹹海、黑海、和其他許多湖泊及沙漠上。當大內海存在着的時候，西藏和蒙古的高原接近海岸，對人類的生存提供了有利的條件。居住在南面陸地的人類成為亞細亞南方系民族的祖先；居住在北面陸地的人類成為亞細亞北方系民族的祖先，各自開拓發展的途徑。但隨着地形的變遷，西藏高原在地理的條件上對人類的生存漸感不利，所以前者漸次向黃河長江流域間的平原地帶及印度支那半島方面移動，後者則由蒙古高原地帶向黃河流域的平原地帶移動。（橋本增吉著東洋古代史——世界史大系第三卷，九八——九九頁）但是這說法也脫不掉臆說的領域。

威傑爾（Wieger）則和一般的主張不同，他認為中國人不是從西方移來的，而是從現在的緬甸地方移來的，即從西南方面出發，由八莫經雲南，出洞庭湖，更向北方移動。但到後來他又公開地放棄了這種意見。（根據格洛奈著中國文明，英譯本六七頁）

中國古代史的著者希爾特（F. Hirth）說：『關於中國民族的起源，我認爲把它看成「不可知的」是最爲妥當』（西山榮久譯中國古代史第三頁）他倡說不可知論，打斷可了以探討的念頭。關於中國的傳說，他有這樣的意見：

『只要瀏覽一下中國的傳說，便能夠容易地看出來，關於中國古代的傳說，不論是有記錄的，不論是口傳的，不論是任何一切的傳說，都顯然沒有中國人最古的祖先是由他國移來的傳說。』（同書第二頁）

一九二〇——二一年北京政府農商部地質調查所在其顧問瑞典人安特生(J. G. Anderson）指導之下，在河南省澠池縣仰韶村從事發掘工作，發現了許多石斧、石鏃、石庖刀、石鍬、石環等等石器和骨器，以及粗糙的黝黑色的單色陶器（被稱爲三足陶器的瓦鼎、瓦鬲、瓦尊等，）此外還發現了彩色陶器。

其次在一九二二年安特生又在遼甯省錦西縣沙鍋屯的洞穴裏掘出了和河南仰韶村掘出的幾乎完全相同的石器和陶器來。

又由一九二三年到一九二四年間，安特生繼續在甘肅省各地方甚至遠在青海附近從事發掘工作，除了石斧、石庖刀、石環等類之外還發現少數的金屬器皿，以及多數單色陶器和被研磨過的赤底上畫着黑色等花紋的彩色陶器。

在此最成爲問題的是彩色陶器。濱田耕作博士在中國東北遼東半島的貔子窩及其他地方也發掘出一種彩色陶器，被命名爲「遼東彩色陶器」，認爲和仰韶的彩色陶器的系統是不同的。仰韶的彩色陶器和甘肅地方出土的精緻的彩色陶器比較起來，是要粗劣得多，而在數量上也較少。但鬲式的陶器則是河南地方較多，甘肅較少。

一九〇三年至一九〇四年間，美國的潘培利（Raphael Pumpelly）一行到俄領土耳其斯坦地方從事了兩次的學術探檢工作，其中的一個考古學者休密特氏（H. Schmidt）在亞斯卡巴德（Askabad）附近的亞諾（Anau）進行發掘的結果，在考古學上提供了一個很重要的貢獻，特別是由亞諾掘出的有幾何學彩色彩紋的陶器，很明顯地和在波斯蘇沙（Susa）發現的陶器，和斯坦因（Aurel Stein）博士在塞斯坦（Seistan）發現的陶器，以及在南俄特里波里耶（Tripolije）發現的陶器都極其類似，因此一般認爲這些和中國甘肅地方的彩色陶器是有着一種密切關係的。

亞諾陶器的發現者休密特甚至發表過這樣的主張：可將彩色陶器分爲二羣，一是代表特里波里耶等地的西方羣，一是代表亞諾蘇沙等地的東方羣。中國的，特別是河南的彩色陶器則

屬於西方羣。（濱田耕作著東亞考古學研究一一二頁）

因此，安特生就下了這樣的推斷：原始的中國民族原來是住在土耳其斯坦地方，並且接受了西方彩色陶器的文化的影響，到了新石器的時代，他們開始向中國的西域地方移動，更向甘肅前進，終於到達了河南及其他各地。

但是這種主張經荷蘭的中國研究專家卡爾格林氏（Karlgren）批判就宣告破產了。卡爾格林依據鬲式和鼎式的三足陶器是以河南為中心，彩色陶器是在甘肅佔優勢這種事實，發表了這樣的意見：原來在河南就居住着一種製造鬲式陶器的原始中國人，這是不可動搖的事實；到後來西方彩色陶器的文化才通過甘肅影響到河南來，即具有着西方彩色陶器的文化的民族流入了中國。日本的許多學者如濱田耕作等曾對卡爾格林的這種見解表示贊同。

把文化的系統直接連繫到人種的系統的這種想法，可說是相當冒險的，把人種的分布和人種的移動看成一樁事也是不正確的。我們不能忽略了這樣的事實：一種民族是容易摹倣他種民族的文化，又某種民族到了某一定的發展階段，縱令不受其他民族的文化的影響，也有完全獨立地生產出某一定的文化的可能性。例如某種陶器的形態，是適應着物質生活的發展階段的必然性而被設計出來的，由人種的立場而認為這是某種人種所特有的，那就錯誤了。所以鬲式的陶器不能判斷是中國人種所特有的東西，這不過是適應於置之火上使食物能夠早熟的必要和宗教儀式上的必要而思考出來的東西罷了。因此鬲式的器具決不是中國人所特有的，其他民族間也是可以發現的。例如由埃及的金石併用時代的遺跡，托倫（Troy）的最古的都市和南俄的特里波里耶發掘出來的鼎（三足陶器）都和中國的鼎相類似，但不能用這一點來推論其間有着甚麼人種的關係。

彩色陶器的花紋和其製作的方法，並不是僅只在一定的民族間才會有的，到了一定的物質生產的發展階段，受了某一定的物質條件的支配，就可能產生出與之相類的東西來。

以上我們所列舉的主要是中國的人種係由其他各地方遷移到今日的中國的地域來的各種主張，但是並不能根據這些主張就認爲中國人種的發祥地是非其他的某一地方不可。人類是由地球上的某一地方發生的這一種主張固然有着相當的魅力，但也不一定非這樣主張不可。

拉維德尼卡斯說：

『馬克思主義把單元說、多元說、全元說等流俗的理論奧伏赫變了。猿轉化爲人類的過程，並不是依着作爲個別個體變化的結果這種純生物學的轉化而運行的，而歸結是關聯到向勞動活動移行的猿羣之向人類原始羣的社會的轉化。這種轉化不是單在某一定的場所才能發生，其他的地方也有發生的可能。但不是說地球上任何地方都可以發生這種轉化，而是只有在成爲人類最近祖先的高等猿類很繁殖，而又充分具有轉化成人類的條件的地方才能發生這種轉化的現象。認爲人類的故鄉是舊世界——歐、亞、非三洲的根據很多。』（帕克洛夫斯基主編，早川二郎譯世界原始社會史三三頁）

一九二一年安特生在離北平西南約五十啓羅的西山山麓周口店的一個石灰洞裏從事採集調查的時候，偶然發現了一片石英。而這個附近幷沒有產石英的地方，所以這片石英一定是由其他的地方帶到這個地方來的，因此喚起了一般的很大的注意。在一九二二年茨旦斯基(Zdansky)博士又在此發現了一個大臼齒一個小臼齒，後來在一九二八年又發現了幾個牙齒和頭蓋骨片及兩個下顎骨，到次年即一九二九年裴文中氏更發現了一個完全的頭蓋骨，推定是一個十八歲女子的頭蓋骨。遺留下這類遺物的人類被認爲是最古的人類，北平協和醫學專門學校教授白拉克氏(D. Black)謂之爲中國北京猿人，這類北京猿人的遺骨，後來發現的是越發多了。

這種北京猿人很明白地和荷蘭的軍醫都波士(Engen Dubois)於十九世紀九十年代

由爪哇島第四紀初期層中發現的頭蓋骨大腿骨兩個大臼齒的主人公直立猿人皮特坎特羅浦斯·愛列克塔斯人和在歐洲發現的哈戴爾貝希人波爾特達文人同是最古的人類，不過推定北京猿人較之皮特坎特羅浦斯人更爲進步，據稱在一九三二年從俗名叫做鴿子堂的一個窟洞裏發現了陶器和骨器（濱田耕作著東亞考古學二八頁）這樣看來，北京猿人是已經知道利用火了。

這種北京猿人究竟是不是今日的中國人的祖先還不能完全證明，但中國的地域上已有最古的人類居住過是沒有疑問的了。北京猿人生存的年代，約在四五十萬年前（或稱百萬年前。）

我們已經說過，在周口店發現過北京猿人所製作的舊石器，又在甘肅、陝西、新疆、蒙古、北滿等地也發現過舊石器時代的遺物，但較之北京猿人年代上要近得多。

在第四紀的中期，中亞細亞地方由於氣候和風土的變化，土地發生乾燥作用，乾涸的湖泊和江河裏的泥沙被捲走，細而輕的被吹到遙遠的中國的黃河流域，在這帶地方沉降下去，所以在甘肅、陝西等地形成了黃土層。甘肅、陝西一帶的舊石器時代的遺物是發現於黃土層下的礫層之中，或礫層和黃土層之間，因此可以得到一個結論，在黃土層開始形成的時候，這帶地方已經有人居住過了。

法國的傳教師天津北疆博物院的創立者李生特（Emile Licent）一九二〇年在甘肅慶陽縣的北方發現了屬於舊石器石時代的磨製的石英片。

一九二二年李生特又在綏遠鄂爾多斯南部的西拉烏蘇河流域發現了舊石器時代的人齒一個和大腿骨上膊骨的一部。隨於一九二三年李生特在與却登（P. Teillatd de Chardin）協力之下，又在這附近掘得了今日已告絕滅的舊石器時代的動物的化石遺骨和硅石骨器類。後來他又在甯夏附近鄂爾多斯部西南角的水洞溝地方發現了舊石器時代的石器和破片；更在陝西省榆林縣的南方油房頭附近掘出了六個磨製的石器，是用質甚堅形如鶴卵的白色或灰色的石英岩製成的。這類石器大都是在黃土層之下的砂礫層上發現的，據說是和歐羅巴的茅斯特林（Mousierien）後期奧里拿西安（Aurignacien）前期的石器相類似。（橋本增吉著中國古代史——世界史大系第三卷七一——二頁）

在水洞溝掘出的石器，製作技術也很熟練，有石刀之類。在水洞溝和西拉烏蘇河附近掘出的石器，較之由周口店掘出的形式上和技巧上都要進步得多；慶陽縣油房頭黃土層地下掘出的舊石器，石質都是石英岩，由石器的形式上看，却沒有發現石刀，這也可以看出和周口店舊石

器文化相近似的特質。（駒井、江上合著東洋考古學二五九頁）

在以下各地都發現了舊石器時代的遺跡：波斯的愛尼塞河流域、阿爾泰附近的礫質沙漠中，相近內外蒙古的交界的通古爾（Tung Gur）盆地（一九三〇年發現、）甘肅肅州西北一百二十啓羅的地點（一九三一年發現。）一九三三年德永博士所率領下的滿蒙調查研究團的化石地質學者一行在哈爾濱郊外何家溝也發掘出前期舊石器時代末期的石器、骨器等（橋本著東洋古代史七二頁。）根據這樣的事實，可知在中國本部及蒙古滿洲等地都有舊石器時代的人類居住過。

遺留下這些舊石器的遺跡的人類，究竟和今日的中國民族有着怎樣的關係還沒有研究明白，但產生仰韶文化的新石器時代的人類和今日的中國民族有着很密切的人種關係倒是很顯明的了。

周口店的舊石器人類，甘肅陝西的中期舊石器人類，仰韶文化的新石器人類，要依照發展的系統把他們排列出來，眞是不可能的事嗎？

二　秦漢以前中國古代史研究資料問題

當研究秦漢以前的古代史的時候，首先成爲問題的就是應當怎樣處理關於這段歷史的資料。

在中國被稱爲出現於秦國統一以前的古文獻是相當多的，但這類文獻中有很多是僞造的，如果不分青紅皂白地信任它引用它，那就要陷於極大的誤謬。因之在此就發生了如何鑑別僞書和眞書和如何處理僞書的問題。

在秦漢後千餘年間，一般對於中國的古典都加以盲目的信賴；由宋代起，才漸漸睜開了批判的眼睛，經過元明以至清朝，考據學勃興起來，有許多古典都被認爲是僞造的了。明胡應麟的四部正僞，清姚際恆的古今僞書考，都是辨別僞書的專書；在清代欽定的四庫全書總目提要一書中，也議論着僞書的問題，考據學大家閻若璩的尚書古文疏證，康有爲的新學僞經考（一九一七年版，該書已改名爲僞經考）也是論究僞書的極有權威的巨著。

我們的確需要攝取這些研究批判的成果，但同時也不能僅只加以盲目的去攝取，若過於受機械主義的文獻學的方法的拘束，則不能靈活地去處理資料，不能一聽見是僞書，就完全把牠棄而不顧。須知眞書之中，也有不眞實的部分，僞書之中也有眞實的部分，辨別眞僞需要有一種眞知灼見。玉中有石，石中也會發現眞玉。所以在處理史的資料的時候，不能專賴形式主義文獻學的方法。

被認爲僞作的書籍中，也有種種的性質，不能把牠們一律看待：卽也有作者是假的，也有年代是假的；在內容上，有的是由政治或道德的目的，描畫出一種理想的制度，使人一看好像眞有其事一樣；有的是任意粉飾舊有的傳說而成的，有的是把既已散逸了的古文書中的片言隻字組合起來而成篇章的，有的是蒐集起若干多少相近事實的材料而編成的。對於這許多資料是需要各樣不同的眼光來處理它的。

製作僞書的目的也有種種：有的製作了特別出奇的書籍，使人家看起來要比過去的有價值，其目的在加強自己的學閥的地位，伸張自己的勢力，並把它作爲和敵對者抗爭的必要的工具，有的是把牠當做在官場上的進身之階，有的是由於政治上或道德上的目的而製作僞書；促成製作這類僞書的種種情形我們是不能忽視的。

究明易經的編作年代，(註)不惟對於周代意識形態的發展的研究上是非常重要，而且也是探究作爲其物質基礎的社會的經濟的諸關係的必要的條件。易經中的項目有彖傳(上下)

(註)郭沫若氏說「元來易的經部係由既成的繇辭及諺言格言所集而成，大約是梁襄王時代的作品」(天的思想——岩波講座東洋思潮三四頁)

象傳(上下、)繫辭傳(上下、)文言、說卦、序卦、雜卦、卽所謂的「十翼。」司馬遷在史記中的孔子世家裏寫着:『孔子晚而喜易序彖、繫、象、說卦、文言』,認爲易經是孔子作的。又後漢的大儒鄭玄也說:伏羲造八卦,文王作卦爻辭,孔子作「十翼。」自司馬遷以來,「十翼」都被認爲是孔子所作,到了宋朝歐陽修著易童子問,才肯定「十翼」中自繫辭傳以下,並非全是孔子所作。後來有人更作進一步的否定,稱「十翼」全部都不是出自孔子之手,製作「十翼」的年代並不是孔子時代卽春秋時代,而是春秋以後紀元前三世紀的時候才產生的。這樣看來,「十翼」不是孔子的著作,而產生的年代是比較孔子年代近得多,但我們不能因此就認爲「十翼」是無價值的,不能作爲一種史料,而是可以利用爲它的眞正產生年代的史料的。

編入尚書(書經)中的堯典,很明顯地是僞作。堯是傳說中的人物,不是實在的人物,我們不能完全相信記載傳說人物的事蹟的堯典;堯典不外是依據孔子以後的儒教的思想寫成的。描寫西曆紀元前二千數百年前堯生存着的世界的這個資料當然是不可靠的。堯典中載有『朞有三百六旬有六日,以閏月定四時而爲歲,』由此就斷定當時的天文學就有了這樣的進步,是犯了極大的錯誤的。那麼堯典應該完全拋棄嗎?這也不必,我們可以由它來觀察在儒教思想影響下的自古傳下來的素朴的傳說,可以在裏面看出反映於這傳說中的古老的世界的面影的片鱗來。

周禮是敍述周代各種制度的非常貴重的文獻。但根據康有爲的考證，在前漢之末，當王莽篡位而自立爲帝並企圖從事改革法令制度的時候，就在這樣的政治的目的之下，命劉歆假借周公旦的名字僞造了周禮。總之，周禮很明白地並沒有完全眞實地將周代的制度描寫出來，假如要知道周的制度，還要對周禮加以綿密的考證。

在此不可能把所有中國的古典文獻一一加以銓索，辨別是眞是僞，但對於其中的若干重要的文獻，是有加以介紹一下的必要的。

尚書（即書經）被認爲是中國最古的書籍之一，有今文尚書和古文尚書的分別。由秦朝博士伏生傳給漢朝的尚書是用當時一般通用的隸書體改寫的，所以到後來古文尚書出現的時候，這種尚書就被稱爲今文尚書，共有二十九篇（其中很顯然是到漢朝才增加進去的僞作，秦誓也包含在內。）後來發現的是古文尚書，即在漢武帝末年，魯共王從孔子舊宅的牆壁中發現了尚書、論語和孝經，文字是用蝌蚪文即古文寫的，較之伏生傳下來的多了十六篇，孔安國把這些書都獻給朝廷。但漢書藝文志中關於這種古文尚書的記事，矛盾之點很多，終歸不能認爲是事實。據說這種古文尚書到了西晉永嘉之亂時又遺失了，東晉元帝時又爲梅賾所發現，並把牠獻給朝廷。據淸朝閻若璩、惠棟、王鳴盛等考證的結果，這種古文尚書被斷定爲全係僞作。在左傳國語等書中雖然也引用了許多尚書中的語句，但據杜預、韋昭等的考據，這書在當時早已遺失無傳，不過有人將被引用於左傳國語等書的片斷的語句集合起來而成古文尚書，所以多僞造出今文尚書裏所沒有的十六篇。僞作古文尚書的據說是魏的王肅，根據康有爲的僞經考，又稱係西漢末協助王莽政權而企圖立古文爲官學的劉歆。

就以今文尚書來說，其中的虞書、夏書、商書和周書中的一部分，很明顯地是後人僞造的。又其中的堯典（包含舜典）皐陶謨（包含益稷）禹貢也可以明確地斷定是後世儒者的僞作，不能無批判的加以信任。

詩經是最可信賴的古文獻。雖說這不是歷史的記錄，但裏面反映着古代社會的歷史的事實，是最貴重的資料。

關於詩經的各個詩篇寫作的年代和三百餘篇的編纂完成的年代，有種種異說，根據飯島忠夫博士的意見：認爲十干十二支的起源是基於陰陽五行的思想，陰陽五行思想的成立年代是戰國的中期，詩經中的十月之交一篇裏有「十月之交，朔日辛卯」之句，所以詩經一定是干支被造出之後卽在戰國中期以後才產生的；又豳風中的七月裏，有「七月流火」之句，意思是說在七月卽立秋前後大火心星於黃昏時在西空低低地流過，若認爲這是周初之作，則有一月之差，故把它看成是描寫西曆紀元前三四百年前後的狀態是最爲適當。根據上述的和其他的理由，飯島博士有如下的主張：

『在詩經的詩中元來採取民謠或用於朝廷儀式的歌或用於祭祀的歌的形式，由以前就傳下來的爲數很多，但詩三百篇的編纂，決不是在書經完成之前（西紀前三百年以前）完成的。』（中國古代史四四九頁）（註一）

橋本博士的意見則和飯島博士不同。十月之交的詩篇中雖然有「十月之交，朔日辛卯，日食之，」但據平山淸次理學博士的推算，這次的日蝕係在周平王三十六年（卽西紀前七三五年）十一月三十日。橋本博士贊同平山博士的意見，稱這是推定詩經作成年代的最有力的一個標準。（橋本增吉著論詩經的作成年代——市村博士古稀記念東洋史論叢九六五頁）

又有人說：（註二）這是指周幽王六年（西紀前七七六年）的日蝕。那次日蝕北極方面都全蝕了，中國中原的地方幾乎都看不見太陽。

國風中的各篇多係民謠，橋本博士認爲其產生的年代大約係在西紀前七七〇年至六二〇年之間，卽周平王時代至秦穆公時代間，並認爲大雅和小雅都是在周室東遷之後，春秋的初期，儒教發生以前產生的他說：

『詩經諸篇主要是在春秋時代的前期約西紀前七七〇年至六二〇年間寫成的，……只是其中的一部分，特別是國風和頌裏面有若干例外，其產生年代有的在這時期以前，有的在這時期以後。』（橋本增吉著同書一〇〇九頁）

橋本博士的主張大體是正確的。易經中上經和下經的卦爻辭是在何時產生的呢？卦爻辭中片斷地記載着的歷史的事實，完全不出殷的末期和西周的初期的範圍，所以可以看成是在西周初期寫作成的。但這些易辭無疑是經過許多人的手，經過許多年代才完成了的；而且這大概是卜筮之官為了以之作占辭而作成的。這等卦爻辭的編纂年代不大明瞭，但可以看成是在西周時代。彖傳、象傳等所謂的「十翼」也不是純由一人在某一時代寫成的，是在多年間漸漸地寫作，分量漸漸地增多，全體完成也許是在西紀前三世紀或再近一點的時代。卦說、序卦、雜卦

（註一）飯島博士還說『書經、詩經、左傳、國語等中國上古史的重要的資料，都是在西紀前三百年前後著作的，或整理既存的材料完成的，被認為是西紀前七二二至四八一年二百四十二年間的正確的年表的春秋，其實也含着很多的疑問。』

（註二）「十月之交朔日辛卯」的日蝕，經六朝、唐、元、清諸儒者的推算，係指周幽王六年十月辛卯的日蝕。歐洲的學者也認為在西紀前七七六年八月二十九日在中國北部的確有過日蝕。

也有人認爲是更後的西漢時代寫作的，錢玄同說：『鄭玄王弼以後，把彖、象、文言加在經裏，就成了今日的通行本。』（重論經今古文學問題六五頁）若果此說是正確的，那麼可以推定易經是在紀元後二三世紀才完成了最後的形態。

春秋左氏傳也是有問題的書。一般認爲春秋是周代魯國的歷史的記錄，是寫由隱公元年至哀公十四年（西紀前七二二—四八一年）二百四十二年間的歷史的事實，後來並由孔子刪改過。關於由孔子刪改的事實，自然還有疑問的餘地。春秋在過去大體被認爲是比較正確的記錄，但其中的事實不一定完全都是正確的。很多部分都不得不認爲是一種傳說。

春秋左氏傳的作者一般認爲是孔子的弟子左丘明，但他是否孔子的弟子還是疑問，有人說他是戰國時代的魏人，這倒似乎較爲正確。

根據卡爾格林氏的考據，左傳的著作年代是在紀元前四世紀，東洋天文學史研究的著者理學博士新城新藏氏也認爲是在西紀前三百四五十年間的戰國時代由了與韓、趙、魏有關係的人寫作的。

又根據劉逢祿的主張，左傳的每個年代上用「經」文飾過的辭句是劉歆的寫作，不是原書固有的，原書應當是相似國語的。（錢玄同：重論經今古文學問題六七頁）康有爲更考據出

左傳的原書是國語的一部分，而是劉歆將它分成兩書的。（同書六八頁）

春秋的傳，除了左傳之外還有公羊傳和穀梁傳。公羊傳被認爲是承襲着孔子弟子子夏的流派的公羊高作的，在漢初就已流行。穀梁傳則係假造的，是漢人所作的僞傳。錢玄同說：

『僞作者見當時公羊傳的勢力很盛，非常羨慕，因此就把公羊傳做臺本，加以點竄塗改，企圖藉以立爲博士。……劉歆企圖建立左傳而打倒公羊傳，所以利用穀梁傳來排斥公羊傳』（見前書八三頁。）

周禮也是有問題的書籍，在司馬遷的史記中並沒有提到周禮這本書。司馬遷利用了許許多多的史料，獨對於周禮一字不提，由此可以推知當時是沒有這本書的。前漢書中有許多地方引用着周禮，但前漢書是在史記的半世紀後才出世的。王莽頒布法令的時候，口口聲聲要人民須遵照周禮，須採用古代的制度。所以周禮的產生，是由於王莽企圖樹立自己的政權的這種政治的目的，使修改法律，創立新的制度時有所根據，即王莽爲要鞏固政權而在積極的意圖之下製作出來的。康有爲曾明白地指出：『周禮係劉歆之僞撰，歆欲助成莽之大業而作是書。』（錢玄同著：見前書三七頁）

我們不能把周禮所載的都完全認爲是周的制度。也許周禮不完全是劉歆所描寫的空想，也許其中有的多少是根據可靠的材料，但『若考證周代政治制度時代的時候，完全靠周禮作史料，則是很大的錯誤。』（錢玄同著：見前書三九頁）

儀禮是周末荀子系統的學者寫作的，毛奇齡、顧棟高、崔述等也認為這是周末的作品。（錢著：見前書三六頁）禮記多半是竊取許多古文獻和秦漢以來的偽書編成的，至其編纂時期大約是在東漢時代。

記載中國古代史的書籍中，有一種叫做竹書紀年的，關於牠被發現的始末，還有非常羅漫蒂克的傳說：據晉書中的束皙傳所載：晉太康二年（紀元二八〇年）居民某在現在的河南省北部的汲縣發掘一個古墓，掘出了用蝌蚪文用漆寫的竹書數十車及其他若干遺物，據說這是周代諸侯之一的魏襄王（或稱安釐王）的墳墓。如果這是事實，那麼這類遺物已在地裏保存了六百餘年。這掘出的竹書中有竹書紀年，汲冢周書和穆天子傳等。

竹書紀年所記載的是由禹至西紀前二百九十九年間的歷史，到宋以後，曾被改竄，傳到今日的已和原本不同。清末以至民國的優秀的學者王國維著古本竹書紀年輯要一書，企圖使該書恢復舊來面目。他說把竹書紀年的年代回溯到黃帝，乃是偽作者所幹的；削去書中夏啓殺伯益，商太甲殺伊尹的部分，也是偽作者所幹的。該書中關於伯益和伊尹欲奪王位而被殺的記事，和儒家的傳說恰恰相反，是把他們所崇敬的人物描畫成最可卑鄙的叛逆者；因此儒家就主張這書是一種僞書。但據梁啓超的意見，則認爲僞作者是要投合時代心理的，既然儒者經漢魏以來就極力把伯益伊尹鼓吹成神聖，那他何苦另創異說而遭世人的激烈的反對呢？所以我們可以說古本竹書中的記載，是和古代社會的狀况相符合的，古本竹書中有那樣不投合時好的記載，正是證明這不是僞造，而今本竹書删去了這段事實，正是證明自身是僞造的。（中國歷史研究法一六一頁）

然而我們對於竹書紀年還是不能那樣過分的信賴。司馬遷的史記也是研究中國古代史所不可缺少的資料，但史記和竹書紀年有很多相異之點，不能輕輕地放過而加以盲信，必須由裏面抽出眞實的材料來。又山海經也是秦漢時代的人僞造的（見姚際恆著古今僞書考），其中所載的大都是荒唐無稽的事實，但是由這類的神話傳說，我們也可以看出其中所反映出的古代的世界來，當然其中也的確有一些貴重的史料。

此外還有論語、孟子、老子、墨子、莊子、管子、韓非子、越絕書、吳越春秋、世本等許多古典文獻，在先秦時代歷史的研究上都是有相當的幫助的，但在此不一一加以詳述了。

僅僅是利用古典書籍上的資料，還是覺得不大充分的，必需還要充分地利用考古學的資料。最近在中國考古學的資料漸次被發掘了，周口店的北京猿人及舊石器的發現，鄂爾多斯河附近的舊石器的發現，河南省仰韶村，甘肅地方，遼甯沙鍋屯等地的新石器的發現，河南省小屯的殷墟的發掘，在有史以前的時代的闡明上，都提供了有力的資料。殷墟的龜甲和刻於獸骨的甲骨文字發現的結果，中國的古代史改變了一套新的面目了。

研究商和周的彝器上的金文也非常必要。郭沫若氏說：

『傳至今世的彝器，只是刻有銘文的，現已達至三四千具，銘辭最長的幾達五百字，有人說其量常足和尚書一篇相當，但其史料價値當在尚書之上。尚書自然以今文爲可靠，但其中也有不少是周秦間人所僞造的。屬於周書的，如金縢，鴻範等篇都不足信，周文可信的僅是十五六篇，而這十五六篇作爲史料時也有許多疑問和難點。反之，彝器上的銘文除了少數一見就可辨別出來的僞器之外，一字一句是古人的眞跡，其可貴之點，却不能和尚書等量齊觀了。』（見郭著兩周金文辭系大序——收錄在日本文求堂印行的青銅器研究要纂中）

第一篇

第一章　氏族制以前的社會

第一節　北京猿人的發現

在序論中已經敍述過：在北平西南的周口店，曾發現了與在爪哇發現的皮特坎羅浦斯人同屬於最古人類的北京猿人的遺骨，和他們用石英製造的石器等遺物。

把和北京猿人同時被掘出的化石動物羣拿來研究的結果，就斷定了這種北京猿人是屬於第四紀的初期（世界歷史大系第二卷，東洋考古學二三二頁）。關於其年數的計算，有幾種懸殊很大的說法：有的推定約在百萬年以前（格拉波教授），有的推定是在四五十萬年以前。雖說年數上還不能十分明瞭，但總而言之，被認爲是最初的人類於數十萬年以前就已生存於中國的地面上這樁事實已經是不能否認的了。這種北京猿人究竟和今日的中國人種有沒有一種血緣的關係，現在還沒有方法知道，但是我們也不能否認這種人類和今日的中國人間直接間接總是有一種人種的和文化的聯繫的。

北京猿人已經能自己製造和使用石器了。石器是用石英製造的，製作技術相當精巧。這是不是第四紀初期的人類製造來使用的，還不能明確地斷定，但根據却登（P. Teillard de Coardin）由地質古生物學上來觀察，布以爾氏由舊石器的一般研究上來觀察，已經證明了從周口店洞穴中掘出的石器，的確是北京猿人製作的。

從北京猿人的遺跡上，除了石器之外，用獸骨製造的骨器也被發現了。普通骨器是在歐羅巴的奧里拿西安(Aurignacian)期開始被發現，自來就被視爲後期舊石器時代的一個特徵，又被燒過的一般的獸骨也在該地發現了，由此可以知道北京猿人已經知道用火的方法。含着石英的層土呈現出黑色來，若施以化學的分析，可以知道其中混有多量的木炭；由這類的事實，也可以證明北京猿人曾經使用過火了。

北京猿人係穴居，主要是以狩獵爲生。莫爾甘和恩格斯把有史以前的人類的發展劃分爲蒙味和野蠻二期，又隨着生活資料的生產的發達，更把蒙味和野蠻二期各劃分爲上中下三段；

依照這種區分法，則火的開始使用時期，是相當於蒙昧期的中段。不加以修磨的粗燥的舊石器時代的石器的產生，也是從這一階段開始，所以北京猿人是生存於蒙昧期的中段的文化狀態之下。由他們的頭蓋骨看，其發展的程度非常之低，但他們在技術上已有了相當的進步了。

第二節　中國的舊石器時代

隨着原始人所發明和使用的生產用具之技術的發達狀態之不同，原始社會可以劃分爲舊石器時代、新石器時代、青銅器時代和鐵器時代。這種分法若在着眼於社會經濟的組織的時候，則不能說是很正確的。下面這段話，很值得我們參照一下：

『這個區分完全沒有反映出原始社會的社會經濟制度的變化。爲甚麼呢？因爲在社會制度的基礎裏，不僅包括物質的技術、勞動工具的材料，包含着人類自身的物質生產力的總體也須加入進去。……原始文化史的時代區分的基礎，應該不是技術的特徵，而是着重於原始社會的社會經濟制度的特徵。有階級以前的最古代的社會，係被統一在原始共產主義生產樣式的概念之下，與之相對應的是太古的或原始的社會經濟的組織，這個經濟組織更可細分爲狩獵採集經濟和流浪生活經濟的階段，以及半土著的農牧經濟的階段。原始共產主義社會的最古的階段——氏族以前的社會，和上述的根據工藝學分類的舊石器時代只不過是近似地一致而已。』（馬特林編世界原始社會史日譯本四五頁）即需要記住：氏族制以前的社會和舊石器時代不過是近似地一致而已。

舊石器時代的最顯著的特徵，是沒有磨製的石器和陶器。在中國發現的石器，可以說以在周口店發現的北京猿人的石器爲最古，因爲牠顯示出中國初期的舊石器時代，所以是有很大意義的。

在鄂爾多斯南的陝西和甘肅一帶，發現了屬於中期舊石器時代的石器。前面已經說過：甘肅慶陽縣的和陝西油房頭黃土臺地下的舊石器，石質都是石英岩，有着近似周口店舊石器的特質，所以可以想像得到：在周口店舊石器文化和陝西甘肅中期舊石器文化之間，是有着人種的和文化的直接或間接的聯繫的。

鄂爾多斯西南隅的水河溝河岸也有舊石器散在着，並且在這些地方發現了動物的遺骨混雜在石器裏面，其中馬骨特別多，毛犀、羚羊等也有，駝鳥卵殼的破片也發現了許多，恐怕這種舊石器人是以狩獵這類動物爲生的。

西拉烏蘇河是在陝西省的北方，從這一帶發掘出來的石器，全部是細石器，用黑色或玻璃質的石英岩破片打製成的微小的尖石和剝皮類的石器最多，最大的石器是赤色石英岩質的剝皮器。在這一帶也發現了背器。（駒井知愛、江上波夫著東洋考古學二五六—七頁）

據說由水洞溝出土的石器的製作技術也很精巧，有很多剝皮刀石刀的邊緣是打製得非常精緻的。在此地也發現了各種形式的細石器，比較周口店發現的在形式上和技巧上都要進步些，相當於歐羅巴木斯特里安（Mousterian 前期舊石器時代之末）後期和奧里拿西安（後期舊石器時代之初）前期的發達程度（見前書二五九頁。）

新疆、蒙古、滿洲地方也發現了舊石器，關於這些發現沒有詳加敍述的必要。在中國的中原地方，除了周口店之外，還沒有發現過舊石器，但是我想終有發現的一天的。

第三節　氏族制以前的社會經濟狀態

中國的原始時代人是集羣而居，呂氏春秋中恃君覽一文中寫着：『太古無君，其民聚生羣處，知母而不知有父。無親戚、兄弟、夫婦、男女之別，無上下、長幼之道，無進退揖讓之禮，無衣服、履帶、宮室蓄積之便，無器械、舟車、城廓、險阻之備。』可以說在這裏已反映出原始時代的狀態。自然，在這裏所寫的不一定完全是事實，只是漠然地暗示了太古社會的片影而已。

太古時代的人類的集羣是在所謂採集經濟的狀態下過生活，他們收集野生植物、果實、茸、球根類、蟲類等食物，取鳥巢中的卵，捕捉小動物，在水邊捕捉貝類和蝦蟹。禮記中的禮運篇裏寫着：『昔先王尙無宮室，冬則營窟而居，夏則居橧巢；尙無火食之法，食草木之實，鳥獸之肉，飲其血，茹其毛；尙無絲麻，衣羽皮。』由此可知在太古原始人還不知火的使用，據中國的傳說，到了燧人氏才發明了火。

但是北京猿人早知道使用火了，由發現北京猿人的洞窟內曾掘出了被火燒焦的獸骨，由此可知北京猿人在當時已相當地從事着狩獵了，而狩獵經濟也隨着採集經濟漸漸地重要起來了。北京猿人用石英製作的石器，作爲生產工具有着怎樣的價値還不大明瞭，所以不能明確地窺知它所具有的經濟意義，但我們看到這種石器的製作技術是相當精巧的，而且同時有骨器的發現，這可以看出是屬於初期舊石器時代的東西，它顯示出了進步的生產力和生產樣式。

由甘肅、陝西發掘出來的中期舊石器中，有剝皮器、石刀、尖石等，由此我們可以斷定在當時已盛行着狩獵了；同時在這些石器中也發現了獸骨交雜其間，這也是狩獵已盛行於當時的一個證據。在歐羅巴的木斯特里安期（中期舊石器時代，）狩獵大動物就是原始人的最重要的工作（世界原始社會史六二頁。）

在狩獵經濟中隨着生產力的增大，原始共產社會發生了基於性別和年齡別的分工。女子仍舊從事採集的工作，保持着確固的經濟地位；男子從事的狩獵工作，還是不可靠的，所以還是要依賴女子的採集經濟。勞動工具的製造漸漸複雜化，需要相當的經驗和技術，因此這類工具的製造，主要成了老人的工作，在此就發生了年齡別的分工。

『在原始社會，結婚和家族是生產關係的另一側面』（世界原始社會史七四頁。）在兩性間不實行分工的原始羣裏，是沒有結婚這回事的，一般是被無秩序的性交支配着。自從女子作採集生活者，男子作狩獵者以後，彼此都需要對方的勞動生產物。因此男子和女子的集團間的，較爲恆常的結婚關係就發生了（同書七四—五頁。）

隨着生產力的發展，結婚形態也開始變化了。據莫爾甘和恩格斯的意見，在氏族制以前的社會關係上，已由亂婚或無秩序的性交時代發展到血緣家族時代（兄弟姊妹間的婚姻，）更發展到彭拏魯亞家族時代。所謂彭拏魯亞家族，就是一系列或數系列的兄弟形成一個羣團，娶非血族的共同的妻子，一系列或數系列的姊妹娶非血族的共同的丈夫的形態。

第二章　氏族制社會

第一節　中國的新石器時代

若說舊石器時代是相當於氏族制以前的社會，那末新石器時代則相當於氏族制社會。在舊石器時代，打製石器形成了主要的特徵，狩獵採集經濟是這一時代的支配形態，人類過着放浪的生活，自然也有一個時候是停住在某一定的場所的。在新石器時代，陶器產生了，磨製石器也由於採伐木材的必要而產生了，這是這一時代最特徵的地方，即表明農業和牧畜漸次出現，漸次走入了定着的生活。

安特生將中國的新石器時代和金石器併用時代劃分爲六期：即齊家期、仰韶期、馬廠期、辛店期、寺窪期和沙井期。但是這個區分法並未具有嚴密的意義，不如將這時期劃分爲兩期還要便利些，即以齊家期、仰韶期和馬廠期爲前期，指沒有銅器的時代，以辛店期、寺窪期和沙井期爲後期，指銅器出現時代。前期則以仰韶來代表。

在河南澠池縣仰韶村發現了很多的石器，不僅數量非常之多，而且凡代表中國新石器時代的重要的石器，都在此處發現了。若將其種類列舉出來，則有石斧（特別是有孔石斧）、石鋤、石耨、石刀、半月形或長方形的石庖刀、石鏃、石戈、石環、石杵、石紡車等石器類；骨鏃、貝鏃、骨製和角製的針，陶器類有被稱爲三足陶器的瓦鼎、瓦鬲、及瓦尊，此外還有彩色陶器。

由遼甯省錦西縣沙鍋屯發掘出來的和由仰韶村發掘出來的可以說是屬於同一系統；由山西省夏縣西陰村曾掘出了片岩紡車、骨針、石板石質石庖刀，綠岩石斧，由甘肅的齊家曾掘出了石刀、石斧、尖骨、和單色紋形陶器，由甘肅的馬廠曾掘出了複雜的着色陶器，這些都可以認爲和在仰韶發現的是屬於同一時代的東西。

石斧的出現，的確是具有很大的意義，建築木製的房屋，製造舟船，採伐樹木，開墾土地，石斧都有了很大的用處。用於農業方面的有石耨、石鋤、石杵等，又在華北各地發現的用石版製成的半月形的石器，刃部削得很薄，是用以收割禾黍之類的。由這類農耕用具的發現，可以確證在新石器時代已經盛行着農耕了。

由於石紡車的發現，可知這一時代已有絲的紡織了，紡織出來的絲織品，用骨針來縫成衣服。

彩色陶器在仰韶村及其附近也發現了很多，此外在山西省的西陰村，山西省萬泉縣的荊村，遼寧省的沙鍋屯也有發現。由甘肅省各地方發現的彩色陶器，技術上更見進步，有使用作滑車的痕跡，其紋彩和在西方的亞諾，波斯的蘇沙和南俄的特里波里耶等地發現的彩色陶器相似，但是否受了西方的影響，現在還不能斷定，從甘肅、河南、遼寧等地和彩色陶器一齊被發掘出來的人骨，則很明顯地和現在的北方中國民族相似。由這些出土的遺物，使我們想像得到新石器時代的中國民族的手工業是已經有了相當的發達了。

由山西省西陰村的史前期的遺跡中，發現了用人工割裂成半個的繭殼，由此可知當時已經有絲的紡織了。

由仰韶村新石器時代的遺跡中，發現了很多的獸骨，接安特生的判斷，這是家畜之一的豬的遺骨，由此也可以推知在新石器時代家畜的馴養也相當繁盛了。

安特生認爲仰韶期是相當於西紀前三千年前後。

辛店期，寺窪期和沙井期是屬於金石器併用期，年代較之仰韶期要近些。由辛店發掘出來的，除了用牛馬的骨製造的骨鋤、紡車之外，還有技術精巧的彩色陶器，此外還發現了銅器。由寺窪發掘出來三足鬲，彩色陶器和銅器。由沙井發掘出來貝玉，葬物，銅器和彩色陶器，特別有特色的是有翼的銅鏃。

所謂殷墟的遺物也是屬於金石器併用期。一八九八——一八九九年的時候，河南省的洹水有氾濫之災，黃河北彰德府安陽縣西北約五里的小屯也被水洗去了很深的泥土，後來該地農夫在這地方耕種時，就由黃土層下掘出了很多的龜甲和骨片，開始引起了一般的注意。龜甲和骨片上刻着文字，經王國維和羅振玉等的努力，這種文字漸次被考據出來了，這是殷朝王室的關於占卜的記錄。根據這種文字可以相當地明瞭殷代的社會經濟關係。在小屯地方除了龜甲和獸骨之外，還發現了石器、陶器、骨器、銅器、青銅器。

在石器之中，有長方形或正方形的石庖刀、石斧、石刀等；骨器中有骨鏃、骨笄、刻有花紋的象牙、牙匕、骨匕和獸骨的裝飾品；此外還發掘出貝殼、貝璧、白色陶器、石磬等；銅器中有銅刀、銅矛、銅鏃、及其他銅和青銅的彝器、食器等。

最近在河南省的濬縣也發現了和安陽的殷墟大體相同的遺跡，除了石器和陶器之外，還掘出刻着與安陽的甲骨文字同型的甲骨片來。又從山東濟南附近古譚國的城址上除了石器和陶器之外，還發現了和殷墟出土的甲骨片同一種類的甲骨的卜器，但上面沒有刻着文字

（橋本增吉著東洋古代社會史七六頁。）（註）

根據一九三〇年李桑的報告，新石器時代的遺跡地是在華北、蒙古、滿洲等地，共有七十餘處，卽散在於陝西、甘肅、河南、河北、山東、熱河、遼寧等省。（森谷克已著中國社會經濟史二二頁）

第二節　母系氏族和父系氏族

恩格斯說：『氏族的制度，在大多數的例子上，似由彭那魯亞家族直接起源的。』又說：『在一切集團家族的形態中，雖不能確定誰是孩子的父親，但誰是他的母親是確定的。雖然她稱全家族的一切的子女爲他的子女，而且對所有的孩子都有母親的義務，但她仍能知道她的本身的子女；因此，很顯然的在羣婚存在的範圍內，血統僅能由母方證明，而且也只有母系被確認；在一切野蠻民族及屬於蒙昧期的下段的民族間，都是這種情形。』又說：『他們全體由於所生各同時代的女性子孫，皆爲姊妹，故有一個共同的始祖母。但這些姊妹的丈夫，再也不能從自己的兄弟輩中選出，不能爲由同一始祖母生出者，從而也不屬於後來成爲氏族的血緣集團。但他們

（註）根據春秋的記載，譚國的滅亡是在莊公十年（西紀前六八四年）在此地出土的甲骨片，是譚國使用的呢，還是殷代遺下的，現在還未曾究明出來。

的子女仍屬這個血緣集團，這因只有從母系的血統才算確實也爲最後的决定之故。當兄弟姊妹（也包含母方的最緣遠的傍系親族）間的性交禁止一經確定，上述的血緣集團卽轉化爲氏族；換言之卽組成爲一個由母系血族關係者所不許互相通婚的確定的羣。這個羣，以後因爲有其他的社會的和宗教的別種共同制度，更加強固，且與同一部落內別個氏族有所區別。……我們見了氏族是不惟必然地而且也是當然地由彭那魯亞家族發達起來，那麽認定在一切可以證明有氏族制度的存在的民族中，卽差不多在一切野蠻民族及文化民族中確是有這種家庭形態存在着過的，也是顯然的了。』（家族私有財產及國家的起源中譯本五八—六〇頁）

彭那魯亞家族實在是發展到羣婚的最高形態的一個階段，母系氏族由此形成，乃是必然的。中國民族也經過了這個發展階段，這在中國的傳說中曾反映了出來。

世界原始社會史的著者說：

『母系氏族和父系氏族是在原始社會的一定的發展階段上所生的基本的社會組織。這是原始社會的生產諸力的發展的結果，表現出生產諸關係的一定形態。父系氏族和母系氏族是以正在移向農業的比較複雜的採集經濟爲基礎或以牧畜業爲基礎，在某種場合又係發生於狩獵和漁業的最高階段的基礎之上，而更向前發展下去。所以這不是一

種偶然的現象，而是原始社會歷史發展聯鎖上的有機的一環。』（世界原始社會史日譯本二〇七頁）

母系氏族和父系氏族是原始社會氏族組織發展上的兩個相繼而起的階段。在地球上的任何地方，都是母系氏族先於父系氏族的。

在氏族創始者的一定的唯一的宗母之下，被認爲是她的子孫的一團的人們，形成了強固的集團。在這種家族形態之下，父性是不知道的，所以血統只是依據母系形成的。兄弟不得和他們的姊妹結婚，卽任何氏族羣都不能在氏族內求配偶，這是氏族的根本規則，也是結合氏族的紐帶。

血統是根據母系，所以孩子們只是知道母親，而母親的地位就增大了。氏族的財產是由母系來繼承。女子發明了農業，並從事於農業生產，這種經濟上的指導的地位，就構成了母系的物質的基礎。孩子們在經濟上也是結托於女子的。

恩格斯說；『女子大部分或全部係屬於同一氏族，男子則分屬於許多的氏族的共產主義的家系，在太古是非常普及的女性中心的物質的基礎。』（見前書六四頁）

呂氏春秋中所說的「知母而不知有父」的時代就是母系氏族的時代。中國的敍述上古時代的傳說中，普通在敍述傳說的人物的時候，大都是不提及父親的，關於母親則說得很神祕。例如在春秋公羊傳中說：『聖人皆無父，感天而生。』所謂太古傳說的人物的三皇五帝等，也大都沒有父親，是母親感到神祕之力而生出來的。例如

『太皡庖犧氏風姓，代燧人氏繼天爲王。母曰華胥，於雷澤履大人之迹而於成紀生庖犧，蛇身人首，有聖德。』（史記三皇本紀）

『炎帝神農氏姜姓。母曰女登，有嬌氏女，少典之妃，感神龍而生炎帝，人身牛首，長於姜水，因以爲姓。』（同上）

『黃帝母附寶，見電繞北斗樞星光照野，感而孕。』（今本竹書紀年）

『帝顓頊高陽，母見搖光之星如虹貫目，感已於幽房之宮生顓頊於若水。』（同上）

『堯母慶都與赤龍合昏，生伊嘗堯也。』（同上）

『舜母見大虹，感而生舜。』（同上）

『禹母見流星貫昴，夢接意感，旣呑神珠而生禹。』（同上）

關於殷和周的祖先也有如下的傳說；

『殷契，母曰簡狄，有娀氏之女，爲帝嚳之次妃。三人行浴，見玄鳥墮其卵，簡狄取食之，因

孕生契。』（史記殷本紀）

『周后稷名棄，其母有邰氏女，曰姜原，姜原爲帝嚳元妃。姜原出野，見巨人蹟，心忻然說，欲踐之。踐之而身動，如孕者居期而生子。』（史記周本紀）

在母系氏族之下，子女係屬於母之氏族。『堯初生時，其母在三阿之南，從母所居而姓，』（今本竹書紀年）由此可以看出堯是以母的氏姓做自己的氏姓。

在母系氏族之下，男子是要離開自己的氏族而出嫁到其他的氏族去，以女子所屬的氏族的氏姓爲姓，所以卽使是兄弟，因出嫁到不同的氏族去，姓也就互相不同了。例如『舜象兄弟，舜屬有虞氏，象屬有庳氏。』（今本竹書紀年）

關於堯子丹朱，舜子商均，鯀子禹的神話，也表現出母系社會時代來。丹朱不僅不能爲堯的本來的氏姓的兒子，他是在堯的妻的氏族中而且也還要嫁出去的。禹對鯀的關係，商均對舜的關係也是同樣。堯是陶唐氏，但丹朱是有扈氏；舜是虞氏，但均是商氏；鯀是崇氏，但禹是嵞山氏。同時，丹朱不能繼承堯，商均也不能繼承舜。

母系氏族在彭那魯亞家族的羣婚階段的時候，呈現出多母多父的狀態。在殷墟的卜辭中，也可以看出多母的狀態來：

『祖乙之配曰妣己，又曰妣庚。』

『祖丁之配曰妣己，又曰妣癸。』

『武丁之配曰妣辛，又曰癸，又曰妣戊。』（郭沫若著中國古代社會研究二六八頁）

又在卜辭之中也表現出多父的狀態來：

『戊子卜庚（寅）於多父旬。』

『貞帝（禘）多父。』

『庚午卜□貞，告於三父。』

『父甲一牡，父庚一牡，父辛一牡。』

『貞之於父庚，貞之於父辛。』（同上二六八頁）

森谷克已氏說：『不能以一時代的親族稱呼上有多父多母，就認爲在該時代有羣婚的存在。』（中國社會經濟史四三頁）這是不錯的，在刻這種卜辭的時候，也許和實際的事實相反，只不過是親族稱呼上稱多母多父，而其實這種稱呼已成爲前一時代的遺物了。這約確可以斷定：當刻這種卜辭的時候，彭那魯亞家族已經不存在了。就在母系的氏族之下，在野蠻期的下段，就已經有對偶家族出現了。然而只有這一點是無疑的：即縱令多母多父在當時已成了純親族稱呼上的遺物，而符合這種稱呼的實際的關係的確是存在過的。卽孩子對於父和父的兄弟統稱爲父，對母和母的姊妹統稱爲母，這種稱法就在春秋時代都還有的，這當然反映出過去在事實上曾有過多母多父的時代存在的了。

在河北省保定縣的南鄉，曾發現了和在殷代製造的相似的勾刀三把，上面都刻着文字。其中有一把刻着：「大祖日己，祖日丁，祖日乙，祖日庚，祖日丁，祖日己，祖日己，」把各祖父的名字列了出來；第二把刻着：「祖日己，大父日癸，大父日癸，中父日癸，父日癸，父日辛，父日己，」把諸父的名字列了出來；第三把刻着：『大兄日乙，兄日戊，兄日壬，兄日癸，兄日癸，兄日丙，』把諸兄的名字列了出來。

在氏族內部牠的成員是依據世代層來區分的，因此同一世代層的男子（屬於其他氏族，依據母系氏族的關係而嫁入來的）和女子都是共同的丈夫，共同的妻子，所以祖父那世代層的男子們都同樣平等地成了祖父，父輩那世代層的男子都同樣平等地成了父親。多母多父的狀態，乃係母系氏族最初階段的必然的產物。但諸祖父，諸父和諸兄等各世代的氏族員，都是一律平等的這種狀態到後來就漸漸地崩潰了。在上述的三勾刀上，有大祖、大父、中父、大兄的稱呼，這明顯地表現出已經發生差別待遇了。其所以生出這樣的差別，不外是對偶婚的傾向的一種表現在母系氏族之下，是由彭那魯亞家族漸漸地發展到對偶婚的狀態。恩格斯說：『對偶家族發生於蒙昧期和野蠻期的境界上，大概是蒙昧期的上段，還有幾處是在野蠻期的下段。這是野蠻時代的典型家族形態，就像集團婚之於蒙昧，一夫一妻制之於文明一樣。』（恩格斯著前書七七頁）而殷代的末期已經到了野蠻期的中段了。

在母系氏族之下，父的財產不能由他的兒子承繼，因爲兒子是屬於母的氏族，不是屬於父的氏族，父的財產是留在父的氏族去了。開始畜養家畜之後，大概飼畜就是男子的工作，這類家產最初是屬於氏族的，後來發達成了男子的私有財產，『因此，畜羣的所有者死亡以後，他的畜羣就要歸屬於他的兄弟姊妹和他姊妹的子孫，或他的母親的姊妹的子孫，他自己的子女是不能承繼的。』（恩格斯著前書八一頁）這種情形正好借以說明殷代王位的繼承，父傳於子者不多，大多數是兄死弟繼的狀態。殷代從咸陽到帝辛，三十個帝王中有十四個是弟繼兄業的。

『易洛魁的酋長的兒子決不能繼承他的父親做酋長的，因易洛魁人奉行母權制，而兒子是屬於別個氏族的。惟有兄弟或姊妹的兒子得常被選爲繼承者。』（恩格斯著前書一三二頁）從這段文字也可以明瞭殷代王位繼承的實狀的意義。又在殷代父子相繼的場合，這種父子不一定是有血緣關係的，這位父親也許是諸父之一的父親。總之，到了父親的財產可由他的親子繼承的時候，母權已經崩壞，兄死弟繼不過是一種遺習的時代了。

在殷代，對「妣」（亡母）非常敬重，對她要舉行特別的祭禮，這不外是母系氏族的遺習。關於祭祀的占卜的記錄，我們可從甲骨卜辭中看到：

『甲寅卜貞三卜用血三羊卌（四十）伐（劍舞）廿鬯（香酒）卅牢卅反二口於庚妣。』（據郭沫若著中國古代社會研究二八三頁）

『丙寅卜貞王賓大乙爽妣丙，翌日亡尤。』

『癸酉卜貞王賓中丁爽癸，彤日亡尤。』

『辛丑卜貞王賓大甲爽妣辛，彤日亡尤。』（據曾謇中國古代社會四〇頁）

在古代，帝王稱作「毓」。據郭沫若氏考證的結果「毓」即「后」字，甲骨文字裏的「毓」字酷似產子的形狀。因此，郭氏說：『余謂「毓」字乃母權時代之孑遺，母權時代宗長爲王母，故以母之最高屬德之生育以專稱之。「毓」字在古當卽讀若后，父權逐漸成立，則此字逐漸廢棄，故假借爲先後之後。』並說：『卜辭於今王稱爲王，僅於先王稱爲「毓」，則女酋長之事似已退下了中國之政治舞台，而相距則當亦不甚遠。』（中國古代社會研究二七〇頁）

以上述的事實爲基礎，我們可以斷定：商民族是經過了母系氏族的階段。這個階段是在哪個時候，還不十分明瞭，但大略可以推測是在盤庚移居於殷地以前。

氏族制度是在蒙昧期的中段發生，在野蠻期的下段達到了全盛時代。由殷墟發現的遺跡看來，當時的殷是處於野蠻期中段的發展的狀態。當時已有牧畜和農業的經營，銅器、青銅器也和石器同被使用，但還有鐵器。這樣，商民族還埋在漠然的傳說之中的時候，已經就由母系氏族移到父系氏族了。

以父爲家長的父系氏族，是發生於生產諸力的一定的發展階段之上。牧畜是由男子經營着，農業也從用鋤耕作以來就移到男子的手裏，裝飾品及其他許多財產被視爲家長的私有，這樣一來，父系氏族的出現乃是必然的了。對偶婚漸漸的普遍，過去男子是出嫁到妻的氏族的，到這時候已經不再出嫁了，反而要把妻迎到自己的氏族來了。兒子的父親既已經可以明白，因之父系也就確立了。恩格斯說：

『這樣財富愈增加，男子在家族的地位也愈比女子重要；而且利用這個強固的地位，爲他的子女的利益，以推翻傳統的繼承法則的欲望也發生。但在母權制度繼續有效的時期，這個却沒有實現。因此非把母權制廢止不可，而母權竟是廢止了。這却不如今日我們所想到的那樣困難。因爲這一革命——人類所曾經驗過的最激烈的革命之一——並沒有須侵害氏族中任何一個活着的氏族員之必要。全體氏族員仍能照常過活。只要有一個簡單的議決，說從今以後男子氏族員的子女應屬於氏族，女子氏族員的子女則出外而轉屬於他們的父親的氏族，就很夠了。這樣一來由母系追溯血統及母方的繼承權卽被廢止，而由父系追溯血統及父方的繼承權卽告成立。』（恩格斯著前書八一——八二頁）

氏族構造的最大的特徵是：（一）氏族集團共有財產（特別是主要的生產手段）；（二）氏族的民主主義的實施，卽舉行成年男女都有同等表決權的評議會，選舉或罷免氏族、大氏族（部族）、種族和種族同盟的指導者（首長、酋長）以及軍司令官；（三）族外婚的成立；（四）氏族員有互相援助的義務；（五）保持着共同墓地等。

在尙書的盤庚中，還稍稍可以看到片斷的氏族民主主義的狀態來。但盤庚並不是盤庚時代寫作的。盤庚是殷代中葉的帝王，他曾遷都到殷，今日發現的殷墟就是那時的遺跡。由殷墟的卜辭看來，也可知道當時是不會作出盤庚那樣流利的文章的，這大概是後人根據相傳下來的材料作成的，有許多地方曾被後代的思想所歪曲。若果把這些夾雜物取消掉，單取牠純粹的姿態來看，則在此書中可以看出一些氏族的民主主義的狀態來。

自從祖乙定居於耿以來，曾在此處住了一個相當長的時期，後來因爲該地常遭水災，所以盤庚打算遷都到殷地去，但是臣民極力反對遷都，因此盤庚把反對遷都的人們都召集起來，在酋長之下舉行種族會議，協商一切，但結果衆人還是反對遷都。到最後盤庚終於不顧衆人的反對，用強迫的手段遷了都。——盤庚中原來所敍述的大體是如此。在盤庚的時代，還存着氏族民主主義的形式，縱令是一族的酋長也不能違背的。所以總得要採取協議的形式召開評議會，但大衆還是表現反對意志，結果專制的傾向抬起頭來，就不顧這種反對而強迫遷都了。大衆之所以不願遷都，是因爲農業已漸漸發展起來，增強了定着的傾向，遷移是對於農業不利的。

由母系氏族移向父系氏族，也就是走向氏族制度崩壞的過程。在殷的末期，隨着父系氏族制度的成立，以父爲家長的家族出現了；隨着對偶婚的產生，小家族形成了。在這樣的情勢之下，私有財產的傾向加強了，奴隸也產生了，階級發生分化了，國家漸漸形成了。但氏族制度還沒有完全崩潰，到殷被周滅亡的時候，殷的諸氏族大部分仍舊形成氏族的集團，而隸屬於周室。

第三節　殷代的社會經濟狀態

殷代的生產諸力

在殷代，狩獵還很盛行，捕漁也被從事着，當時用作狩獵的工具的，有弓矢，網，陷穽等，有時也利用馬和犬。到了家畜出現之後，狩獵所占的地位完全變了。『在此，家畜的馴養和畜羣的繁殖已開闢了一種爲以前所未知的富源，且創造了新的社會關係。……在現在，以前一切獲食的方法，如今祇好廢棄。從前絕對必需的狩獵，今且變爲一種遊戲了。』（恩格斯著前書七八頁）

在野蠻期的下段，牧畜和農耕已開始萌芽，到了中段，已漸漸發展起來了。殷是在野蠻期中段的發展階段上，所以那時已經盛行牧畜事業了，馬、牛、羊、雞、犬、豕被飼養做家畜，牧畜形成了生產的重要部分。

易經的繫辭下傳中，載有『庖犧氏歿，神農氏作。斲木爲耜（鋤，）揉木爲耒（鍬，）耒耨之利，以教天下。』可見在最原始的農業上，已經使用這樣的木器了。即有一端相當尖銳的木製的棒，成了在太古的農業上非常普及的耕種的工具，木製的鶴嘴也被使用着。據說現在某些地方的中國農民還在使用着木製的鋤的。在殷代，耒是主要的農具，這是用木料或石塊製成的，有時也用獸類的肩胛骨來做犂尖。從仰韶地方曾經發現了石鋤，石斧，有孔石斧，這些都在農業的發展上起了很大的作用。又在農耕用具中還有石鍬和石耨。從殷墟發現的被稱爲石磬的石器，普通被認爲是一種樂器，但郭沫若認爲是附於犂的頭部的犂尖。石刀則是用來割取禾黍類的。

易經卜辭下傳中有「斷木爲杵，掘地爲臼，臼杵之利，以濟萬民」之句，從仰韶地方也果然發現了石杵。

由這類農耕用的石器的存在，可以推察出殷代農業的發展狀態來。用石犂來耕作，可見農業還十分幼稚，到了農具用鐵來製造的時候，農業才會有巨大的發展。在殷代，銅器和青銅器已經相當的發達了，那主要是用來製造彝器，食器和武器，直接使用在特產上的器具，幾乎都不是用銅和青銅製造的，在殷代的農耕器具，也恐怕不用銅和青銅來製造罷。

在野蠻期的中段，農作上的灌溉工作已有相當的發達，但在殷代究竟設置了些什麼灌漑或治水的工事，現在還不十分明瞭，關於夏禹治水的傳說，究竟有多少眞實性，也還不知道。這類不確實的事，現在暫且不去談它罷！

在幼稚的生產力的水準之下，是需要氏族共同體集團的協力的：開墾土地，斬伐森林，燒棄草木，都非借集團的力量不可。當發展到用鋤耕作的階段的時候，農業已經慢慢地離開女子的手了。到了牧畜由男子担負，農業這種繁重的工作移到男子手裏之後，母系氏族的物質基礎就失掉了。發展到父系氏族，成了必然的過程，以父爲家長的家族，也和這種物質基礎有着密切的關係，而漸漸展開了。並且隨着農業生產力的發展，分化爲小家族的過程也開始了。

在殷代的末期，在牧畜和農業等生產部門，奴隸也作為生產力而登場了。

二 殷代的產業和交易

A.狩獵和捕魚

在殷代，狩獵也還相當盛行，但已經不是獲取食糧的主要的方法，而不過是一種補助的手段。卜辭中所見的狩獵，大都是貴族階級的閑情逸致的遊戲。卜辭中所載的當時常被捕獲的獸類，主要的是鹿、狼、羊、馬、豕、兔、雉等，捕獲虎豹的事在卜辭中很少看到，獲象的記錄則有過的，如『今夕其雨獲象』（郭著中國古代社會研究二三四頁）就是一個例子。

關於捕魚，卜辭中很少記載，但不能因為這一點就認為當時沒有捕魚這回事。也許是捕魚對於貴族階級很少有興味，故不多提起這事。大概魚業是一般民衆的工作，魚場是盛行於河川和湖沼裏。

B牧畜

在商代，牧畜就已經很盛行了，在盤庚以前常常變更居住地，可以看出當時逐水草而居的生活狀態來。家畜有馬、牛、羊、鷄、犬、豕等，是食糧供給上的重要的資源，可以不斷地供給肉和乳等。甲骨文字中關於牧畜的事項表現得很多，但由卜辭中所表現的來看，當時牧畜在生產上的重要性是不能輕視的。

在殷代多數的家畜被用來充祭祀用的犧牲，每一次用一頭，兩頭，三頭，十頭，十五頭，三十頭，四十頭，以至三百四百不等。這樣多的家畜被充做犧牲，可見當時的牧畜之盛。

恩格斯說：『但是這新的財富歸誰所有呢？無疑地最初是屬於氏族。但對於畜羣財產的私有一定老早就已發達。』（前揭書七九頁）家畜的發現，在氏族制度崩壞的過程上起了很大的作用。畜羣、裝飾品和人畜（卽奴隸）相同，成爲父家長的私有財產的傾向漸次濃厚起來，父家長的氏族共同體，是由羣婚發生的母權家族和近代社會的單婚家族間的過渡的形態，但這種共同體是以私有財產的傾向做它存立的物質的基礎，所以其中也蘊含着使氏族共同體崩壞的要因。牧畜的發展形成一種矛盾，這矛盾便是促進殷代氏族制度——卽原始共產主義的諸關係——的崩壞的一個要素。

又牧畜在殷代到了奴隸發生的時候，也有的是用奴隸照管的，這在以後再詳述罷。

C．農業

隨着牧畜的發展，爲要得到飼料，所以把可作飼料的植物栽培在一定的地方；這就是農業的發生形態。

在殷代，石斧、石刀、石鍬、石犂等就是農業上的勞動要具，所以農業發展的程度，不問可知了。被栽種的穀類主要是黍、稷、粟、麥、禾等，黍和稷（高粱）是主要食物，其次是粟和麥。在中國北部，米並不是一般民衆的主要食料。

占豐年或凶年，占氣候等和農業有關係的迷信，在甲骨文字中也表現着。例如：

『庚甲卜貞受黍年，三月。』

『乙未卜貞黍在龍囿，春受有年，二月。』

『己酉卜黍年有正。』

『貞今其雨不佳稽。』（郭沬若著中國古代社會研究二四七頁）

爲從事農業而開墾土地的時候，是使用燒田法。卜辭中曾有「焚」字，這本來是表示焚燒山野以便狩獵的意思，但後來也表示燒田的意思了；在商代不知施肥料，在若干年後土地瘦瘠之後，就將它拋棄掉，另外去開拓新的土地。（萬國鼎中國田制史上册五頁）

在殷代，土地還是氏族的共有物，看不出有私有的痕跡。在卜辭中也找不出土地私有的證據，在殷代彝器的銘文中，也看不到關於賜田的記事。

卜辭中曾被發現有「桑」字，可見當時已有養蠶的工作了。從山西省西陰村的新石器時代的遺跡中，曾發現了人工破裂了的蠶繭，這更是當時已有養蠶的證據。

D.工業

由陶器的製造，更進而達到銅器的製造，在青銅器的製造上曾發現出熟煉的技巧。宗廟祭祀時所需要的彝器，是用銅和青銅製造的。在食器類中，種類非常之多，有鼎、尊、敦（盛黍稷用）、盤、爵（盃）卣（盛酒用）甗（蒸物用）壺、鬲（鼎的一種）、豆、匜（注水用）等。

在卜辭中，有宮、室、宅、家等文字，由此可以判斷當時的建築已有相當的發達。舟車等也已經發明，家庭工業之一的紡織技術也有着相當發達的狀態，這由卜辭中有絲、帛、衣等文字就可推知。絹的存在，也可以表示出殷代紡織工藝的技術的水準。

武器主要是用銅和青銅製造的，主要的有弓、矢、彈弓、第（箭）、戈、鉞、函、箙等。殷民族常和周圍的種族從事戰爭，而這類戰爭就促進了武器的發達。

E.交易

「商品交換，開始於各共同體經過的地方；換句話說：就是開始於各共同體和別的共同體或其成員們接觸的時候。但是，諸種物品，一經在共同體的對外生活上成為商品，馬上在共同體內部的生活上，也反作用地漸次成了商品了。由這些物品的交換量的比例看來，最初完全是偶然的行爲。』（馬克思資本論，第一卷，日譯改造版五八頁）所謂交換物品，必須要有那些物品的私人所有者，而且他們彼此又必須是相互對立着的獨立的人格。在原始的共同體的成員間，沒有存在着彼此獨立的關係，所以在氏族共同體之下，最初站在個人立場上來從事物品交易的成員是沒有的；他們有的時候只是在各共同體間站在共同體的立場爲互通有無而從事物品的交換。在殷代，在共同體和共同體間是交換物品的，但爲數非常之少。各種物品在共同體的對外關係上變成了商品的時候，那麼在共同體的內部關係上也就要變成商品的。

交易的形態在最初是物物交換，後來隨着交換的發展，就產生出作爲等價物的貨幣了。具有作爲這種等價物的貨幣之機能的東西，在最初是家畜；貝在殷代本來是一種裝飾品，但到了後來就漸漸具備着貨幣的機能了。

在這類原始貨幣中，最被看重的是「子安貝」──「朋」──是用貝造成的頸飾。在我們認爲是刻於殷代的金屬器的銘文中，曾刻有有關於貝與朋的贈與的記錄。例如在角（酒器）的銘文中，有『庚申，王在東間，王格，從宰椃，錫（賜）貝五朋，用作父丁寶彝。六月，佳（大）王廿祀，翌又五祀。』又斝（酒器）的銘文裏有『癸巳，王錫邑貝十朋，用作母癸尊彝。四月，彤日，佳王六祀』的記載。但是據郭沫若說：在卜辭中只有一個是刻着『庚申口貞（占）錫多女之貝朋。』

總之，可以說貝曾被作爲私有財產而互相贈與。但關於賜贈土地或臣僕的記載則簡直沒有。

在殷代，有用骨做造貝的形狀的，也有用珧做造貝的形狀的。這大概是用來代替貝的。用銅模倣貝形造成的所謂的蟻鼻錢，是在周朝末期製造的。貝是一種裝飾品，有時也有貨幣的機能。

第四節　殷代奴隸的發生

商民族的根據地大概是在現在的河南省境的黃河流域。在河南澠池縣，安陽縣，濬縣等黃河中流的南北，即在河南省北部的平原，曾發現了新石器時代的遺跡，由此也可以看出商民族曾征服了夏民族，而這一帶的文化就勃興了起來。商民族征服夏民族，究竟是在甚麽時候，現在還不十分明瞭。根據傳說，成湯滅夏桀而即帝位，是在紀前一七六六年，但這不見得是確實的事。

在商民族的周圍，其他種族割據着，商民族不斷地和他們打仗，征服他們。居住在商民族周圍的其他種族，有土方、呂方、羌方、井方、洗方、人方、馬方、羊方、鄘奄、邶雷等，其中對於土方和呂方兩

族的戰爭特別多。（郭沫若著：中國古代社會研究六一頁，王宜昌中國奴隸社會史——讀書雜誌第二卷第七八期合刊）

參加戰爭的人數多的時候甚至達到三千或五千；當時的軍隊是由騎兵，戰車，和步卒編成的。卜辭中載有：

『丁酉卜囗貞今春王收（聚）人五千，征土方，受有祐三月。』又載有

『八日辛亥允戈伐（斬）二千六百五十六人。』（據郭著前書二八二頁）

根據這樣的敍述，可知當戰爭時，曾被殺戮了二千六百餘人。又卜辭中曾載着這樣的事情：即當祭祀時，俘虜常被殺了做供神的犧牲。由很多的俘虜被殺的這椿事實看來，當時的奴隸制是不大發達的。生產力還在很低的水準的時候，奴隸的存在是不可能的。『對於野蠻期下段的人類，奴隸是無用的。』（恩格斯著：前書，七九頁）奴隸是發生於野蠻期的中段，而殷代正是在這個時期，所以當時雖然已有奴隸制發生，但是還沒有達到極盛的階段。

在卜辭中有臣、奴、俘、奚等字，這些字都是代表奴隸的。殷代的奴隸都是由戰爭的俘虜轉化的，即征服了其他的種族之後，就把他們拿來當奴隸。由「奚」「奴」等的字形看，也明顯地看出是以俘虜為奴隸的意思。以戰爭中所獲得的俘虜為奴隸的時候，首先就要輪到女子，這由

「奴」字也可以看得出來。到後來，「俘」字就是用作殷代奴隸的總稱。表示奴隸的有「奚」「妾」「媟」「姘」等字。（王宜昌中國奴隸社會史——讀書雜誌第二卷，第七八期合刊）

根據卜辭，殷民族的奴隸中，鄘（𠭯）最多，其次是土方、呂方和邶（燕）。邶和鄘離殷稍遠，曾爲殷民族所征服，卽在盤庚以前征服鄘族，以之爲「奄（卽鄘）奴」的奴隸，更使邶，以邶人爲「北奴」的奴隸，使土方，「俘馘（卽俘獲之後，割其左耳）土方」，使呂方，「以呂方爲臣」（見王宜昌中國奴隸社會史，丁迪豪歷代的奴隸——歷史科學一卷五期）

這些殷代的奴隸用了做甚麽事呢？

第一　用做祈神或祭祖先的犧牲

殷民族當向神求雨的時候，就把奴隸拿來做供神的犧牲，在祭祖先時也是這樣。例如在卜辭中有『□西卜之□祖甲用㞋』又有『甲寅卜貞三卜用血三羊，册伐廿鬯卅牢卅㞋二□於妣庚。』「㞋」字與孚（俘）同，卽指用了做供神的犧牲的奴隸。

這樣，把奴隸拿來做犧牲。不外是表現生產力還沒有多大的發展。

第二　用來做僕役

卽用來做司掃除等事的僕役，在家中從事種種勞動。女奴隸出現得最早，征服民族的男子可任意把她們拿來做解决性慾的對象。

卜辭中有「嬪」字這個字和「妾」字同樣是女奴隸的意思。

第三　衞戍邊疆

郭沫若氏認爲在卜辭中所常見的「侸」字，就是後世的「豎」字，即指被派了駐屯在國境四方的作衞戍工作的兵卒。如卜辭中有『有來侸自西』『有來侸自北』，即言東西南北都有侸，他們常由各方來報告邊疆的情形。

第四　從事牧畜

據說奴隸也被使役於捕魚，可是在現在的卜辭中還沒有明確的證據。雖然在卜辭中引用着『子漁有從』『貞子漁亡其從』等句，可是子漁的意思都還未明確，所以不能輕易下斷定。依據郭沫若說，子漁是人名，那便不會有使役奴隸於漁業的意思了。縱然從字的意思看乃是奴隸，但也還是不知道子漁是否就是捕魚的意思。

牧畜上很明顯地是使用奴隸的，這在卜辭中也可以看出。例如在一個骨片上刻着『戊戌卜大占奴。癸己卜令牧坐』兩句話。而且牧和奴常作爲同格的東西被幷列着，可見所謂牧便是指奴隸了，顯然奴隸是曾從事於牧畜的。此外還有『卜令牧』『十方牧』（『十方的牧』）

等，也可以爲這種說法的證明罷。

第五　從事農耕

卜辭中有『貞叀（集）小臣，衆作黍一月。』小臣是奴隸，受其指揮的「衆」也是奴隸。又卜辭中的『壬申卜貞田奚往來』的田奚，也是指農耕奴隸。殷代的一部分農耕的確是經奴隸的手的。

第六　從事工藝

殷人使用珧製的貝，製造這種貝的，幾乎都是奴隸。由此看來，其他殷代的工藝品一部分也許是經奴隸的手的。（以上摘自郭沫若中國古代社會研究二八四——二八五頁和丁迪豪殷代奴隸史）

在殷代的末期，奴隸還不是父家長或家族員的私有品。周代彝器的銘文中，關於賜贈臣僕的記錄很多，在殷代的彝器的銘文裏就沒有這樣的記錄。

殷民族征服了其他種族，就把俘虜拿來做一種集團的奴隸，這些奴隸成了殷的種族或氏族的共有物，就是所謂的種族奴隸。

在殷代土地的私有制還沒有展開時，土地還是氏族共同體的共有物。這表示出父家長制的父系氏族還沒有充分地建立起來，所以把殷代的奴隸制稱做父家長的奴隸制是不正確的。由「征服十方以十方為俘馘」「征服呂方以呂方為臣」「征服鄙族，以之為奄（鄙）奴」「征服邶以之為北奴」的記載看來，可以看出當時征服了其他種族或氏族，就把他們拿來做集團的奴隸，殷民族的氏族共同體則共有這些奴隸。

在殷代，在各生產部門還沒有廣汎地使用奴隸。『雖說已有了奴隸，但其數不多，農事的大部分還是委之於自由人之手。』（萬國鼎著中國田制史上卷九頁）由此看來，奴隸在殷代生產諸關係上還不佔重要的地位。

在甲骨卜辭中，有「畯」這個字，這個字就是田畯的意味，即指巡視田地的官員、監督官，他們的職務是在監督奴隸們從事耕作。

在殷代社會，一個種族征服了其他種族，使之成為奴隸，因此就形成了搾取關係；敵對的，階級的分化於是就開始了。這是走向階級社會的過渡期，是國家形成的初期。種族奴隸的出現，階級的分化，還在殷種族共同體內部也必然地促進了財產私有的傾向，這顯示出是正向着父家長的家族共同體前進。但當殷民族還保持着其氏族共同體的組織的時候，殷民族便被周民族征服了。

第五節　殷代氏族制社會的意識形態

一　氏族制以前的社會的意識形態之一瞥

最初是言語的被形成吧！恩格斯和莫爾甘也認為言語是在蒙昧期的下段形成的，而且是這一時期的主要的成果。

勞動是人類從猿進化的基本條件，可以說是勞動創造了人類。勞動的發達使人類感到他們當間是有互相發生聯繫而協力工作的必要了。人類在勞動上的互相協助，結果產生了言語。N·Y·馬爾說：『言語和思維是不能分離的。言語只能和思維共同存在，言語不存在於思維之外。』（見世界原始社會史日譯本九六頁）所以言語和思維是一道形成，一道發展的。波恰洛夫說：『使人類緊密地統一成一個集團的最有力的手段就是言語。言語不僅用以交換意識形態，而且用以調節勞動過程，建立人類在經濟行為上的必要的連鎖。』（世界史教程日譯本第一分冊一〇九頁）人類在人類化的過程上，創造了言語和思維。

在中國，生活在蒙昧期下段到中段期間而勞動生產力還不怎樣發達的狀態下的原始人，對於自然的鬥爭力量是很弱的，所以產生了這種矛盾反映出來的幻想的思維來，即在此產生了原始的呪術的種種的形態。例如原始人相信畫一根矛刺在野牛腹上的時候在實際狩獵中也就必定能夠殺死這種野獸了。（這個例子也可用來說明藝術的發生。）這樣的意識不外是由原始時代幼稚生產力的狀態產生的。在以上的物質基礎下，靈魂說的表象的發生也是必然的。原始人認為離了人類的肉體還存在着一種靈魂，這些靈魂中，有的能加災害給人類，有的能保護人類；其他一切萬物都是靈魂的。這種被稱為靈魂的表象，是對應着原始社會的狹隘生產關係的，靈魂的崇拜可說就是宗教信仰的最初的形態。

氏族制以前的舊石器時代的藝術，現在在中國還沒有被發現。最近在周口店發現了許多北京猿人遺下的被彫刻過的骨片，由這些遺物可以看出周口店北京猿人的文化，約相當於歐羅巴舊石器時代的前期，而彫刻則發達得更早。（斐文中舊石器時代之藝術二五頁）

二　圖騰制度

在中國的原始共產主義社會裏也存在過圖騰制度。圖騰制度就是從事着狩獵和捕魚的某一定的社會集團，把獸類、鳥類、魚類、植物等的名稱附在其所屬的集團上，把這類動物和植物認做這個集團的血族的祖先，禮拜牠，禁止宰食牠。在一定的時期，舉行其圖騰的繁殖祭，並且殺其圖騰動物而舉行饗宴等。

在中國很古的傳說中，有着圖騰制度存在過的痕跡。在古代傳說裏所看到的氏族名，幾乎都是用動物、植物和無生物的名稱。先用所謂的三皇五帝傳說中的人物爲中心來加以考察罷。庖羲（伏羲）相傳是姓風，蛇身人首。神農（炎帝）相傳就是神龍氏，人身牛首。黃帝是有熊氏。堯母慶都和赤龍相交而生堯。帝舜是有虞氏，相傳虞就是騶虞，是一種仁獸。帝俊就是帝嚳，是帝舜，又是卜辭中的高祖夋，相傳夋和猨相同，而猨就是獅子，即表示出當時是用獅子做圖騰（李則剛始祖的誕生與圖騰一四頁。）禹是一種蟲，大概就是蜥蜴之類。（同書七頁）又相傳禹的父鯀受了羽山的處罰，因而化成黃熊。由以上所述，可以看出在這些傳說之中，已明顯地反映出圖騰制度來。

在春秋和戰國時代，各諸侯在戰爭中所用的旗子，大都描畫着龜鳥的形像，這也可以說是圖騰制度的遺跡。就在今日，在許多中國國民的意識中，對於龜、犬、鴿、蛙等動物還有着一種神祕的念頭，這也大概是圖騰的意識的遺跡。又在中國今日的姓氏中，也保留着不少原始圖騰社會的名稱，例如馬、牛、羊、梅、李、葉、林、石、龍、等。

曾經有人把圖騰看做宗教，這是不正確的，圖騰並不是宗教，也不是一種單純的意識形態。

那麼圖騰竟究是甚麽呢？據布衣柯甫斯基說：「圖騰制度是原始共產主義社會社會制度發展上的一個獨特的形態和階段，在這種制度中又有着它特定的意識形態——圖騰的意識形態。」（蘇聯國立物質文化史學士院編論圖騰制度的問題——見早川二郎編譯的考古學概論）

圖騰制度是一種經濟制度，我們可以把它理解爲：原始人類爲了防止在某地方的某一動物的絕滅，由禁止狩獵那動物，而產生了那動物是某一定人類的共同祖先的思想；因此，這一定的人類集團更愈益成爲強固的了。結果，又產生了集團組織的狩獵。從而能夠得到更多的狩獲物。圖騰制度是這樣意義的東西罷。

可以說，發達了的圖騰的集團，同時就是氏族的萌芽。隨着牧畜和農業的發現，狩獵失掉了作爲生產形態的重要性，變成了純粹是奢侈的遊樂，因此圖騰失掉了存在的意義，崇拜人類的祖先的宗教就隨之發生了。

三　宗教

在原始的羣的生活之下，還沒有發生宗教；到了蒙昧期的中段，還沒有發生氏族制度的時期，靈魂說纔當作最初的宗教發生了。

圖騰集團是把某種動物或植物認成共同的祖先而崇拜牠，可是氏族社會所崇拜的則是死去的眞正的祖先。在原始的思維的世界，人類認爲動物及其他自然也和自己一樣地過活，隨着生產力的發展，人對自然才產生了對立的關係，才把自己和動植物明顯地劃分開，開始企圖去征服自然。人類對動物的關係變化了，漸漸地知道了自己是自然的主人。這樣的意識的展開，乃是採集狩獵經濟到生產經濟這一發展過程中的必然的趨向。

隨着氏族制社會的產生，祖先崇拜的宗教出現了。在母系的氏族之下，自然是盛行着母祖的崇拜。由同一的祖先生出來的這種血緣的意識，強固地聯繫着氏族的全員，祖先崇拜的宗教更加強了這種意識。

所謂「殷人尚鬼」中的鬼或鬼神，表現出靈魂說的痕跡，同時就是指祖先的靈魂。殷墟卜辭中關於祭祀的器具很多，這可以看出當時祭祖的風氣是很盛的，祭祀時所用的祭器是斝、尊、鼎、爵、鬲、壺、鼓、彝等。除了供五穀和神酒之外，還要供動物。一般相信祖先的靈魂受了子孫的祭祀之後，就可以做氏族共同體的保護者了。

當時不論大事小事，都要用龜甲和獸骨來占卜。狩獵、祭祀、戰爭、氣候、五穀的收穫等，都需要預先占卜一下，占卜和呪術同樣，這在生產力很低的社會狀態之下所反映出來的是對於自然沒有抵抗的力量。

隨着牧畜和農業的出現，宗教的表象也跟着發展了。太陽、土地、雨、風、山、川等、都被看成神靈了。祖先的神雖然還繼續存在，但另外又現出自然現象的神來，這使宗教的表象複雜化起來了。同時又有巫人的出現，他的任務是在聯絡神和人之間的關係。當說明氏族社會中的宗教的起源的時候，有人認為是由生殖器崇拜起始。這是不正確的，生殖器崇拜不過是附隨的現象，宗教的本源還是需要從經濟的關係中去探尋，宗教不過是作為它的上部構造的意識形態而已。

四　藝術

中國現在使用的文字的原型是在殷代發明的，刻在由殷墟出土的龜甲和骨板上的占卜的文字，指示出這種文字正在創造的途中。

殷代的繪畫沒有遺留到今日，所以實情如何還無從知道。

當時歌謠和舞蹈大概是有過的、卜辭中的「伐」字，就是舞字之意，舞蹈是在祭祀時舉行。樂器中有鼓、磬、龢（三孔竹管樂器）等，也是在祭祀的時候使用的。

據說在安陽（殷墟地方），發掘出了一個殘缺了的抱着膝頭的人的石像。（胡秋原中國社會文化發展草書上讀書雜誌第三卷第三四期合刊）

第二篇

第三章　在中國的亞細亞的生產樣式

第一節　何謂亞細亞的生產樣式

關於亞細亞的生產樣式的問題，這幾年來發生了很熱烈的論爭。論爭的結果，在大體上已經達到了正確的見解。但是在各個點上還未被完全解明，確實還殘存着疑問的餘地。在這兒，沒有一一追尋論爭的蹤跡的必要。先對論爭的成果加以考察罷。

馬克思、恩格斯的「亞細亞的生產樣式」的概念是指甚麼呢？首先我們必須弄清楚「亞細亞的生產樣式」的基本的諸特徵。關於它的特徵，我們可以舉出後列的諸點來：（一）缺乏土地私有的現象（即土地大都是國有，）因而租稅和地租是一致的；（二）人工的灌溉在農業上有着很大的重要性；（三）灌漑和其他公共事業係由國家大規模地設施；（四）共同體強固地存在着（五）受着專制君主的支配。所謂「亞細亞的生產樣式」是立在這些特徵上面的。

但是，在蘇聯，一九三一年，在共產學院列甯格勒支部馬克思主義東洋學者協會，和列甯格勒東洋學研究所共同主持下所舉行的，關於「亞細亞的生產樣式」的討論上，哥兌斯（M. Godes）代表着一派的意見，他完全否定了「亞細亞的生產樣式」他認爲這是馬克思的一種假說。據哥兌斯說：在莫爾甘發現原始共產主義社會的存在，把階級國家的發生過程弄明白以前，馬克思在不知道這一時代的期間，對於一方面具有原始的諸關係的表象他方面具有階級分化的表象的歷史過程，還未能明確理解；因此，他不能不探求這一時代。馬克思在一方面保存着共同體形態的、原始的諸關係的殘存物、在他方面表現了階級的支配和從屬的一定體制的東洋專制國家中，發現了這被探求着的初期的構成；但是，在莫爾甘的發現以前，爲着巧妙地刻畫出歷史過程的合法則性，這樣研究上的假說是必要的（早川二郎日譯本論亞細亞的生產樣式三八—九頁。）所以，依據哥兌斯的主張，「亞細亞的生產樣式」是當作假說而被建立的，既然原始共產主義社會和階級發生的過程已經被莫爾甘弄明白了，所以，那樣的假說現在已經成爲不必要的了。

但是，我們不能支持哥兌斯的假說論。亞細亞的生產樣式，決不是單純的假說。它確實是一個生產樣式，是東洋社會的一定的發展階段的特徵。那麼，亞細亞的生產樣式究竟是屬於怎樣的社會組織呢？這就是要研究的問題。

馬克思說：

『不問生產的社會的形態如何，勞動者和生產機關（生產手段）常常不失爲生產上的因子。但是，這如果對相互被分離了的狀態說，這些東西不過僅僅有爲其生產的因子的可能能了，假如生產被進行，兩者的結合是必要的。隨着其結合的特殊的樣式，可以區別出社會構造的種種相異的經濟時期。』（資本論第二卷日譯本改造社版一五頁）

隨着生產者和生產手段的結合被進行的特殊樣式，可以劃分出社會構成的前進的發展的各時期。

馬克思說：

『大體上可區別爲亞細亞的，古典的，封建的及近代資產階級的生產樣式等社會經濟構成的前進的諸紀元。』（馬克思經濟學批判的序文，馬克思、恩格斯全集日譯本第七

卷四一六頁）

在這兒，亞細亞的生產樣式好像被認爲是一種社會的經濟的構成，被認爲是一個獨立的階段。但是，這樣看時，恐怕不能不感着矛盾能？在古代東洋社會，特別是亞細亞生產樣式的社會的經濟構成，是夾在原始共產主義社會的經濟構成，和古典的社會的經濟構成間的東西；即是在東洋社會社會構成的階段，比較歐洲和其他地方應該多了一個階段。

可是，把亞細亞生產樣式認爲是獨自的社會的經濟構成的人不能說是沒有。像柯根（M. Kokin）便是其中之一。他說：『我認爲這是毫無疑問的餘地的：即亞細亞的生產樣式是馬克思學說關於社會諸構成的不可分的一部；亞細亞的生產樣式是和古典的，封建的，與資本主義的生產樣式相並立，而爲社會歷史發展的特殊時代。』（早川日譯本關於亞細亞生產樣式六〇頁）但是因爲這主張含有上述一樣的矛盾，所以我們也不能贊同。

有人主張「亞細亞的生產樣式」是指原始共產主義社會經濟構成說的。如森谷克己便是其中的一個。在蘇聯，拉維德尼卡斯也抱着這樣的見解。但是，「亞細亞的生產樣式」的特徵是專制政府的存在，這樣的特徵不是指階級的社會，是指甚麽呢？所以我也不能像這些人所主張的一般，把前資本主義社會，放在「亞細亞的生產樣式」的概念下面。

又：也有人想把「亞細亞的生產樣式」放到封建主義的概念下面。對於這點，科瓦勒夫曾有如下的反駁：『如果認爲亞細亞的生產樣式是封建主義的，我們便不能不把初期的古代社會認爲是封建社會罷？爲甚麼呢？因爲依據馬克思的主張，在其基礎上，團體的搾取和占有是存在的。這樣，我們便不能不承認封建主義在古代的生產樣式以前，和其以後都存在了。並且我們將一直陷入反動的循環論懷抱裏。』（科瓦勒夫著，西村雄三日譯本古代社會論八六頁）在封建主義的下面，個人的生產最發達，封建主義實際上是建立於小農和獨立小手工業者的生產上面的。於是，科瓦勒夫更接着說：『在亞細亞的生產樣式下面甚麼人是搾取者呢？這是直接被組織於支配機構內而團體地占有生產手段，并且團體地搾取原始農村共同體的酋長、武士和祭司等土地占有者；更正確地說：是非地租生活的特權者的集團。這種搾取形態和封建的搾取形態，其本質的差異是：在封建主義下面所有物被分割，可是在這兒不被分割；封建主義的占有是個人的，可是在這兒是團體的；在封建主義下，階級被分割成階級的個人的代表者，各個代表者搾取各個個別生產者，可是在這兒，是特權的土地占有者的集團搾取原始共同體的團體。』（日譯本古代社會論八七—八頁）這樣，把「亞細亞的生產樣式」屬於封建主義社會經濟構成的說法，顯然是完全不正確的。

那麼，應該把「亞細亞的生產樣式」看爲怎樣的社會構成的基礎呢？

伊里奇說：

『無論任何國家，其人類社會在幾千年間發展的一般的合法則性，規則性，繼起性，都像下面一樣給我們指示出了：即是，最初是無階級社會——貴族不存在的太初的、家長制的、原始的社會；其次是以奴隸制爲基礎的社會，奴隸占有者的社會……奴隸占有者和奴隸是最初的很大的階級分裂。第一集團不僅占有生產手段——土地、工具，雖然工具在當時是是幼稚的——而且還占有人類。這一集團稱爲奴隸占有者：提供勞動給他人的勞苦的人們被稱爲奴隸。在歷史上的別一形態（農奴制）是繼起於這個形態之後。大多數的國家，奴隸制發展以後所轉化成的便是農奴制。』（伊里奇國家論）

既然弄明白了奴隸占有者和奴隸是最初的大的階級分裂，而「亞細亞的生產樣式」也表示着是階級分裂的社會，所以無論如何，也應該把它看爲組成奴隸占有者的社會構成的基礎的生產樣式罷！

恩格斯也說：

『奴隸制度是最初的，古代社會特有的搾取形態。中古的農奴制，近代的工資勞動制，

是隨着它之後發生的。這是形成文明三大時期之特徵的三個大的隸屬形態。』（馬克思恩格斯全集日譯本第十二卷八一七頁）

社會經濟的構成是累進地發展下去的，即由原始共產主義的社會經濟的構成到奴隸所有者的社會經濟的構成，封建的社會經濟的構成，再到資本主義的社會經濟的構成。這個繼起的順序，是被馬克思，恩格斯，伊里奇定式化了，已成爲不可動搖的了。

所以，科瓦勒夫得到了如下的結論：『……馬克思恩格斯所謂的「亞細亞的生產樣式」，表現於兩個形態。在上古的東洋，即奴隸所有者的東洋，它是奴隸制的特殊變態，即是在灌溉耕作諸國中的奴隸占有者構成的具體形態。在中世紀的東洋，它是同樣的各國中的封建主義的變態。』（古代社會論六八——九頁）

上古的東洋啦，中古的東洋啦，這樣地把亞細亞的生產樣式認爲有時是奴隸制的特殊變態，有時是封建主義的變態，既很曖昧而又缺乏明確，難於使人首肯。科瓦勒夫自己也對這種有矛盾的主張表現了不滿，他想解決這個矛盾，而接着如次地說道；『一個基本的構成法則，貫穿着古代東洋歷史生活的混沌的傾向和形態。這個構成就是奴隸占有者的構成。』（前揭書六九頁）他也歸結到一元化了。

賴哈爾特好像還想比較更合理地解決「亞細亞生產樣式」的問題。賴哈爾特說：『把亞細亞生產樣式的特殊性，認爲是奴隸占有者生產樣式的獨自的形態、乃至奴隸占有者社會的未發達的形態，同時，想把這生產樣式作爲特殊構成的基礎去理解，是我們應當加以排斥的。』（永住道雄日譯本前資本主義社會經濟史論一三〇頁）結局，亞細亞的生產樣式乃是古代的共同體和古典的奴隸占有者的秩序間的中間形態。所以馬克思把這種生產樣式放在社會經濟構造的前進諸階段的第一位。這解釋是很合理的，理論上也沒有甚麼矛盾。

早川二郎氏所得到的結論是：「亞細亞的生產樣式」就是「貢納制。」早川氏說：『貢納制的諸特徵是：它和奴隸制大體相異，與共同體的存在有密切關係；地租作爲貢物而爲國家所有；有着趕不上巴黎那樣的特別的亞細亞都市，並且還有「亞細亞的政府」——這些特徵都和馬克思恩格斯常提到的「亞細亞」的諸特徵相一致。』（古代社會史一六頁）這兒所說的貢納制是指當征服其他民族時，征服者還未至把被征服民族作爲奴隸，『征服者一方面使被征服民族繼續着從來的生產樣式，一方面以得貢物爲滿足』（馬克思經濟學批判的序說，馬克思、恩格斯全集日譯本第七卷三九七頁）的狀態。這種貢納制下的貢物奉納者必須是共同體。這樣的「亞細亞的生產樣式」的貢納制，應該是屬於怎樣的社會經濟的構成呢？

早川氏說：『……「貢納制」可以說是由氏族時代走向奴隸占有者的經濟構成的過渡期。不用說它也不是甚麼特殊的社會經濟構成。在貢納制下的生產樣式，不外是共同體制度和初期家庭奴隸制的混合物。氏族共同體制度內部包含着家庭奴隸制，表示它已經是氏族共同體制度的最後階段。』（古代社會史一四三頁）所以，早川氏把「亞細亞的生產樣式」規定爲「貢納制」，認爲是在崩壞過程中的氏族共同體社會，是在內部已經包含着奴隸制的氏族社會征服其他共同體時候產生的。

毫無疑問，像以上那樣已經得到的關於「亞細亞生產樣式」的見解，對於這個問題的解決上是大有裨益的。

第二節　在中國的亞細亞生產樣式的具體形態

在中國的古代社會，也可以看出亞細亞生產樣式的存在。但是我們不能不知道，在中國的亞細亞生產樣式的形態，多少帶着中國獨有的特殊性。

在中國的亞細亞生產樣式，雖然在具體的歷史形態上，表示了中國的特徵，可是在大體上，它仍然具備着一般東洋古代社會的亞細亞生產樣式的特徵，例如缺乏土地私有的現象（土地國有）共同體強固地存在着；人工灌溉在農業上有重要的作用；有着專制政府的國家形態等，這些都是當時中國所具備着的基本的諸條件。那麽，在中國的亞細亞的生產樣式，表現了怎樣的具體的形態呢？

中國在亞細亞生產樣式的基礎上面，使種族奴隸有發生的可能性。這種族奴隸是奴隸制度成立過程中未發達的初期形態。這種種族奴隸，相當於斯巴達（Sparta）拉哥利亞（Laconia）的黑羅脫（Herot），以及帖薩利（Thessaly）的伯勒斯特（Penesta）那樣的種族奴隸。黑羅脫和伯勒斯特是被征服爲奴隸的，是可以當作斯巴達和帖薩利的『征服者種族共同體所有（國有）奴隸看的』（賴哈爾特前資本主義社會經濟史論一九八頁）特殊的奴隸『伯勒斯特和黑羅脫不是存在於以古代的生產樣式最完成了的形態爲其特徵的希臘的最進步的地域——亞狄卡（Attica），而是存在於後來還長期間保存着氏族的種族的生活樣式制度遺制的希臘地方——即是拉哥利亞和帖薩利地方：這點是很值得注意的。』（前書，一九八—一九九頁）對於希臘的奴隸制度，我們應該指出：在雅典（Athens）已經實現了作爲古典的奴隸的完成了的奴隸制了，但在黑羅脫和伯勒斯特的還是氏族種族共同體共有下面的種族奴隸。但是，黑羅脫與伯勒斯特與中國的種族奴隸的性質，並不一定相同，其所担任的任務也是決不相同的。中國古代社會的種族奴隸是在氏族共同體已經開始崩壞，但仍執拗地保持着其存在的過程中，征服者種族集團把被征服者種族集團作為奴隸的時候發生的。

關於在種族奴隸的社會中，征服者種族的公民，對於被征服者種族的奴隸的關係，德意志意識形態論上如次般寫着：『公民僅僅在他們的共同社會內，對他們的勞動奴隸才有支配力，因此，勞動奴隸被看成是公共團體的財產。公共團體的財產，是活動的公民共同私有的財產，這些公民對奴隸的關係是不能超乎這種自然的聯合關係以外的。』（日文岩波版一三七頁）

種族奴隸在殷代，顯然已經出現了。關於這件事前面已經簡單地敍述過了。現在在這兒，我們試舉出周代種族奴隸發生的最顯著的例子罷。

殷（商）民族被周民族滅亡以後，殷代諸氏族種族，就成了周民族的集團奴隸。春秋左氏傳上寫着；『分魯公（周公子之伯禽）以大路（車），大旂（畫交龍的旗），夏后氏之璜（寶玉），封父之繁弱（大弓），殷民六族，條氏、徐氏、蕭氏、索氏、長勺氏、尾勺氏，使帥其宗室，輯其分族，將其醜類（衆），以法周公，用命於周，是使之（六族）職事於魯，以昭周公之明德，分之土田陪敦（給好田於魯公），祝宗卜史，備物典策，官司彝器（祭器），因商奄（國名）之民，命以伯禽，而封於少皞之虛（古傳說魯爲帝少皞的土地。）分康叔（武王之子，成王之弟）以大路，少帛，綪茷旃旌大呂（鐘）殷民七族，陶氏、施氏、繁氏、錡氏、樊氏、饑氏、終葵氏……』（定公四年）

雖然因爲左傳是寫於西紀前三百四五十年前後的戰國時代（也有人說寫於更後世的漢代，）所以，事實就被那時代的封建的看法和觀念歪曲了；可是我們還能夠從這兒看出周初奴隸制的實狀。殷代的諸氏族種族，顯然不是被分爲各個奴隸，而是作爲共同體就那樣集團地作了周民族的奴隸。同時征服者的周民族，也作爲共同體而集團地領有這些奴隸。『帥其宗室，輯其分族，將其醜類，』這不是表示走向父家長制的氏族發展的階段嗎？

在這兒我們發現的，確實不是貢納制。卽是和征服者的共同體使被征服者的共同體仍舊繼續過去的生產樣式，而單以徵收貢物爲滿足的貢納制不相同的。上面引用的一段左傳的記事，描寫以魯伯禽爲族長和以康叔爲族長的兩集團周民族，分得了被征服的殷氏族種族共同體而把他們拿來做種族奴隸的情形。但是，這決不是說在周代沒有貢納制。關於這點，我們在後面還要敍述，現在，先說一說家庭奴隸和生產勞動奴隸的問題罷！

在殷代，已經產生了家庭奴隸，在周代，家庭奴隸的存在是不容懷疑的，也許在數量上還更增多了些。恩格斯關於家庭奴隸制如次般說着：『在東洋般的家庭奴隸制是特殊的，卽是在這兒，這奴隸制不是直接地而僅僅是間接地，作爲家族的成員，形成生產的基礎。它在不知不覺間融入於家族中。』（自然辯證法馬克思、恩格斯全集日譯本第十四卷七八頁）家庭奴隸制對於生產的確不過只是有着間接的關係。說到奴隸制，我們必須把在生產領域的奴隸做中心，所以家庭奴隸是附隨的第二義的東西，不能成爲奴隸占有者組織的決定的要素。即是：即使發現家庭奴隸占着大多數的狀態，那也不能馬上認爲是形成奴隸占有者社會組織的基礎。但是，如果認爲在周初時代，主要是家庭奴隸占有優勢，那就犯了很大錯誤了，（註）實際上決不是家庭奴隸占着大多數的。

我們不能漠視，周代，直接參與生產的奴隸是占着相當比重的。在希臘羅馬，其古典的奴隸

（註）森谷克己氏說：『奴隸本質上是家庭奴隸。其一部分也被使用於牧畜。但是，在周代，不能認爲奴隸支配了社會的生產過程，所以，不能說是奴隸制社會。』（中國社會經濟史一〇四頁）

又，威特福格氏如次般說：『這樣，假使我們通觀過去的時代，可以說中國奴隸在農業生產過程上所演的任務，實際上差不多等於零；如果考察現狀時，可說全等於零。不僅是說中國奴隸單是在中國物質生產的形成上未演甚麼重要的任務，和這同時，家庭奴隸到某程度一般地存在，使他們所處的奴隸關係比較地被緩和了；以致常常屢次引起西洋中國通的驚異。』（解體過程中的中國經濟和社會上卷，五〇六——七頁）

則在生產領域裏作爲奴隸勞動而表現他們的整個形態，那時代的社會勞動量，大部分是放在他們的肩上；中國周代的奴隸和這種形態比較起來，那當然還差得很遠。在中國的周代也許不能發現像希臘雅典那樣的奴隸手工業工場（數十個奴隸在主人的幫手監督者的鞭笞下面工作着）以及可以和羅馬的大農場相比較的農業機構；但是我們仍然不能把中國周代的生產奴隸的意義估計得太低。賴哈爾特說：『依據現存的資料，在東洋的奴隸制度，不像希臘羅馬那樣的廣泛普及，並且對於經濟生活上也沒有多大的意義。』（前資本主義史論一一六頁）這就東洋一般的場合來說，也許可以加以承認，但是，假如我們想到中國西周時代奴隸勞動的數量之多及其在生產領域內所演的任務，便不能不認爲他的主張是有問題的了。西周的奴隸對於全經濟生活，誠然沒有希臘羅馬的奴隸那樣的意義；但是，我們也不能隨便否認它表現在中國歷史上的地位。下面我們試看一看具體的事實罷。

殷的諸氏族種族被驅使了作奴隸，但是，這些多數的奴隸用來做甚麼呢？我們可以推測這些奴隸主要是從事於農業勞動。殷代的氏族種族，留於其共同體所有的土地上，從事於農業勞動，並不僅只是把其收穫中的幾分作爲貢物，納於周代的征服者種族共同體，而是要繳納差不多全部的收穫，而自己只能夠得到僅足以維持生活的分量。這狀態在詩經中也曾敍述着，我們如果信賴橋本增吉博士的說法，認為詩經裏的詩，大概是從西紀前，七百七十年左右到六百二十年左右的時代作成的，那末詩經就是寫東周（西紀前七七〇年平王即位，遷都於東方的雒邑——即洛陽）時代的事的；但是，我們在其中也不是不能窺見在這以前的西周時代的狀況。同時，也能看出東周時代以後征服者共同體集團地支配和搾取被征服者共同體的事實。

詩經小雅中的詩篇楚茨裏，有如次般的句子：

「我黍與與（盛貌），我稷（高粱）翼翼（盛貌），我倉既盈，我庾（倉外的堆積）維億（十萬），以酒為食，以享以祀，以妥以侑，以介景福。」

在這兒若把稱「我」的看為父家長制的氏族社會的代表者，——即父家長的公子，那就非常容易理解全體了。全體的意義是：這父家長的公子，代表征服者種族，特別是其中的貴族集團，使被征服者種族的奴隸農民從事耕作，差不多收繳其全部收穫，把這分量非常多的穀物裝進父家長的公子的倉裏，更把不能裝進的堆在外面。這父家長的公子，代表一族，用這穀物製造食物和酒，而饗於其祖先，舉行祭祀，更祈求給與景福。

同樣在小雅的詩篇信南山上，發現了如次的句子：

「疆場（田地的界限）翼翼（被好好地整頓），黍稷彧彧（收穫物茂盛），曾孫之穡。以酒爲食，畀我尸（用以代替神而被祭的尸），賓壽考萬年。」

「中田有廬，疆場有公，是剝是菹，獻之皇祖，曾孫壽考，受天之祜（幸福）」。

這兒的曾孫也是指父家長的公子說的，由種族奴隸耕作的黍稷很茂盛，但是這成了曾孫的穡（收穫）。收穫不是作爲貢物繳納或者當作租稅或地租而徵收一定的分量。收穫物是全部被認爲是曾孫的。這曾孫用這些收繳的穀物造酒而供祭祖先神，希望受天的幸福。我們若想像到在當時有奴隸制度存在着，則「曾孫之穡」的句子，也便不感覺難於解釋了。

其次再看小雅的甫田罷：——

「倬（明貌）彼甫田（大田），歲取十千。我取其陳（舊穀物），食我農人。自古有年（豐年），今通南畝，或耘（除草）或耔（培），黍稷薿薿（茂盛貌），介攸（土地廣大）止，攸烝我髦士。」

「以我齊明（黍），與和犧羊，以社（祭土神）以方（祭四方之神）。我田既臧，農夫之慶。琴瑟擊鼓，以御田祖，以祈甘雨，以介我黍稷，以穀我士女。」

「曾孫來止，以其婦子。饁（運食糧）彼南畝，田畯至喜。攘其左右，嘗其旨否（嘗味美與否）。禾易長畝，終善且有。曾孫不怒，農夫克敏。」

『曾孫之稼，如茨如梁。曾孫之庾，如坻（洲）如京（丘。）乃求千斯（斯是助詞）倉，乃求萬斯箱（車上載物處。）稷黍稻粱，農夫之慶。以報介福，萬壽無疆。』

在這兒稱「我」的也可以看爲曾孫，即還是父家長的公子。在這兒的「甫田」是代表着父家長的氏族種族共同體的曾孫的所有物。不用說，在這兒氏族種族共同體的力量已經在削弱下去了。事實上這些所有物已漸漸化爲父家長的曾孫的私有物了。但是，却還沒有達到完成被私有化的狀態。

『歲取十千』普通被解釋爲一萬畝的稅，但是恐怕不是這樣而是說收穫之多罷。其次的句子『我取其陳，食我農人』是很重要的，很明顯地表現出了農夫就是奴隸。新的收穫物都被收繳了，自己却領得一些『陳』的，即舊穀來維持生活。這種被主人養着的農夫不是奴隸是甚麼呢！顯然的，農人也不是封建的農奴，也不是送貢物於曾孫的單純的納貢者。馬克思說：『在徭役勞動，勞動者爲自己自身的勞動和爲領主的強制勞動，在空間上，在時間上，都分明地被區別着。在奴隸勞動，奴隸連償自己自身生活資料的價值的勞動日部分，換句話說，就是連他實際上爲自己自身而就業的勞動日部分，也作爲爲主人的勞動而表現出來。他的勞動是全當作不支付勞動而表現出來的（資本論日譯改造社版，五二四頁。）勞動的成果全成爲主人的東西，奴隸是被主人養着的。

『甫田』即是大田，『介攸』即是描寫土地的廣大，由這些字句便可以知道，廣大的土地是被放在曾孫的支配下了。

曾孫用黍和犧牲祭土神和田主神。由『穀我士女，』也顯然表示出曾孫是父家長了。

『田畯』是農事的監督官。如果農奴隸屬於領主而耕作被分與的土地，那便是農奴在自己的責任下工作，所以對於農民在土地的勞動，沒有一一加以監督的必要。即是，農奴的剩餘勞動，作爲勞動地租，生產物地租等，而被地主搾取時，雖然這是由經濟外的強制力推進着，但是農奴由自己自身的責任所推動的勞動部分，相當地擴大了，所以，像奴隸的監督者般的監視，顯然是不必要的。再者，如果農夫是處在貢納制之下，農事監督官對於農民的巡視也是不必要的。農耕勞動若果必須要「田畯」來監督，那麼這種農耕勞動一定是帶着奴隸的性質的。

『曾孫之稼』就是說曾孫的穀類結得好，好像房頂的茨一樣，好像橋梁一樣。『曾孫之庾』是表示收穫的穀物，都是屬於曾孫的東西。求千倉以收藏穀物，載於萬車而運送，卽是表示許多的穀物被收進曾孫的倉裏了。在「田畯」的監督下面，積極於從事農耕的奴隸農民的手裏剩得些甚麽呢？他們除了勉強能夠維持生命外，並未得到些甚麽。也許是處在更殘酷的連生命的再生產的部分都被剝削的狀態。在比較好一點的地方，他們可以得一點舊穀類，而勉強維繫着生命。

在題爲大田的詩裏，有『雨我公田，遂及我私』的句子，井田制說的辯護者把它拿來做井田制的證據。可以說，這是不妥當的。我認爲應該把『公田』看爲氏族種族共同體共有的田，『我私』是父家長的貴族私有地。向父家長制家族的發展，不外說明貴族的土地私有化的進展。

總之由以上的詩裏，我們可以認爲在農業的領域從事於生產勞動的奴隸數相當的多，占相當重的比重。但是，和希臘羅馬的古典的奴隸比較起來顯然還在未發達的狀態。氏族種族共同體遲緩其崩壞過程，自然阻止了奴隸制的發展，這確實表示了亞細亞的特徵。

把西周時代生產的奴隸勞動的量估計得過低，而認爲在古代中國的奴隸，主要的是家庭勞動，那是不正確的。確實，生產領域內的奴隸勞動，雖然還不怎樣發展，但却不能不認爲它在質上，在量上都是非常重要的。於是我們得到一個恰當的結論：即『亞細亞的生產樣式，因爲在中國特殊的具體條件下，不外是奴隸占有者的生產樣式，（古代的生產樣式的變形罷了。）』

中國的奴隸制，是從種族奴隸制發展到父家長制的奴隸制。

在西周時代，貢納制是和奴隸制同時存在着，這也是不可否認的事實。在前節上已經敍述過，關於貢納制和亞細亞的生產樣式的關係，早川二郎氏在古代社會史上有過很有特色的主張。早川氏認爲貢納制『雖然比奴隸制和農奴制踏進了一步；但是，那顯然是屬於原始共同體社會經濟構成那一類型的。』（同書一三三頁）然而，亞細亞的生產樣式，還被包含在原始共同體社會經濟構成的發展段內，作爲其構成的基礎（『貢納制可說是由氏族制時代到奴隸所有者的社會經濟構成的過渡期。』）（早川前書，一四三頁）而且，這過渡期還被氏族制方面更有力地拖着。但是，我們看見中國周代生產領域內的奴隸勞動的比重，所以對於中國亞細亞生產樣式的具體的形態，和早川氏的主張不同，認爲應該把它看做奴隸占有者生產樣式的一種變形纔妥當。

貢納制和奴隸制差不多同時存在。它和亞細亞的生產樣式，自然不是沒有關係。早川氏已經弄明白了其間有着密切的關係，在古代中國，貢納制作爲奴隸制的補足的形態而存在了。在詩經的國風詩篇七月裏，關於貢納制曾經這樣寫着：

『七月流火，九月授衣。春日載陽，有鳴倉庚（黃鶯）。女（未嫁女）執懿筐，遵彼微行（細道），爰求柔桑。春日遲遲，採蘩（艾）祁祁（人多貌）。女心傷悲，殆及公子同歸。』

『七月流火，八月萑葦。蠶月條桑（連枝採葉），取彼斧斨，以伐遠揚。猗彼女桑（存枝而僅採葉。）七月鳴鵙（伯勞，）八月載績。載玄載黃，我朱孔陽，爲公子裳。』

『四月秀萋，五月鳴蜩。八月其穫，十月隕擇，（草木落葉。）一之日（十一月）于貉（獵狐狸，）取彼狐狸，爲公子裘。二之日（十二月）其同載纘武功，言私其豵（小豕，）獻豜於公。』

這裏是寫着：把處女、紅的美裳、裘和大豕獻於公子。同時這詩也表示着奴隸制的存在。公子是殘存的氏族種族的族長，是父家長制的家族的父家長，是形成支配階級的貴族。奴隸被放在其支配下，這顯然是父家長制的奴隸制。在農夫方面，父家長制的家族集團，也作爲奴隸而被放在公子的支配下面。在這父家長制的家族集團內，父家長同樣是奴隸，率領農夫和一家的婦子，而從事於生產，這父家長就是所謂的『七月食瓜，八月斷壺（葫蘆，）九月叔苴（麻子，）采荼（苦菜）薪樗，食我農夫。』即奴隸的農夫食瓜、葫蘆、麻子、苦菜等，勉強地生活着。農事的監督官「田畯，」時時來巡視。『九月築場圃（碾禾的院子，）十月納禾稼。黍稷重穋（穀物的晚熟和早熟，）禾麻菽麥，嗟我農夫，我稼既同，上入執宮功。晝爾於茅，宵爾索綯，亟其乘屋，其始播百穀。』父家長指揮農夫從事收穫；更使他們從鄉野到城邑去，從事修理宮室的勞役。由此可以知道這父家長作爲貴族的代理者而盡着忠實的義務的情形了罷。

在這詩中關於穀類的貢納，甚麽也沒有提到，這大概是因爲沒有貢納穀類的事實罷。土地當時已經成了公子的私有土地，如果不是這樣，那就是成了以公子爲父家長的征服者氏族種族的共同體的名目上的所有地了，所以，收穫物被繳納到公子那兒了。但是，這和在農奴制下被繳納於領主的地租性質是確實相同的。

第四章　周代的奴隸制

第一節　奴隸制的全盛時代

我們在第一編第二章第四節裏，已經敘述過了殷代奴隸制的發生。但是，在殷代，奴隸制還未十分發達。

到周民族征服殷（商）民族的時候，奴隸制便急速地發展起來。在這以前的奴隸，大半是從事於雜務而只間接地參加生產的家庭奴隸。被殷民族征服了的種族，雖然也確實依舊集團地作了征服者殷的種族奴隸；可是，這些種族奴隸，好像還很少被使役於生產領域。

但是，到周代，奴隸制急速地發展了。左傳上記載着：被周民族征服了的殷民族的十三族，被迫爲奴隸。十三族中，七族是受成王的兄弟康叔所支配，六族是受周公的兒子伯禽所支配。殷種族大部分，就這樣被迫做了奴隸罷。在這兒雖說是受康叔和伯禽的支配，可是決不是說只是受個人貴族的支配，而是受周氏族種族共同體的代表者族長的支配。所以我們應該認清楚：征服者的種族共同體集團，不是把被征服者的種族共同體分離開成爲個個的奴隸，而是把它集團地奴隸化了。

周民族在還未征服殷民族以前，已經有種族奴隸了。一切奴隸都是由戰爭獲得的。詩經大雅的詩篇文王有聲上有：文王『既伐於崇，作邑於豐』；尙書的西伯戡黎上有：『西伯（文王）旣戡黎。』看這些也知道：周民族在打倒殷民族以前，已經屢次征服了周圍的民族。這些被征服的諸民族多半被迫而做種族的奴隸。據說：密人、芮人、崇人等都被迫做了奴隸。（王宜昌中國奴隸社會史附論——讀書雜誌第二卷，第七八期合刊）顯然的，周民族更由於征服殷民族而獲得了多數的奴隸。

這些奴隸被迫了做些甚麼事呢？我們不能像一般想像那樣，認爲當時家庭奴隸非常占優勢。因爲種族奴隸主要是集團地被驅策從事於農業勞動的。但是這還不是劃分土地給人民，而把其剩餘勞動用地租形式來搾取的農奴形態。土地是征服的種族共同體的共有物，但是，這也是事實：即在這共同體的內部，可以看出由於征服發生了階級的構成，同時還發生了階級的分裂，貴族集團因此就漸次形成了。這樣，在詩經中出現的所謂「曾孫」或「公子，」雖然呈現着作爲族長而代表征服的種族共同體的外觀，可是他把財富收在自己手中，在向着使共同體崩壞的方向進行。

農業勞動的生產物，不是作爲貢物而被獻於「曾孫」和「公子」。詩經中雖然有貢納女子和衣裘和大豕的事，可是貢納穀類的事却沒有見諸經傳；大概是因爲沒有這樣的事實罷。穀類不是作爲貢物而獻納的，收穫的穀類成了「曾孫」或「公子」的東西，而被收納於「曾孫」或「公子」的倉庫。這完全和把收穫的幾分作爲租稅繳納，作爲貢物繳納，作爲地租繳納的情形不同。大概收穫的全部却是被收繳於搾取者的手裏，農民則由「曾孫」或「公子」，或者由其代理人給與食物養活着，就是所謂的『我取其陳（舊穀物）食我農人』（詩經甫田。）這顯然是說：農夫的新的收穫物被繳納於「曾孫」或「公子」那兒，而自己却祇有一點舊穀類來維持生活。既然在詩經中有這樣顯明的描寫，我們便應該相信這種農夫不是農奴，更不是自由農民；那毫無疑問地顯然是奴隸。

其所以需要「田畯」——卽農事的監督官，不外因爲農民的農業勞動是奴隸勞動。在關於農業的詩中，屢屢提到「田畯」的事，例如『田畯至喜』（甫田，）『田畯至喜，來方禋祀』（大田）等。「田畯」不是「曾孫」使着的私人的管理人的性質，而是周的官吏。所以，「田畯」巡視着的耕地，不是公子的個人的采邑。

因爲被征服者的氏族種族共同體，依舊那樣整個地作爲集團而被奴隸化了；所以，農業勞動也是在集團的方式下進行着了。在詩經的載芟裏有：『千耦（耦耕是二人並耕，即二千人耕作）其耘』『有嗿（多數人飲食的聲音）其饁（糧食），思媚其婦，有（又）依（愛）其士（耕人）』『載穫濟濟（人多貌），有食其積（露積），萬億及秭（億億）』等。看這些句子便知道：耕作和收穫都是由多數農夫在集團的方式下進行的。井田制的痕跡是看不見的，顯然是由共同體從事集團耕作。收穫物是不分散的，是大量地堆積起來。以其穀類『爲酒爲醴，烝畀祖妣，以洽百禮（饗宴）有飶（芳香）其香，邦家之光。有椒其馨，胡考（壽考）之甯。匪且有且（不僅在這兒有這），匪今斯今（不僅如今），振古（太古以來）如茲。』對於收入收穫物的階級，眞是享不盡的清福，他們開酒宴而大祝，那是當然的了。並且，他們希望無論到甚麼時候，都是這樣地享福。不是出自收繳奴隸勞動的收穫物的階級的手，怎麼能產生這樣的詩呢？站在自由農民的以及痛苦的農業勞動的立場，這樣的詩是不會產生的。這樣，奴隸勞動顯然在這詩裏面被暗示着了，

詩經的噫嘻篇，也表示着當時是進行着奴隸的農業勞動，而且是在集團的方式下進行的。

『噫嘻成王，既昭假爾（成王已經顯然召告了汝等農官）。率時農夫，播厥百穀，駿發

爾私（私田），終三十里（方三十里），亦服爾耕，十千（一萬）維耦。』『率時農夫，播厥百穀』的農夫便顯然是奴隸。不過在這兒的『爾私』是說私田罷。當時，在另一方面貴族已經漸漸把共同體所有的土地私有化着了。

良耜篇也表示着奴隸農業勞動非常盛行的光景：

『茶蓼朽止，黍稷茂止。穫之挃挃（鐮砍音），積之栗栗（被堆得無空隙），其崇墉如，其比如櫛，以開百室（一族的人）。百室盈止，婦子甯止。殺時犉牡，有捄（曲貌）其角。以似以續，續古之人。』

被收繳去的收穫物，滿滿地堆在倉裏，成了征服者的一族或者其中的貴族集團的東西。這貴族集團中的女子們看見收穫物堆滿在自己的房子裏是非常快活的，而且爲着希望這種狀態能夠永久的繼續下去，他們就獻犧牲於祖先，從事祭祀，大大祝賀。這顯然也不是指自由農民的收穫，而是指奴隸農耕的收穫，成了征服者的種族共同體的貴族集團那一族的東西。希望這種狀態永久繼續的，不是驅使奴隸的支配階級的貴族是誰呢？

由以上所述，可知當時在農業上的奴隸勞動是非常廣泛地進行着的，在農業上，奴隸勞動確實是在極其優勢的地位。周代是農業國，而在農業上，奴隸勞動既是處於優勢的地位，那麼周代的社會全體，也就要受這種形態的限制了。

而且，不僅在農業上，奴隸勞動是占優勢，就在手工業領域裏，奴隸勞動無疑地也很普及。所謂「百工」自然是從事於種種手工業的人，是周種族國家的國有奴隸。但是從一般來看，手工業還未與農業分離，僅只是受國家的驅使的手工業者從事於特殊的手工業罷了。

到春秋時代，手工業者顯然是脫離農業而獨立了。左傳上寫着魯國曾把手工業奴隸贈送給楚國，作為一種賄賂。即：「楚侵及陽橋，孟孫請往賂之。執斵（木匠）執鍼（裁縫）織紝（織工）皆以百人，公衡為質，以請盟。楚人許平。」（成公二年）由這看來，木匠、裁縫、織工等各百人都是奴隸而被贈與敵國，由此可以推知手工業奴隸當時已普遍地存在着了。

奴隸無疑地也被使用了從事土木建築等業。詩經大雅的靈臺中就表示着由奴隸勞動築造靈臺的事：「經始靈臺，經之營之。庶民攻之，不日成之。經始勿亟，庶民子來。」

大多數的奴隸平時從事於農業生產；如果要興土木事業，便使之從事土木事業；戰爭時，便又使之為兵卒而參加戰爭。

由於刻在周代的鐘、鼎等銅器和青銅器上的銘文，便知道賜贈奴隸的事。

大盂鼎——「錫汝邦嗣（司）四伯人鬲（即書經「民獻有十天」的民獻）自馭

在庶人六百又五十又九夫。……錫夷𤔲王臣十又三伯，人鬲千又五十夫。』

令鼎——『王曰，令衆奮，乃克至，余其舍（施舍）汝臣十家。』

令敦——『姜賞令貝十朋，臣十家，鬲百人。』

（以上摘自郭沫若兩周金文辭大系，四頁）

齊侯鎛——『……余錫汝車馬戎兵釐僕三百又五十家。』

縣妃彝——『錫汝婦七。』

（以上摘自郭沫若中國古代社會研究二九六頁——七頁）

郭沫若氏認為奴隸是世襲的。他的根據是在詩經大雅的詩篇既醉裏有：『君子至萬年，景命有僕。其僕維何，釐爾士女。釐爾士女，以從子孫。』他又認為奴隸有奴隸的籍。因為在左傳上有：『初，斐豹隸也，著於丹書（奴隸的籍）。欒氏之力臣曰督戎，國人懼之。斐豹謂宣子曰，苟焚丹書，我欲殺督戎。宣子喜曰，而（爾）殺之，所不請於君焚丹書者有如日月（必稱其願做的意思）。』奴隸又是或被買賣，或被作為賠償物件的。（郭沫若中國古代社會研究二三九頁）（註）

在鐘鼎文上，寫關於奴隸賜與的記載相當多；但是這些奴隸不一定都是貴族個人的贈送品，那時氏族種族共同體還繼續存在，所以也有的是作為種族奴隸而被贈與的罷。六百五十八

（註）又作爲奴隸被買賣，及被作爲賠償物件的例子的曶鼎銘文的全釋文，曾揭載於郭沫若氏著兩周金文辭大系的八〇——八二頁上。此外郭沫若氏在屈原時代（揭載於文學民國二十五年二月號）上，關於曶鼎的銘文的主要點曾加以說明，所以在這兒借用它，想來不是無益的罷。這曶鼎是周孝王（西紀前九〇九—八九五年）時的東西。這銘文分爲三段，第二段就是寫奴隸被買賣的事。即是名叫曶者和名叫限者的家臣効父從事交涉的結果，用一匹馬和一束絲和五名奴隸相交換。但是限變了心，所以使他的兩個家臣（其一人是効父）一人還馬一人還絲。於是曶使其臣子某訟限於名叫井叔者。因此，締結新契約，決定用償（意即貨幣）百寽和奴隸五人交換。但是，限又反對這辦法，所以再訟，結局曶勝了。由此看來，奴隸公然被買賣的事便明白了，同時我們可知道當時奴隸的價值是非常便宜的。在物物交換上，奴隸九人還當不到一匹馬。又，奴隸五人是百寽，所以一人的價值是二十寽。這二十寽換算成漢時的五銖錢，奴隸一人不過四十六文錢。

銘文第三段是：某饑饉年，名匡季者帶奴隸二十人掠取了曶的禾十秭，所以，告於王官名叫東宮的。於是匡說願以五田和奴隸四名賠償，可是，曶不滿足。東宮判定由匡『除償曶十秭之外，再送十秭，共爲廿秭，如來年不償淸，則倍加爲四十秭。』但是，就這樣也未和解，結局再決定爲三十秭，以七田和奴隸五人代償。三十秭是六千把，一把可得米一合，所以是米六石。七田値幾多不淸楚，但是七田每年的出產量確是遙在六石以下。五人的各一人的價也一定遠不及一石。無論如何，奴隸的價格非常便宜的事，是明顯的罷。

或千五十八奴隸的被賜與，不是贈與貴族個人，而是贈與氏族種族共同體作爲共有的奴隸罷。

又在周代的金文中，賜與土地的記錄也很多。例如在不嬰敦上有：「伯氏曰不，汝小子，肇敏於戎工，錫汝弓一，矢束（一束），臣五家，田十田。」（郭沫若中國古代社會研究三〇一頁）在敔敦上有：「錫田，於敔五十田，於早五十田。」）郭沫若兩周金文辭大系一〇七頁）又在卯殷上有『錫女馬十匹，牛十。錫於亡一田，錫於宲一田，錫於隊一田，錫於截一田。』郭沫若兩周金文辭大系九二頁）田的賜與確實到了聽任作爲貴族個人的私有土地的地步了；但是也不能不承認，也有賜給氏族種族共同體的。這一定是作爲周代的殖民地而發展了的。關於土地和臣僕（奴隸）的賜與，未被表現在殷代的甲骨文上，這是因爲當時土地和奴隸的私有化還全未發達的緣故罷。

從西周到東周的初期時代，奴隸勞動在農業生產上，占着最重要的地位，在數量上，也表示着優勢。這時候的奴隸制度，還在作爲種族奴隸而被包含在共同體中的狀態，所以和希臘羅馬的古典的奴隸制比較起來，確實可以看成是還未發展的奴隸占有者的生產樣式（古代的生產樣式）的變型。但是，有人過低地評價中國古代社會的奴隸制的實質，認爲當時是家庭奴隸占優勢，在生產勞動的領域內，奴隸所演的任務很狹小，經濟上全不占重要地位，這種見解，是不正確的。

所以，我主張：可以把由西周到東周的初期這個期間，劃成一個時期，作為形成奴隸占有者的社會經濟組織的期間。(註) 我們不能夠簡單地說『奴隸在生產上的比重極低，』而漠視了周代的奴隸制度。生產上的奴隸，也無疑是很占優勢；不過這時的奴隸制度，和希臘羅馬的古典的完全的奴隸制比較起來，還處於未發展的狀態而已，因為共同體未完全崩壞，所以奴隸制不能十分發達；但是，認為中國不經過奴隸制社會，而達到了封建制社會的主張，顯然是謬誤的。共同體機構的執拗的殘存，阻止着奴隸制的完全的發展；但是，共同體的機構，慢慢地崩壞而走上奴隸制的方向，也是一種事實。

我認為在周代的生產奴隸勞動相當廣泛地普及，而且發展着。所以，把中國古代社會一般的奴隸看成家庭奴隸，而認為在生產勞動領域內奴隸所演的任務很微弱，這種見解我們是不

(註)郭沫若氏在其名著中國古代社會研究上，把西周時代規定為奴隸社會。其後也未見改變其見解，在屈原時代上這樣的說着：『我在七八年前寫中國古代社會研究的時候，就分析過中國社會史的發展，我認為殷代是氏族社會的末期，周代是奴隸制，秦漢以後是身分制的封建社會，直到最近年代，纔有近代資本主義制發生。到現在依然是維持着這個見解。』（文學一九三六年三月號）

能承認的。

周代的奴隸勞動，在奴隸經濟關係上，對於生產勞動，在質上，在量上，都占着支配的地位；所以，我們可以把周代的奴隸制看成奴隸占有者的構成的一個變型；可以把中國的亞細亞生產樣式看成奴隸占有者的生產樣式（古代的生產樣式）的一種變態，看成尚未發展的奴隸占有的社會的形態。

到春秋時代（西紀前七二二——四八一年）奴隸制漸次走上崩壞的道程，而轉化到封建農奴制去。奴隸制使共同體的諸關係崩壞而築下了封建制的基礎。

春秋的宣公十五年（西紀前五九四年）上寫着「初稅畝」，這是一句意義深遠的話。在左傳上也有『初稅畝非禮也』的話，這就是說：「初稅畝」不是以前就有的慣例。這是說明站在農業奴隸勞動上的搾取關係是漸漸衰廢了，封建制的農奴制的搾取關係是漸漸展開了。對土地開始課稅，這是說明當時已施行封建的課稅法了，因此可以知道封建的生產關係已在發展着了。雖然在這兒寫的是魯的情形，但是在別的國家也可以認爲有着同樣傾向的表現。

左傳襄公二十五年（西紀前五四八年）有：『楚蔿掩爲司馬，子木使庀賦（稽查年貢的徵收法）數甲兵。甲午，蔿掩書土田（稽查土地而記賬。）度山林，鳩藪澤，辨京陵，表淳鹵（區別水地和不生草木的壞地，）數疆潦，規偃豬，町原防，牧隰皋，井（井田）衍沃（平而肥的田，）量入修賦，賦車，籍馬，賦車兵徒兵甲楯之數。』又左傳哀公十一年（西紀前四八四年）有：『初，轅頗爲司徒，賦封田（課稅於封內的田地）以嫁公女，有餘以爲己大器，國人逐之。』更在哀公十二年上有：『春，王正月，用田賦。』這些顯然是敍述封建的課稅法。春秋戰國時代是從奴隸制到封建農奴制的過渡期。

第二節　由奴隸制到封建制的過渡時代

所謂春秋時代，不過單是爲了時代劃分上的方便的稱呼而已。魯國歷史的春秋是從隱公元年（西紀前七二二年）起筆，到記着『春，西狩獲麟』的哀公十四年（西紀前四八一年）爲止，記載二百四十二年間的史實。接着春秋時代的是戰國時代，指秦始皇統一以前即西紀前二二一年以前的二百六十年間。(註)

(註)但是，也有人把從周的威烈王二十二年（紀元前四二〇年）韓魏趙三國遵王命被列爲諸侯的時候起，算做戰國時代的，這樣，戰國的時代便成爲百八十三年了。

周初定都於鄗京，但是到幽王被殺於犬戎，平王即位，紀元前七七〇年遂遷都於洛陽，所以，把這以前稱爲西周，這以後稱爲東周。

在春秋時代，氏族種族共同體關係，已經全般顯著地解體了。在共同體內，階級的分化也已經日漸明顯，差不多可以說沒有什麼被共同體關係所拘束的了。隨着土地私有化的前進，貴族便脫離了共同體，自己是愈益富厚起來，而共同體則成了貴族的犧牲品。

在周代的初期，由於征服了其他種族，獲得多數的奴隸，而使他們在生產領域內從事勞動。周的國家得賴以維持下去，並且能夠對別的同姓及和周結着同盟的種族國家施展權威。但是，在後來單是靠征服其他種族來增殖奴隸是漸漸感到供不應求了，因此就發生奴隸減少的現象，周的繁榮也不能不隨着奴隸的減少而衰落了。

到了春秋時代，強國侵襲弱國掠奪土地和奴隸的事很盛行，從春秋到戰國時代，各國間所以不絕地爆發戰爭，其目的不外是想獲得土地和奴隸。在左傳上，獲得俘虜（卽奴隸）的記載很多。

「鄭伯侵陳，大獲。」（隱公六年）

「鄭伯將會晉師，門許東門，大獲焉。」（成公八年）

『鮮虞人聞晉師之悉起也，而不警邊，且不修備。晉荀吳自著雍（地名）以上軍侵鮮虞，及中人（地名）驅衝（驅衝車）競，大獲而歸。』（昭公十三年）

『六月，鄅子藉稻（鄅君巡回而記錄所種植的稻的額數），邾人襲鄅。鄅人將閉門。邾人羊羅攝其首焉，遂入之，盡俘以歸。』（昭公十八年）

『士蔑乃致九州之戎，將裂田以與蠻子而城之。且將爲之卜。蠻子聽卜，遂執之，與其五大夫以畀楚師於三戶（地名）。司馬致邑立宗焉以誘其遺民，而盡俘以歸。』（成公四年）

『（國都）雖不可入，多俘而歸。』（成公六年）

有的國家有時也贈送數百個手工業奴隸給強國作賄賂，而企圖避免強國侵略。如前述的左傳成公二年的記事中就描寫着魯贈楚木匠、裁縫、織工等手工業奴隸各百人，而請求和睦。

看到奴隸的奪取很盛行的事實，便知道在春秋時代顯然還普遍地使用着奴隸的。當時的奴隸有種種的名稱：皁、輿、隸、僚、僕、台等都是。據說這些名稱的不同，是由於職務的不同而來的，不是由於性質上的不同（陳憲璇春秋的奴隸——食貨廿四年八月一日刊。）此外，被呼爲圉、牧、小人、孥、僕夫、庶人、庶民、農人、農夫等的，也都不外是奴隸。但是，雖然同是奴隸，可是由於其職務的不同，被賤視的程度多少有些差異。

奴隸主要的來源是戰爭的俘虜，但是也有貴族，自由人，零落爲奴隸的；罪人被貶爲奴隸的也不少。在左傳中也載有貴族敗落，作爲罪人而降爲奴隸的事。卽如：『庶民罷敝，宮室滋侈，道殣（餓死）相望，而女富（受寵愛的女人的家則富）溢尤。民聞公命，如逃寇讎。欒、郤、胥、原、狐、續、慶、伯、降在皁隸。』（昭公三年）

在春秋時代，也屢屢有以奴隸爲賞爲貢而被互相贈與的場合。在左傳的宣公十五年上，有：『晉侯賞桓子狄臣千室（千家）。』定公十三年上有：『晉趙鞅謂邯鄲午曰，歸我衞貢五百家。吾舍諸晉陽。』又在襄公二十五年上寫着：『晉侯濟自泮，會於夷儀，伐齊，以報朝野之役。齊人以莊公說（齊人以弑莊公爲辯解），使隰鉏請成，慶封如師。男女以班（男女分別被捕爲臣妾），賂晉侯以宗廟樂器，自六正、五吏、三十帥、三軍之大夫、百官之正長、師旅及於處守者，皆有賂。』這些作爲賞品而被賞與，或者作爲貢，作爲臣妾而用以賄賂的，顯然是奴隸，都是被他們的主人當作可以任意饋贈的物品。

由於使役奴隸而至致富者也不少。史記貨殖列傳上有着這樣的記事：『齊俗賤奴虜，而刁間獨愛貴之。桀黠（狡滑）之奴，爲人之所患。唯刁間收取，使之逐漁鹽商賈之利。或連車騎而交守相（太守，宰相）。雖如此，愈益任之，終得其力，起富數千萬。故曰：甯爵抑甯刁。』這不外表示商人使役奴隸，而得到莫大的財富的一例。而由這也可以知道，當時不單是有家庭奴隸，在製鹽業，漁業和商業上，也都使用着奴隸的。

又，在史記貨殖列傳上，也發現這樣的記事：『蜀卓氏之先，趙人也。用鐵冶富。秦破趙，遷卓氏。……乃求遠遷。致之臨邛，大喜，卽鐵山鼓鑄，運籌策，傾滇蜀之民，富至僮千人，田池射獵之樂，擬於人君。』所謂僮千人便是奴隸，就是使役奴隸於採鑛冶金事業。

在春秋時代，氏族的諸關係，已經在相當解體的狀態中了。於是，土地所有關係，從氏族種族共同體的共有過渡到種族國家的國有；過渡到父家長制的家族，不外就是過渡到父家長的貴族的私有化。卽是「土地」的私有化，在父家長的「曾孫」「公子」之下更加鞏固起來了，但是，土地私有化的進展，使貴族增高了企圖掠奪土地和奴隸的慾望，在這裏，就引起了從春秋到戰國的不絕的戰爭。

在春秋時代，殘存着的強國，或者新抬頭起來了的國家，是晉衞魯齊宋鄭陳吳越等；周朝統治力漸次微弱，各國任意以攻伐爲事，強者糾合諸國稱霸起來。又在各國內，貴族間也進行着劇烈的土地爭奪。但是，不絕戰爭的結果，結局不外招來了貴族的沒落。

農業上的技術的進步，顯著地提高了農業的生產力。農具用金屬，特別是用鐵製造，以犂耕作（即是表示農業漸次發展到深耕的階段，）家畜（牛）的使用（雖然未普遍，）施肥的發明，灌漑事業的興起等確實使農業一新其面目。

在這樣的情勢下面，貴族的私有地的情形是怎樣的呢？它主要是由奴隸勞動維持着，但是，由征服而得的奴隸的供給漸感困難了；（註）此外，在農業上，生產力很低的奴隸勞動，對照着一般農業生產力的提高確實成爲很不合算了。這樣立脚於奴隸勞動的貴族的私有地，是不能維持下去了，於是由於內部的矛盾，奴隸制就漸漸崩壞了。

到了戰國時代，商業資本的抬頭，是一個顯着的特徵。商業資本加速了土地的私有化，致使成爲商品而能自由買賣。舊貴族漸漸沒落，新貴族及官僚商人領有了土地。士人階級的小地主

（註）在周初，約有一千八百的氏族種族集團及種族國家存在着但是漸漸被强力的種族國家征服、合併，在春秋時代初期成爲百六十餘國，在戰國時代，主要的只殘存着七大强國（七雄）了。（在高桑駒吉氏的中國文化史講話上有：『在周初，諸侯差不多有千八百，但是至春秋時，由於大併小的結果，減爲百八十餘了。』（二十八頁）在這兒被稱爲諸侯的，應視爲種族國家。）在能夠把它征服的多數種族存在着的期間，以征服做手段，能夠獲得奴隸，能夠使土地擴大起來。隨着可以征服的國家漸漸減少，奴隸的供給顯然困難起來了。位於中國的邊境的各國，——即如秦、楚、晉、齊雖然由向外征服所謂戎、狄、蠻、夷等能夠長久的滿足對土地和奴隸的欲望，可是這也是有一定的限度的。

漸占優勢，被稱爲所謂『耕戰之士』。

陶希聖氏說『土地私有既發生，即佃戶亦發生。佃戶恐起於戰國時代。』（中國封建社會史三二頁）土地私有的發展，產生封建的佃農關係。農業上的生產力的發展，必然使強制的奴隸勞動在經濟上沒有利益，而走上退化的道路；同時，由農民自身自負其責任的勞動部分漸次擴大了的生產樣式便從此感到了利益。於是便發生了農奴制。

第五章　周代的社會經濟狀態

第一節　農業

在周初時代，主要的農具是從殷代就已經使用了的耒、耜（犂。）此外，詩經上有：『命我衆人，庤（準備）乃錢（鋤類）鎛（鍬類，）奄觀銍（鐮）芟。』（臣工）因此，可以知道當時錢、鎛、銍已經是被使用着了。其外還有耨（耘具，）芟（鐮、）斧、斯、犂等農具。殷代的農具，多半是石器，很少青銅製的東西；但是到周代，青銅器就漸次取石器而代之了。在詩經中，『耜』字多半是附有銳利的意思的形容詞，因此，可以斷定『耜』是金屬製造的。例如；大田裏有『以我覃耜，』這『覃』字的意思是銳利；在載芟裏有『有略其耜，』這『略』字的意思也是尖端銳利；在良耜裏有『畟畟』的『良耜，』這裏的『畟畟』就是很容易切的意思。

鐵器在周初還未曾使用過。鐵的漸漸被使用，是從春秋時代以後。但是，鐵最初的使用好像是製造農具。國語上有過管仲的一段話，這段話也可以用作當時使用鐵做農具的證據罷。卽是：

『美金（銅）以鑄劍戟，試諸狗馬；惡金（鐵）以鑄鉏（犂）夷（鋤類，用以除草）斤（似鉏而小者）欘（鉏的一種，掘起土的，）試諸壤土。』（齊語）又孟子的滕文公章句上上寫着：『曰：許子以釜（用鐵鑄造的）甑（土製）爨，以鐵耕乎？曰：然。』

耕作是盛行着二人並耕的耦耕法。詩經的載芟上有：『千耦其耘，』噫嘻上有：『亦服爾之耕，十千維耦。』

在春秋時代，已經開始使用犂和犂牛了，（陶希聖中國封建社會史二三頁。）（註）農具是用鐵來製造了，所以進行深耕很覺便利。在孟子梁惠王章句上上有『深耕易耨，』在國語的齊語上有『令夫農夫羣萃而州處，察其四時，權節其用，耒耜枷芟，及寒，擊菓（枯草）除田，以待時耕；及耕，深耕而疾耰之，以待時雨。……』這些都可以證明當時已盛行着深耕了。不用說，鐵製農具的出現，顯著地提高了農業的生產力。

在西周時代大概也有灌溉和治水的設施，可是還未曾發現可以證實這類設施的確實的記錄。到春秋時代以後，灌溉事業纔顯然在各地興盛起來。

（註）在論語的雍也第六上有：『犂牛之子騂且角，雖欲勿用，山川其舍諸。』由此可以知道，在孔子時代，牛已經被使用於耕作了。

如果看到史記的河渠書，便可以知道在戰國時代盛行灌溉設施的狀態。

『自是之後，滎陽下引河，東南爲鴻溝（引河水而作的運河的名）以通宋、鄭、陳、蔡、曹、衞，會於濟、汝、淮、泗。於楚，西方則通渠漢水雲夢之野；東方則通鴻溝江淮之間。於吳，則通渠於三江五湖；於齊，則通菑濟之間。於蜀，蜀守冰離碓，辟沫水之害，穿二江於成都之中。此渠皆可通舟，有餘則用灌浸（用於灌溉）百姓饗其利。至於所過，往往引其水，益用溉田疇之渠，以萬億計。然莫足數也（難數盡）西門豹（魏國的臣）引漳水溉鄴，以富魏之河內。而韓聞秦之好興事，欲罷之，毋令東伐，乃使水工鄭國間說秦，令鑿涇水，自中山西邸瓠口爲渠，並北山，東注洛，三百餘里，欲以溉田。中作（工事的中途）而覺，秦欲殺鄭國。鄭國曰：臣始爲間，然渠成，亦秦之利也。秦以爲然，卒使就渠。渠就，用注填閼之水，溉斥鹵之地（土地含鹽分，而不適於耕作的地）四萬餘頃，收皆畝一鍾（每畝一鍾的收穫，）於是關中爲沃野，無凶年；秦以富強，卒幷諸侯，因命曰鄭國渠。』

看這記事，也可以知道在戰國時代的灌溉治水事業的設施了罷。

在戰國時代，已經發明使用肥料了。（萬國鼎中國田制史上册，三七頁）在孟子的滕文公章句上，曾有『凶年糞其田而不足……』的記載。

從春秋到戰國時代，農業的技術顯著地進步了；所以農業的生產力也相當地提高了。

周代的主要的農產物是黍稷。關於稷曾有種種的解釋，但是根據淸代程瑤田的研究，才確定了是高粱（加藤繁中國經濟史——經濟學全集第二十八卷四二九頁）。黍稷之外，有稻、粱（小米）、菽（豆）、麥、麻等。稻的主要產地是在今日的江蘇、安徽、湖北以南，卽揚子江流域及其以南一帶地方（同書同頁），麻有結實的和不結實的兩種：結實的，除取苧以外，其實可爲食料。黍、稷、粱、麥、菽等穀類係產於黃河流域一帶，穀類之外，不用說也產野菜類，瓜和瓠（葫蘆）等也有。桑的栽培也盛行，桃、李、梅、棗等果樹也很普遍。

從西周時代到春秋時代的初期，農業生產主要是委之於奴隸。自由農民不是沒有；可是奴隸勞動下的農業生產是占着優勢。被周種族征服了的種族，就那樣集團地被作爲奴隸而使之從事農業生產。在生產力極度低的狀態，搾取剩餘生產物的可能性很微，在這場合，除了不顧奴隸的勞動力的再生產而一味搾取以外，沒有其他方法。所以在生產力低的發展階段，奴隸的出現是必然的。

從種族奴隸制進展到父家長制的奴隸制，氏族種族共同體的體制就次第發生崩壞作用了；這表示出父家長的貴族，使氏族種族共同體的共有地或國有地漸次私有化，而推進到直接使役農業奴隸的經濟關係去了。但是靠征服來獲得奴隸，是有一定限度的，不能希望無限制地發展下去。奴隸的供給必然要漸漸減少，跟隨着周的中央集權的權力也要漸次衰退下去。此外，從春秋時代到戰國時代，由於農業技術的發展，生產力大爲增進，結果強制的，從而生產力低的奴隸勞動在經濟上就不合算了。

關於農業奴隸發生反抗運動的資料是不容易找到的，但在殷種族被周種族征服，被迫作奴隸的當初，是有過發生叛亂的事實的。由左傳上關於役夫的反抗的記事等來推測，可知奴隸農民的鬥爭，屢屢會擴大開去。奴隸農民的反抗運動，無疑也是促使奴隸占有者的生產關係發生崩壞作用的一大原因。此外，由於不絕的戰爭所促成的貴族的沒落，也是其中的一個因素。

在這樣的情形上面，舊貴族的許多私有地是不能夠維持了。並且貨幣的增進，和商業資本的擡頭，使土地急速地商品化起來。貴族領有的大土地（註）開始崩壞了，被分割了，多數的小地主和自由農民出現了。農奴制的生產關係漸漸強化起來，春秋以後，田地是改來徵收一定的租稅了，農業奴隸顯然地轉化爲佃農了。

（註）左傳上的如次的記事可以證明貴族有廣大的土地。即「春晉韓宣子卒。魏獻子爲政，分祁氏之田以爲七縣，分羊舌氏之田以爲三縣。」

在戰國時代，佃農要繳納怎樣程度的佃租呢？萬國鼎說：佃農以現物繳納地主五成——即田的收穫的一半（中國田制史上册六七頁。），領主所收繳的佃租，已經重壓在農民的肩上來了。在論語的顏回第十二上有：『哀公問於有若曰，年饑，田不足，如之何？有若對曰：盍徹乎？曰：二吾猶不足，如之何其徹之？』看這便可以想像，哀公雖然已經徵收了十分之二的地租，却還有再加重徵課的意思的。左傳上寫齊國時，曾引了晏子這樣的話：『民參其力，二入於公（民三分其勞力所得，以其二作爲稅繳納政府，）而衣食其一。』（昭公三年）由此看來，可知有時是要抽收三分之二的租稅的。

從在魯宣公十五年有『初稅畝』以來，就表示着當時已由奴隸占有者的搾取方法漸次轉化到封建的搾取方法了；但是，封建的課稅法，決不是使農民的生活能有餘裕的。在左傳上所引的上述的晏氏的話裏，接着有『公聚朽蠹，而三老凍餒。』這意思是說，齊公的倉庫的米朽而成蠹，可是鄉村的老人則餓凍着。雖然只納十分之一的稅，農民還是不能以其所得來果腹的。在漢書的食貨志上曾引了魏的李悝的話，把當時農民的生計描寫了出來：

『今一夫挾五口，治田百畝，(註)歲收畝一石半，爲粟百五十石。除十一之稅十五石，餘

(註)周代以六方尺爲步，百步爲畝。

百三十五石，食人月一石半。五人終歲為粟九十石，餘有四十五石，石三十為錢千三百五十。除社閭嘗新春秋之祀用錢三百，餘千五十。衣人率用錢三百，五人終歲用千五百，不足四百五十。不幸疾病死喪之費及上賦斂，又未與此。此農夫所以常困，有不勸耕之心。」

從春秋時代到戰國時代，因為各國間不絕的發生戰爭，農民被動員為兵卒了，因此農業的生產受了妨害，（註一）而且國費大增，負擔也隨着增加，在農民身上的重壓，是越來越利害了。

第二節　工業及商業

在周代造出耒、耜、錢、鎛、銍、斤之類的農具，這些農具，都好像是青銅造的；（註二）但是在春秋時代以後，鐵製的農具也出現了。

武器有刀、劍、戈、矛、戟、鉞、匕首、干、弓、矢、弩等。主要的是用銅及青銅製造的。武器用鐵來製造，是

（註一）詩經的唐風鴇羽篇是歌詠出征兵士的痛苦的——

「王事靡盬，不能蓺稷黍。父母何食？悠悠蒼天，曷其有極！王事靡盬，不能蓺稻粱。父母何嘗？悠悠蒼天，曷其有常！」

（註二）青銅器并未完全驅逐了石器。到鐵製農具出現，石器纔消滅了。

在從戰國到秦漢的時代。農具則早就用鐵製造了。

鐵在周代以前。確實還沒有發明過，可是在周代的甚麼時候纔出現的呢？現在還沒有確實的資料來證明。在詩經大雅的公劉上有『取厲（砥石）取鍛；』這『鍛』被認爲是鐵。這詩雖然被認爲是作於初周時代的，但是，誰又能確定不是更後世的西周末期或東周初期的作品呢？據說在西紀前七世紀時，齊桓公的宰相管仲曾專賣鹽鐵；但是這也不能說是確實的事實。在左傳的昭公二十九年（西紀前五百十三年）上有：『遂賦晉國一鼓鐵（即賦課四百八十斤鐵。因爲三十斤爲鈞，四鈞爲石，四石爲鼓）以鑄刑鼎，著范宣子所爲刑書焉。』由這看來，在春秋時代，也許就有鑄鐵鼎的事了。吳和楚用鐵製造武器恐怕較北方諸國要早些。吳有「干將」一和「莫邪劍」的傳說；又荀子上也有楚人用鐵矛，其毒害甚大的紀事。因此，可以說由春秋時代的末期到戰國時代的期間，已經使用鐵製的兵器了。

在家具、食器、祭器方面，據說當時有：鼎、敦、鬲、錠、甗、豆、瓿、簋、簠、盉、奩、尊、卣、罍、瓶、爵、觚、觶、角、斝、卮、大釜、小釜、筐、筥、洗、盤、匜、鑑（鏡）盆、奩、等種類，而這些器物以銅器、青銅器爲主，也有陶器和其他的東西。

樂器有琴、瑟、鐸、鐘、鐃、鼓、錞、笛、笙等種類。

當時青銅器相當發達，精巧的東西也有製造了。其紋樣稱爲「饕餮紋」及「夔龍紋」的獨特的東西被設計出來了。

衣類有綿織物、麻織物、絹織物；也有裘（皮衣）和褐（粗糙的毛衣）。在七月的詩裏有：『乃玄乃黃，我朱孔陽，爲公子裳。』由此看來可知染料等也被使用，當時已能做出相當美麗的東西了。

由都城的建築，宮室的營造，及灌溉治水事業的進行等，也可以知道當時的土木工事也很發達，貴族所住居的城，大約有百雉（長三丈高一丈爲一雉。）因爲害怕奴隸的叛亂，所以置護衞的武士而過着集團的生活。

在周代，舟、車、戰車、輿等也有製造了。

手工業的一部，已經和農業分離而成爲獨立的生產了。琢磨是必要的了。從事於手工業者不能不專門化起來了。在論語子張第十九上有；『子夏曰：百工肆以爲其事，君子學以致其道。』可知手工業者專在店裏工作，而技術也必然熟練起來了。

由所謂『百工』表示出種種的手工業者，成了周種族國家的國有奴隸而從事工作。在尙書的洛誥上有；『惟以在周工，往新邑（洛邑），嚮卽有僚（各各就役）明作有功。……』這表示出當周代經營東方的洛邑的新都的時候，從周的舊都運去了種種的手工業者。使從事於各種工作。這些手工業者，一定是國家所使役的奴隸，手工業奴隸的存在，由春秋時代魯贈木匠、裁縫、織工等各百人於楚的左傳上的記事，也能夠看見。正確評價出在周代的工業及建築土木工業上奴隸勞動所演的任務，是有重要意義的。

商業在殷代已經開始萌芽，周代則更加發展。

郭沫若氏由於易經上有『旅卽次，懷其資，得童僕貞』（旅六二），『旅焚其次，喪其童僕』（旅九三）及『億喪貝』（震二六）的記載，推知當時的童僕（奴隸）已成了商品而被買賣了；貝是當時的貨幣；當時商賈是以行商爲主。在詩經的酒誥篇上也有『肇牽車牛，遠賈爲服……』由此看來，可知當時的商人已行商到很遠的地方從事買賣了。可是在春秋時代以前，專門買賣物品的商人，雖然確實已經發生了；但是其數還是微小的。隨着交換手段的發達，商業纔顯著地發達起來的。

詩經中很少提到關於商業的，可是，在衞風的谷風篇上有『賈用不售』；在大雅的瞻卬篇上有『如賈三倍，』由此也可推知商業在西周末期已經出現了。但是，商業的興盛，是在春秋時代以後的事。在戰國時代，商業資本漸被蓄積，富裕的商人已經出現，商品生產也似乎開始了。商人使各地的特產物互相流通，例如山東的鹽，便是重要的商品，商業的發達促進了都市的發達；商人和手工業者，被規定了居住於都市中的一定的地域。

商業的發達促進了貨幣的流通。在牧畜盛行的太古，家畜也有作了貨幣的機能的。在殷代，貝作了貨幣的職務。在周代初期，貝也還作爲貨幣而被使用着。在春秋時代，在齊國，魚鹽早成爲商品，商業的發達因之得以促進，又布帛、刀也被作爲貨幣使用。（註）傳說在齊國，鹽、鐵是國家的專賣品，這傳說雖然不可靠，可是總而言之，商業的利益大概是被齊的貴族獨占了的。據說在遼東半島的旅順的牧羊城曾發現過齊的刀幣（陳憲璇春秋的奴隸——食貨民國二十四年八月一日刊）據此看來，當時齊和遼東間已經進行着海上的貿易了。

錢、鏟等農具，曾被作爲交換的媒介物，穀類也作過貨幣的職務。小刀及鏟，後來被用銅製造的模倣品所代替而通用於市面。據說刀布是模倣鏟形造成的，從華北各地時時被發掘的刀布便是這種（加藤繁中國經濟史——經濟學全集第二十八卷四六七頁）。在戰國時代曾出現了以銅製造的模倣子安貝形的蟻鼻錢。

在春秋上有『九年春，毛伯來求金。』這意思是說，周王室的財政窮乏，連葬儀費都沒有了，

（註）在古代，稱貨幣爲泉。

所以毛伯來魯，請求幫助一點充作葬儀費用的金。由此可以知道，在春秋時代，金已經是成了必要的東西了。

在孟子的公孫丑章句下上有『陳臻問曰：前日於齊，王餽兼金（好黃金，）一百而不受。於宋，餽五十鎰（一鎰二十兩，）而受。於薛，餽五十鎰而受，……孟子曰：皆是也。當在宋也，予將遠行，行者必以贐。』看這可以想像到曾有多額的金被拿來作贐贈品，當時旅行是要現金的，只要有金就可以得到一切必需品，能夠自由地遠行各地。這不外表示，貨幣的流通在戰國時代已經很普遍了。

據說在周景王二十一年（西紀前五二四年）覺得錢太輕，所以鑄造大錢。其大錢直徑是一寸二分，重十二銖（半兩）（國語的周語下——見戴名禮中國貨幣史七頁）據此看來，在春秋時代末期已經出現鑄貨了。

商業及獨立手工業的發達，促進人口向都市集中，因而新都市出現了。春秋戰國時代的有名都市可以舉出齊的臨淄，趙的邯鄲，魏的大梁，秦的咸陽，楚的郢等。特別是臨淄，是最富的都市，據說當時曾有戶數七萬。以前城市的大者也不過三百丈，人口縱多也不過三千家；但是到春秋戰國時代，不少千丈的城池，萬戶的都市。

隨着貨幣經濟漸漸的重要，商業資本就在各方面活躍起來；隨着生產物的商品化的進展，高利貸資本也表現出威力了。卽貴族和小生產者都要仰高利貸資本的鼻息了。

在史記貨殖列傳上，曾發現過這樣的記事：『吳楚七國起兵時，長安列侯封君，行從軍旅，齎貸子錢（借錢於放債業者。）子錢家以爲侯邑國在關東，關東成敗未決，莫肯與。唯無鹽氏出捐千金貸，其息什之。三月，吳楚平。一歲之中，則無鹽氏之息什倍。用此富埒關中。』這卽是說貴族不能不借高利的高利貸借款了。

又在史記的孟嘗君列傳上，曾這樣地寫着：『孟嘗君時相齊，封萬戶於薛。其食客三千人，邑入不足以奉客，使人出錢於薛。歲餘不入，貸錢者多不能與其息。客奉將不給，孟嘗君憂之，問左右何人可使收債於薛者。傳舍長曰：代舍客馮公形容狀貌甚辯，長者，無他技能，可令收債。』孟嘗君爲着養三千人的食客，貸款於薛人，企圖用借款的利息充這項費用。

當時高利貸的利息雖然也有像無鹽氏那樣取十倍的場合，可是普通每月是三分左右。

第三節　周代社會的階級構成

易經的卦辭、爻辭也是被作於周初。在易經中，曾發現了天子、王、大君、侯、大人、君子、小人、邑人等名稱：

「公用亨（饗）于天子。」（大有九三）

「王用亨，於岐山。」（升六四）

「大君有命，開國承家。小人勿用。」（師，上六）

「利建侯行師。」（豫）

「利建侯。」（屯初九）

「利見大人。」（乾九五）

「君子用涉大川。」（謙初六）

「不克頌，歸而逋其邑人三百戶。」（訟，九二）

在這兒：天子、王、大君、侯、大人，君子是支配階級的貴族；與此相反，小人，邑人一定是指被支配階級的奴隸。周種族共同體，隨着征服和奴隸化其他種族，在內部的民族種族員間、也發生階級分化，形成了貴族的集團。從前的被選舉出來的王——即酋長的地位、成了世襲，王的名稱被承襲下去了，現在，王成了支配者了。這周種族的世襲的統率者的天子、王、大君、成了專制君主，可以濫施權威了。

由『利建侯行師』的記載看來，侯一定是司軍事的。郭沫若氏在易經全文內發現過五次侯子，其中的三個都是『建侯』連在一起，因此他認爲這是表明侯是臨時被設的性質的東西，卽是表明王是酋長侯是軍長的關係（中國古代社會研究四七頁。）這見解確實是正確的。但是，在這兒必須注意到，在周代，侯也成了世襲地位漸漸鞏固起來，也被置於貴族之列，而王侯成了並稱的名詞了。

君子、大人是一般的貴族。和這些貴族相對的是身分低賤的小人，一般是把奴隸呼爲小人的。

詩經的詩篇的作成是在從西周末到春秋初期的期間。在詩經中，「曾孫」的名稱屢次出現，如『曾孫之檣』『曾孫之庾』『曾孫不怒』『曾孫來』等。這「曾孫」顯然是父家長的貴族。此外還有如『爲公子之裳』般的所謂公子；但是，這公子也不外指父家長的貴族。

在國風的詩篇兎罝裏有『赳赳武夫，公侯干城』『赳赳武夫公侯腹心』等，這所謂的「武夫」可以認爲是表示在公侯的下面，有武士的階層存在着。

在頌人裏有：『大夫夙退，勿使君勞，』可以見大夫是服侍王侯的。在君子於役裏有『君子於役，』這表示君子也是指一般貴族，是服侍王公，也從事於戰役的。此外還有：『凡百君子，各敬爾身，胡不相畏，不畏於天。』（雨無正）君子顯然是指一般官人了。關於士，曾在『庶士有朅』（康健而勇猛）』（碩人）『良士瞿瞿，』『良士蹶蹶』（蟋蟀）中表現出來。

又在雨無正上有：『周宗（西周）旣滅，靡所止戾（安定）。正大夫離居，莫知我勩。三事大夫（三公）莫肯夙夜。邦君諸侯，莫肯朝夕。』這可以解釋爲：西周以後，周室衰落，周室的大夫也不忠實於其職務，在周室統治下的諸侯，也漸漸不服從其統治了；但是，就是在周遷都洛陽以前，卽是在西周時代，也不是一切的諸侯都在周王的統治之下。周的同姓諸侯，卽是和周同種族的各國，當作別論，而異姓的諸侯不一定是嚴格地服從周的統治，其間不過僅僅有着同盟的關係罷了。弱小的種族國家，由於被周及其他諸強國征服，漸次滅亡；強大的諸侯，差不多各自保持着獨立的存在，不受周的制肘，彼此都是自由行動，甚至自稱爲王，卽不僅周才可有王的稱號。如果認爲原來種族共同體的酋長就是王，那向種族國家發展的過程中，其統治者自然要相繼稱王了，要之，王和諸侯，卽公、侯等並不是表示特別的身分的。在這兒不能不注意：所謂諸侯之所以發生，不外是由於種族的族長，在從父系氏族種族共同體進展到父家長制的家族制的時候，諸侯就作爲種族的貴族集團的父家長而增強世襲的地位，作爲支配者而出現了。

因此，在詩經裏，屬於支配階級身分的天子、王、諸侯、邦君、侯（公）、曾孫、公子、大夫、君子及士等的名稱就被列舉出來了。

和這相反，作爲被支配階級的農夫、臣僕、羣黎、庶民、小人等名稱也被列舉出來。例如『我取其陳，食我農夫』（甫田），『民之無辜，幷其臣僕』（正月）『羣黎百姓，徧爲爾德』（天保）『庶民攻之，不日成之……庶民子來』（靈臺），『無小人殆』（節南山）等。

在載於郭沫若氏兩周金文辭大系上的金文中可以發現作爲支配階級的王、皇王、諸侯、侯、公、天子、君子、士、百姓等的名稱；同時也可以發現作爲被支配階級的人鬲、庶人、臣妾、僕等的名稱。

在書經的周書上，除了以上舉出了的名稱之外，還可以發現了后（梓材）、皇后（顧命）、家君（君主的意思）（召誥）百辟（諸侯）（洛誥）、羣侯（諸侯）（呂刑）大家（也叫巨室，卽卿大夫）（梓材）等的名稱，這些都是表示支配階級的身分的。至於被支配階級，在周書上也發現了小民（召誥）的名稱。

所以如上所述，通觀易經、詩經、周代的金文、書經等周書，支配階級的身分可以分爲三個階層。第一是被稱爲天子、王后、諸侯、公、侯、家君、國君、大君、公子等的階層；其次是被稱爲大夫，大家，君子，大人，百姓。士等的階層。士的身分雖比大夫的身分低，可是就把它算進大夫的階層中，也不算錯罷。以上是作爲貴族而屬於搾取階層的。被支配階級，被搾取階級，雖然有臣、童僕、邑人、小人、羣黎、庶民、農夫、人鬲、妾、黎民等不同的名稱，但是這些都可以看爲是奴隸。

要之，天子、王、侯、公子、大夫、君子、士等支配階級搾取由農民、庶民、黎民的奴隸勞動所生的收穫物，繼續享受奢侈或安逸的生活。

關於當時自由農民及農奴型的農民究竟存在與否的問題，還不能得到確實的證據，所以不能下怎樣的斷定。

左傳上載有：『天有十日（從甲到癸的十干，）人有十等。………故王之臣公，公之臣大夫，大夫之臣士，士之臣皁，皁之臣輿，輿之臣隸，隸之臣僚，僚之臣僕，僕之臣臺，馬有圉，牛有牧，以待百事。』（昭公七年）但是我們在這裏沒有把這解釋爲有十等身分的必要。罷皁以下一般可以看爲是奴隸。

從春秋時代到戰國時代，階級構成上起了大的變化。擁有廣大的土地的舊貴族，往沒落的道路走着；不絕的戰爭，使他們沒落。農業上由於技術的進步，生產力有了很大的發展，因而強制下的奴隸勞動的很低的生產力狀態就感到不利。隨着商業的發展，和貨幣流通的愈益興盛，就發生了這樣的特徵：卽由於土地商品化而產生了小地主，由於商人的收買而發生土地兼併的現象。在貴族支配下的奴隸農民，脫離了貴族，而逃到新的土地占有者和富豪的下面。於是就發生了租佃關係，卽發生了封建的農奴關係，並且產生了佃農、農奴的農民階級來。

自由農民也出現了，但這是小地主，卽是所謂『耕戰之士』，對封建領主不納地租，一方面自己耕作一方面在戰時負有出征的義務。

爲着市場而勞動的獨立的手工業者的發生，也是這一時代的特徵。

奴隸占有者的諸侯，在從奴隸制社會轉化到封建的農奴制的社會的時候，或者滅亡於相互的鬥爭中，或者作爲封建領主，而以新的姿態現出來了。在春秋宣公十五年，和有『初稅畝』同樣地由諸侯徵取封建課稅，這不外就是表示封建的生產關係發展着了。從而奴隸占有者的諸侯，也轉化爲封建領主了。

關於自由農民的出現，已經講過一下了；和這有關聯的新士人階層的興起，在當時特別顯著。從春秋末期到戰國時代，他們漸漸在社會上有了重要職位。舊貴族的沒落，必然使這些士人擡頭起來。這些士人中，也有有土地者，也有沒有土地者。所謂耕戰之士，不外是有土地的小地主，他們占着了武人的地位。士人也拚命想作爲文人而在社會上獲得相當的地位。在孔子的下面，便聚集了多數這樣的士人。特別是在戰國時代，各國都需要這種有才能長辯智的士人。孟嘗君，平原君，信陵君，春申君等都供養數千士人，這是誰都知道的。這些士人都想就官途，作官僚而騰達起來。在這些士人出身的官僚中，雖然有的是敗落了的舊貴族出身的，可是從貧賤之家抬頭起來的也不少。例如范雎、蘇秦、張儀等都是貧家出身。（史記范雎蔡澤列傳、蘇秦列傳、張儀列傳）

這樣出現了的官僚，在中國的封建的支配體制上，演了重要的作用。

第四節　周代的階級鬥爭

關於周代的階級鬥爭的資料，差不多可以說是沒有。不過在左傳、史記上，也可以看到一點關於這方面的紀載。

最古的奴隸的叛亂，大概就是當殷民族被周民族滅亡，被夷爲奴隸時引起了的反抗事件罷。周武王死後，其子成王還年幼，不能夠掌管政治。於是，武王的弟周公旦攝政，差不多握到了王者的實權。周公的兄弟管叔、蔡叔等對此大不滿意，遂勾結殷紂子武庚（祿父）作起亂來。殷的遺民——奴隸，乘這機會就興起了頑強的叛亂。周公起來討伐，費了三年的工夫。周公殺管叔，武庚，放逐蔡叔，立微子開爲殷的後人，使享有宋國，又把武王的少弟封立爲衞的康叔，置殷的遺民於其支配之下（史記周本紀。）

關於周昭王（約西紀前一〇五二——一〇〇二年）的事，在史記上僅有『昭王南巡狩不返，卒於江上』（周本紀。）明確的事實不知道；但是希爾特在中國古代史上，曾如次般寫着：

『不久，在西紀前一千零二年，偶然在南方的半野蠻的楚國起了叛亂；王便想去南征，討平這個叛亂，但是王把征戰這件事看成與和平時候的遊獵沒有差異，屢次遊獵時都使人民的田圃陷於荒蕪，因此大大引起了人民的憤怒。於是當王要渡江——或稱是渡揚子江，或稱是漢水——的時候，人民便以舟板的接縫不完全的船供王乘坐（這是古來行政治暗殺時，屢被使用的方法，）船剛走到民流便破裂，而王遂陷於水中了。王雖幸而免於溺死，可是，這次事變的結果，他不久就死了。』（西山榮久日譯本，一五六頁）

在這兒，反抗昭王的人民是屬於怎樣的階級，是不大明確，但由於憤慨田圃被毀這一點看來，無疑是一些農民。到底是奴隸農民呢？農奴呢？自由農民呢？是沒有明白地寫出來，因爲這還是發生在昭王的時候，而且又是在南方的楚國的地方，所以也許是氏族共同體或者農村共同體的農民罷。

到周厲王時（大約在西紀前八七八年—八四二年）民衆的大叛亂發生了。厲王非常冷酷暴烈，而且貪慾，威壓人民，極其苛斂誅求，雖有人進諫也不肯聽。史記上曾如次般寫着：

「召公諫曰：「民不堪命矣。」王怒，得衞巫，使監謗者，以告則殺之。其謗鮮矣。諸侯不朝。三十四年王益嚴。國人莫敢言，道路以目（遇於路者。不用口說，而以目使互知怨恨。）厲王喜，告召公曰：「吾能弭謗矣，乃不敢言。」召公曰：「是鄣之也，防民之口，甚於防水，水壅而潰，傷人必多，民亦如之。……」王不聽，於是國莫敢出言，三年乃相與畔，襲厲王（紀元前八四二年）厲王出奔於彘（山西省霍縣。）厲王太子靜匿召公之家，國人聞之，乃圍之……（召公）乃以其子代太子，太子竟得脫。」（周本紀）

依據史記所載，厲王逃到彘去以後，周公的子孫周公和召公共行政治，號曰共和；但是依據竹書紀年和莊子，所謂共和是說共伯和（共國伯爵名和）掌政治。西紀前八二八年，厲王在被難場所死去，宣王即位。這件事件作爲民衆的暴動來看，確實是有很大的意義的。但是，遺憾的是：暴動的民衆的階級立場還沒有弄清楚，因之這個暴動的重要性也不能明確，所以我們在這兒還是避免隨便作想像的判斷罷。

在左傳襄公二十三年中曾載着這樣的記事：楚屈建圍陳，陳人築城；因監工（官吏）怒殺落板者，別的工人們便殺其工頭，到後來更殺了陳的大夫慶虎和慶寅。由此也可以看出奴隸的反抗了罷。又在左傳襄公二十九年上，載着這樣的奴隸的反抗事件：『吳人伐越，獲俘焉，以爲閽（守班人），使守舟。吳子餘祭（吳君）觀舟。閽以刀弒之。』

由左傳所載的下面的這段記事，也可以看爲是敍述奴隸的反抗罷：

『齊懿公之爲公子也，與邴歜之父爭田弗勝。及卽位，乃掘而刖（掘出死尸而切去其足）之，而使歜僕；納（奪取）閻職之妻，而使職驂乘。夏五月，公遊於申池，二人浴於池，歜以扑抶職，職怒。歜曰：「人奪女妻而不怒，一抶汝，庸何傷？」職曰：「與刖其父而弗病者何如？」乃謀弒懿公，納諸竹中，歸舍爵而行。』（文公十八年）

孟子上也載有民衆表示消極反抗的情形：

『鄒與魯鬨，穆公（鄒君）問曰：「吾有司（率兵卒的將士）死者三十三人，而民無死之者。誅之則不勝誅，不誅則疾視其長者之死而不救。如之何則可也？」』（梁惠王章句下）

左傳上不少記載民衆用逃亡來表示消極反抗的事情，這種現象特別是在戰爭的時候常常發生，這種情形是被稱爲『潰』。

『三年春，莊叔會諸侯之師伐沈，以其服於楚也。沈潰。凡逃民其上曰潰，在上曰逃。』（文公三年）

『鄧師大敗，鄧人宵潰。』（桓公九年）

『四年春，齊侯以諸侯之師侵蔡，蔡潰。』（僖公四年）

『城鄫，役人（督工）病。有夜登邱而呼曰：齊有亂，不果城而還。』（僖公十六年）

『初梁伯好土功（土木工事），亟城而不居。民罷則弗堪，則曰「某寇將至。乃溝公宮，」曰：「秦將襲我。」民懼而潰。秦遂取梁。』（僖公十九年）

易經上的『旅焚其次，喪其童僕。』（旅九三）也不外是表示奴隸趁着火災而逃亡了。

在舊貴族下面的奴隸農民相偕逃亡，跑到富豪（新土地所有者）那兒做農奴，這一定是從春秋到戰國時代屢起的現象。

第六章　周代社會的意識形態

第一節　周易中所表現的思想

周代奴隸制社會的上層建築的意識形態，已在易經、詩經、書經這些書上表現出來。

我們先從周易講起吧：易經裏的經文卦辭和爻辭我認爲是作於周初，因爲用龜甲和獸骨等來占卜吉凶的事，在殷初就已經盛行了，其卜辭曾被刻在龜甲和獸骨之上，其遺物傳至今日。同時，用算木——卽是由表示陽象的三根細長的有棱角的木頭，和表示陰象的同樣的三根木頭配合起來的——和用筮竹占卜吉凶的事，也老早就有過了。八卦的卦辭和爻詞的文字雖然是作於周初，可是，解釋卦辭和卜辭的經文的所謂十翼（彖傳上下，象傳上下，繫辭傳上下，文言，說卦，序卦，雜卦）則是後代添加上去的。普通把十翼認爲是孔子所作；可是自從宋歐陽修在易童子問上對這種傳說加以反駁以後，懷疑孔子作十翼的漸多，甚至被認爲十翼全非孔子所作。並且十翼不是由一個人的手被寫成的，其年代也是相當的，大體上可以看爲是戰國時代以後的東西，這點已經在序說上敍述過了。

周代的「易」的根本思想，必須在「易」的經文中去尋求。彖傳，象傳，繫辭傳等的十翼，應該認爲是反映戰國時代以後的思想的東西，而須另外加以處理。但是，易的爻辭是非常簡短的斷片，又從裏面很難求得聯貫的多少有組織的有體系的思想。

一般認爲「易」能夠使人豫知吉凶禍福，即是認爲它是有神靈的，它能把天之所命傳達給世人。因此當選擇祭日，當出陣戰爭，當欲知風雨的有無，當遷都，當出嫁，和決定其他萬般人事時都要先來占卦，占卦之後，事情大體似乎都可以決定了。當時人智還未開，不能合理地思考事物，所以要依賴於宗教的和魔術的方法。

可是，「易」是支配階級的東西。一切易經的卦辭爻辭，不外是關於貴族階級的生活的記載，關於奴隸農民和手工業者的生活的事項全未見及。小人和童僕的事雖然也可發現，可是這主要的是從貴族階級的立場來敍述的。例如：

『不克訟，歸而逋其邑人三百戶。』（訟九二）

『大君有命，開國承家，勿用小人。』（師上六）

『王用三驅失前禽。邑人不誡。』（比九五）

『小人吉，大人否亨（大人處於否運，若善守能亨其道。）』（否，六二）

『公用亨（通亨，同於饗）於天子，小人弗克。』（大有九三）

『童觀。小人咎，無君子吝。（恥辱意。）』（觀初六）

『君子得輿，小人剝廬。』（剝上九）

『君子吉，小人否。』（遯，九四）

『小人用壯（勇），君子用罔（罔蔑意，也被解爲以權力侮下，但是究竟怎樣呢？其意義不明確。）』（大壯，九三）

『大人虎變，（革九五。）君子豹變。小人革形（外形。）』（革，上六）

『旅而卽次。懷其資，得童僕之貞。』（旅，六二）

『旅焚其次。喪其童僕。』（旅，九三）

『高宗（殷王武丁）伐鬼方。三年克之。小人勿用。』（旣濟，九三）

『畜臣妾吉。』（遯，九三）

在易經中，凡記載着小人、邑人、童僕、臣妾的經文。都已網羅在這裏了。被用這些名稱稱呼着的人們，一定是當時的奴隸。看到描寫這些奴隸的經文時，便知道沒有一個經文是從奴隸的立場寫奴隸的事的，一切都是從奴隸占有者的立場寫出來的。

奴隸則並不關心到吉凶禍福的，他們用不着豫知未來，用不着害怕失掉任何一個東西，也不會害怕陷入於比現狀更壞的狀態；再者，關於天之所命他們也沒有知道的必要。卜占對於奴隸，是沒甚麽魅力的，它在奴隸的眼裏，反映不出神祕來。卜占確實是支配階級的東西，他們害怕零落，躭心不幸的命運，不能不顧慮失掉曾經拿到的東西，因此，當然要依賴卜占了。

要之，「易」不外是一種迷信，其目的是想解釋宇宙，知天命，藉以豫知人事的命運。

「易」的原理是在於把宇宙自然看爲在不絕的變化中，在運動中。世界實在是處在發生、生長、消滅的運動中。易卽是變易，一切的事物都是變易無極的。是包含着矛盾的無限的流轉，在世界上，沒有存在着一個不變的東西。這樣的觀察，確如郭沫若氏所看出的一樣（中國古代社會研究六七頁），不外表示出是一種辯證法的事物觀察法。

乾下乾上的卦，郭沫若氏認爲是表示這種辯證法的宇宙觀的東西。這卦是說：起初是潛伏着的龍漸漸在田裏現了出來，更躍到淵裏，結局終於成爲飛龍而昇天了；但是，快要上昇到盡頭時又生悔，因而就變成無首的龍了。

「潛龍勿用。」（初九）

『見龍在田。』（九三）

『或躍在淵。』（九四）

『飛龍在天。』（九五）

『亢龍有悔。』（上九）

『見羣龍無首。』（用九）

但是，支配階級是反對認爲一切的事物在不斷的變化中在流轉中的這種宇宙觀的，貴族們希望他們所處的狀態永久不變，始終想保持着特權階級的地位。於是，變化成了禁物，只有恆久才是他們的願望。無極地變化是可怕的，所以，咀呪起辯證法的事物觀察法來了，而拋棄辯證法了。於是，在周易上的辯證法的事物觀察法，僅僅才萌芽便被中絕了。

易經實在是奠定了中國的陰陽思想發展的基礎。陰和陽的對立，消長，支配着宇宙及人事。順應着這陰陽的消長推移則吉，逆之則兇。在陰陽的推移、消長和交感中，交織着人事的吉凶禍福。周易想基於這種陰陽的推移消長，判定人事的吉凶禍福。雖然玩筮竹和算木，任你現出怎樣的象來，明明和人事的吉凶禍福沒有甚麽關係的；想出這樣的卜占方法，不外是暴露了支配階級生活的弱點。他們的生活決不是安定的，是想在動搖中求安定的。陰陽二氣，起初一定是被農耕者作爲和農事有密接關係的單純的自然力的變動而觀測的，即是作爲唯物論的事物觀察法而被展開了的；可是隨着階級社會的出現，它被轉化爲了支配階級的事物觀察法了。陰陽的消長，被支配階層把它和人事的吉凶禍福連接起來，完全被認作是主觀的東西了。

氏族共同體社會的農耕者，是能夠把四時的變動，作爲陰陽二氣的消長來觀測的。陰陽的變動，和農耕有着密接的關係；所以，陰陽思想一定遠在周易出現以前就存在着了。周易中所顯示出來的，乃是已經墮落了的陰陽觀。

易經的倫理觀，可看爲是折衷主義，是中庸主義，它雖然不能不承認宇宙和人事是在不絕的變化過程中；但是這種變化對於支配階層是很可怕的事。所以結局，易經的作者們把走往變革的路，轉換到走往完全反對的折衷主義的路去了。

易經中有『安貞吉』（地、卦辭）就是表示要求安全的道路。

『履霜堅冰至』（地、初六）即霜以後是結冰。認爲漸進的道路就是唯一的道路，對於變革的道路則全不注意，而且在漸進主義中發現了安住之地。

『括囊無咎無譽』（地、六四）這也是安全第一。

『食舊德』（頌、六三）是守舊德而安於其分的意思。『貞，厲終吉』（頌，六三）是若守常德，縱有危險，終成爲吉。在這兒，中庸主義也被謳歌着。

「不克頌，復卽命（安於天命）渝（變最初的欲勝頌的意思）安貞吉。」（頌九四）甚麼事都是要講妥協了。

「朋亡，得尙於中行（中正之道。）」（泰九二）「有孚中行，告公用圭。」（益六三）這「中行」可以看爲在周易上的倫理觀的中心。

在易經上表現着的宗教，是怎樣的宗教呢？

「王用享於帝」（益六二。）在這兒，所謂帝是上帝，享是饗獻祭供物的意思，表示着上帝的思想已經存在了。不把天看爲單純的自然的存在，而把它看爲人格化了的主宰者，這不外反映在地上出現了作爲支配者的王。地上的支配者爲着使其地位強固永久，所以才假借了上天的力，使民衆相信，王是遵了天命而卽位的，而且是遵行天命的，因而產生了把天人格化、把天當做上帝崇拜的宗教。祭祀上帝被認作是王獨有的特權。

看了「王假有（無意義）廟」（萃卦辭，）就可知道祖先崇拜的宗教，也同樣地盛行於當時了。這祖先崇拜的宗教是發生於氏族社會，後來繼續着被奴隸占有者階級展開了一套新的面目了。在奴隸占有者社會的祖先崇拜的宗教，其目的不外是支配階級企圖維持世襲的特權。

『王用享於岐山』（升九二）岐山原是周種族居住的地方，這表示着那時已有自然崇拜的宗教了。自然崇拜的宗教，不外是隨着牧畜和農業的發展而發生的。但是，在周代的自然崇拜，不只是有關於牧畜繁殖，農產物良好等單純的願望，大地主祭其土地內的山川，是與其土地占有關係有着關聯的。

易傳大概是作於戰國時代。這時代是由奴隸制社會轉化到封建制社會的過渡期，是發生大的社會變動的時代。如果冷靜地加以思考，就不難認識一切都是在變化之中。易傳的作者也說：『日往則月來，月往則日來，日月相推而明生焉。寒往則暑來，暑往則寒來，寒暑相推而歲成焉』（繫辭下傳）又說：『道也屢遷，變動不居，周流六虛，上下無常，剛柔相易，不可爲典要，唯變所適』（繫辭下傳）在這兒我們可以看到萬物在變動着的思想。

但是，易傳作者的辯證法，一點也沒有展開。下面所引用的並不是表示辯證法的事物觀察法的。

『有天地，然後萬物生焉。盈天地之間者唯萬物，故受之以屯。屯者盈也。屯者，物之始生也。物生必蒙，故受之以蒙。蒙者蒙也。物之穉（幼稚）也。物穉不可不養也，故受之以需。需者，飲食之道也。飲食必有訟。故受之以頌。受必有衆起。故受之以師。師者，衆也。衆必有所比。故受之以比。比者，比也。比必有所畜。故受之以小畜。物畜然後有禮。』（序卦傳）

這確實不是辯證法的宇宙觀，也不是進化論，不外表示了單純的觀念的聯想作用，不外是觀念的遊戲。下面引用的也是同樣，但這更表示出時代的特徵來。

『有天地然後有萬物。有萬物然後有男女。有男女然後有夫婦。有夫婦然後有父子。有父子然後有君臣。有君臣然後有上下。有上下然後禮義有所錯。夫婦之道，不可以不久也。故受之以恆。恆者久也。物不可以久居其所。故受之以遯。遯者，退也。物不可以遯終，故受之以大壯。』（序卦傳）

在這兒有興味的是：『有父子然後有君臣。』君臣關係被寫爲是從自然的推移發展而來的。支配階級理想家的易傳的作者的任務，是使這樣的事物觀察法展開了去。即外觀上是裝着辯證法的事物觀察法，又裝着進化論，而結局不外是貫徹了支配階級 理想家的 任務罷了。把『有父子然後有君臣』一句弄成眞理。『有上下然後禮義有所錯』確實是眞理。禮義不外是階級維持的東西。

易的經文的作者，似乎還想儘可能的隱蔽階級的關係。但是，如像在下面的例裏所表現的。

易傳的作者曾把階級關係露骨地講了出來。

『自下頌上，患至掇（像拾物般甚容易）也。食舊德，從上吉也。』（上象傳）

『小人勿用，必亂邦也。』（下象傳）

『上天下澤，履。君子以辯上下，定民志。』（上象傳）

『大人虎變，其文炳也。君子豹變，其文蔚也。小人革面，順以從君也。』（下象傳）

『天尊地卑，乾坤定矣。卑高以陳（排列），貴賤位矣。』（繫辭上傳）

易傳也仍然表示着它的倫理觀也是折衷主義和中庸主義。該書中曾說：『大人之宜，行中之謂也。』

第二節　詩經和書經中對於「天」的思想

在詩經和書經中，在天、上帝、天帝、帝、皇天、昊天等名稱下面，展開了怎樣的思想呢？朱子在朱子語類卷一上說：『問經傳中之天子。曰：人須自理會分曉，有說蒼天者，有說主宰者，有時或單訓理。』（據渡邊秀方中國哲學史概論一五頁上的引用）這兒把天的思想分爲三種類，我想已

沒有更加細分的必要了

所謂說蒼天者，是指有形體的天，不外表示對單純的天體的自然觀。其次所謂說主宰者，是把天人格化，神靈化，看成是超自然的力，卽是把天看成是宇宙和人類的支配者。所謂說理，就是指理法的天，是從天來尋求道德原理的根源的。這種把天作爲理法的根源的觀察法，在詩經和書經中很少發現，這可以看成主要是孔子以後的思想。

在國風的黍離上有『悠悠蒼天，此何人哉』之句，但是這是悲歎的話，不是把天人格化看的。卽看着悠悠的自然的蒼天，而只有悲歎了。在國風的詩篇鴇羽上，同樣有：『王事靡盬，不能藝稷黍，父母何怙？悠悠蒼天，曷其有所！』這也是悲歎的話，不過是把蒼天作爲自然的天看。在小雅的巧言上，也有：『悠悠昊天，曰父且母，無罪無辜，亂如此幠。』但是，在這兒說的天也不外是自然的天。

隨着地上的支配者的出現，在天上也觀念地製造出了支配者了；地上的支配者的祖先甚至被認爲是承繼着天帝的血統。由於製造出這樣的關係，其支配便被賦與權威，產生了遵天命而統治的神授說。在詩經大雅的生民上說。

『厥初生民，時維姜嫄，生民如何，克禋（祭）克祀，以弗無子（祈求生子。）履帝（上帝）武敏（足跡大指處）歆。攸介攸止，載震載夙，載生載育，時爲后稷（周的祖先。）』周的先祖被認爲是繼承着上帝的血統的了。

其所以要造出這樣的傳說，不外是要對於周的支配權賦與一種權威，使一般相信這種支配是必然的。周的諸王也被認爲是由天帝選擇出來爲王的。大雅的文王上有：『商之子孫，其麗不億。上帝既命，侯於周服。』大明上有：『有命自天，命此文王。於周於京，纘女維莘（國名。）長子（長女）維行，篤生武王，保右命爾，燮伐大商（順天意而伐殷。）』

在書經的大誥上，曾這樣地寫着：

『予不敢閉於天降威用。甯王（指武王）遺我大寶龜，紹天明。』

『已予惟小子，不敢替上帝命。天體於甯王，興我小邦周，甯王惟卜用，克綏受茲命。』

又在書經的康誥上有：『天乃大命文王，殪戎殷（大殷），誕受其命。』大宣傳亡殷乃是順從天命，周負着天所命的任務，亡殷而爲支配者。殷的被亡是由於它全被天所厭棄了。在書經的酒誥上有：『故天降喪於殷，罔愛於殷，惟逸（因其流於奢逸。）』

在這兒自然展開了其人民和其土地都是由上帝授與的的思想。即是：『皇天（天帝）既付中國民越（及）厥疆土於先王。』（書經周書的梓材）

上帝雖然像這樣地對於地上的支配者加以支持，（因爲它是支配階級產生的東西，所以是當然要這樣）但是若果從他方面看，還是『天命靡常』（詩經大雅文王篇，）『天命不易』（書經周書君奭篇）；所以支配者屢次訓誡其子孫，當心失掉了支配權。『命之不易（容易，）無遏爾躬。』（詩經大雅文王篇）

表示理法的天的觀念的，可以舉如次的例；

『天生烝民，有物有則。民之秉彝，好是懿德。天監有周，昭假於下。』（詩經大雅烝民）

但是，就是在這兒，天還是多少被人格化了。

第三節　洪範中所表現的思想

書經中的洪範一篇，相傳是武王求『彝倫攸敘』而由殷箕子給與武王的，又洪範九疇相傳是天賜給禹的。這些傳說，不用說是不足憑信的。支配者爲了要有一種權威，所以假托是由天給與的。洪範不外是帝王治國的大法。即是說，體得這九個範疇，以統治天下，國家便可望安定。郭沫若氏說洪範『即使不是箕子所作，但也不會是東周以後的儒者所假造。』（中國古代社會

研究一四八頁）

洪範的九疇（九個範疇）是：一、五行；二、五事；三、八政；四、五紀；五、皇極；六、三德；七、稽疑；八、庶徵；九、五福和六極，等九項。

五行是：水、火、木、金、土；起初一定只是作爲對人生不可缺的物質而被列舉出的，但是後來更被看作是宇宙的原素；並且還生出水潤下火炎上等觀念，而展開了相生相尅等的思想。胡秋原說：『洪範的中心思想是五行，』『陰陽五行的思想，是西周哲學的中心。』（中國社會文化發展草書——讀書雜誌第三卷第三四期合刊）（註）

首先，王者不能不留意在人類生活上所必要的物質，五行說最初一定是這樣的意味下產生的東西。但是後來加上了相生相尅等墮落思想，漢代的儒者也就大受其影響了。

五事是：貌、言、視、聽、思，意思是說王者不能不愼言動，容貌。

其次是八政，先注意食（五穀之類）貨（財貨）不懈怠祭祀，也常常注意於國內的政治，

（註）新城新藏博士說：『想由五個要素的消長交替，說明天地間一切現象的五行說，成立於發現有五個在天中行着的星——卽屬於太陽系的游星的戰國時代的中頃以後。』（東洋天文學史研究二四頁）這新城博士的主張可以寫在這兒作參考。

外交及軍事。

五紀是說歲、月、日、星辰、歷數，這五者也須操在王者的手裏。

皇極是王的大中至正的德位於九疇的中央，統率着其他各範疇。洪範裏有：『凡厥庶民，無有淫朋（邪黨），人無有比德（私相親近而以利相結），惟皇是極』又有『無偏無陂（不公平），遵王之義。無有作好，遵王之道。無有作惡，遵王之路。無偏無黨（結黨徒），正道蕩蕩。無黨無偏，王道平平。無反無側，王道正直。會其有（虛辭）極（皇極），歸其有極。』王道是要使一切都遵從王的道，不使結黨的。

三德是正直、剛克、柔克，『彊弗友（倔強而不順從者）剛克，燮友（溫和而順從者）柔克。』（洪範）這是有時威壓有時懷柔的意思罷。

七是稽疑，就是凡有疑難的事就用卜筮來決定的意思。八是所謂的庶徵，是說雨、暘（旱）、燠（暖）、寒、風、（謂各以其時而至）等自然現象都和人事有關。

九是五福和六極，這是說順從支配者的，天給與五福；不順從的，天給與刑罰的意思。『嚮用五福，威用六極』（洪範。）即是說用、壽、富、康甯、攸好德、考終命（生至老年而終天命）等五福來懷柔；用凶短折（遇不幸而短命死去）、疾、憂、貧、惡、弱等六極來脅制的意思。這是奴隸社會的支配者的手段。

第四節　孔子的思想

對於有長久歷史的中國封建社會，在思想上發生了最有力的影響的是孔子。他是於西歷紀元前五五一年，生於魯國。孔子的祖先是從宋遷往魯的，是貧窮的貴族。孔子還年青的時候，作過魯的大貴族季氏的委史（倉庫看守人），又作過乘田（苑囿看守人）（岡崎文夫支那史概說上，六二頁。）其後作中都的宰，作司空，作大司寇。但是，這些也都是很短的時間。從此之後成了流浪人，周游諸國，想找到能實現其理想的地位；但是結果都沒有做到。所以，晚年又回到故鄉來了，注力於門人的教育，和經典的整理。據說，受教於孔子者達三千人，通六藝者有七十餘人。

孔子的時代正是有廣大土地的舊貴族沒落下去，自由農民及小地主抬頭起來了的時候。這些自由農民，小地主，作爲有技能的士人階級而進出於官途了。齊用管仲，秦用百里奚，楚用孫叔敖；他們都從微賤起身，而成了高級官吏。聚集在孔子那兒的門人們，也不外是這樣的自由農民，小地主出身的士人階級。他們欲習學藝以就官途。孔子說：

『子曰：三年學不至於穀（祿，）得不易也。』（論語泰伯第八）

看這也便知道，士人求學問不過是爲了想得俸祿而已。失位貴族的孔子是作爲新興地主階級，即士人階級的理想家而出現了的。哲人的政治理想，也不外是從這樣的士人階級產生出來的東西。關於孔子的門人仲弓，史記上有『父爲賤人的記載』但是他也能夠就了官途。論語上這樣地寫着：

『仲弓爲季氏宰，問政。子曰先有司（小官吏，）赦小過，舉賢才。』（子路第十三）

由這幾句話，我們便可以知道孔子是主張登用有才能的人士，反對憑籍門第。他想把士人教育成道德高尚的，能夠立於政治舞台的人。孔子自己也說過自己的抱負：

『子曰苟有用我者，期月（一年）而已可也，三年有成。』（論語子路第十三）

孔子所說的道德，不外是士人階級的道德。孔子所說的教，是爲這些士人階級着想的實踐道德，他想使道德方面鍛練得很高尚的士人出當政治。而且孔子並不把他所說的道德認爲是自己唱導出來的，而自稱是傳述從古聖賢堯、舜、禹、周公所遺下的。

『子曰，述而不作，信而好古。』（論語述而）

孔子不是思索的哲學家。他不過是講述實踐道德而已。阿·佛爾格說：『在中國的哲學中，倫理學是最發達的部門了。高明之士的興味從古以來便集中於實踐哲學。不是要把不能抑制的知識慾集中在思維與研究上，也不是要解答存在的謎，他們只不過探究出要怎樣才最能美滿地處理自己的生活的問題的答案來。即指出爲了充實自己在社會國家，或者在家族中的地位，爲了使自己成爲善良而幸福的人民，我們就應該做甚麽的問題』（中國文化科學概論阿·佛爾格著原富男、石本太守日譯本二七八頁）這些話確實適用於孔子，孔子想在道德上過端正生活的信念，也表現在如次的話裏：

『子曰：飯疏食（粗米飯），飲水，曲肱而枕之，樂亦在其中矣。不義而富且貴，於我如浮雲』（論語述而第七）

哈克曼說："Ein spekulativer kopf war Konfuzius ganz und gar nicht."（『孔子完全沒有思索的頭腦』）(Heinvich Hackmann, "Chinesische Philosophie" München, 1927 s. 77）這話完全是對的。孔子的偉大完全在於他是道德家；自然，這偉大的意義，不外是說：站在士人階級的意識形態上看，他是偉大的。

孔子隨時都賤視小人。『子曰：君子喻於義，小人喻於利』（論語里仁第四。）『子曰：君子周（親近不偏）而不比（偏於一方面爲黨；）小人比而不周』（論語爲政第二。）孔子把奴隸團結反抗的運動，看爲小人的朋比。對於小人，他主張施行德治主義的政治。他說：『君子之德風，小人之德草；草上之風必偃』（論語顏淵第十二）但是，這德治主義不外是愚民主義。『子曰：民可使由之，不可使知之。』（論語泰伯第八）

孔子的道德規範是『仁』。孔子最重視『仁』字了。在論語上，他這樣地寫着：

『子曰：富與貴是人之所欲也，不以其道得之，不處也。貧與賤人之所惡也，不以其道得之，不去也。君子去仁，惡乎成名。君子無終食之間違仁，造次必於是，顚沛必於是。』（里仁第四）

子曰：里仁爲美，擇不處仁，焉得知。』（里仁第四）

孔子使這『仁』字包含着非常深廣的意義。

『樊遲問仁。子曰：愛人。問知。子曰：知人。』（論語顏淵第十二）

『子貢問曰：有一言而可以終身行之者乎？子曰：其恕乎？己所不欲，勿施於人。』（論語衞靈公第十五）

『子曰：參（曾子的名）乎！吾道一以行（註）之。曾子曰：唯。子出。門人謂曰：何謂也，曾子

（註）普通讀『一以貫之』；但是武內義雄氏依據淸阮元在揅經室集的述說，讀『貫』爲『行』。

曰：夫子之道，忠恕而已矣。』（論語里仁第四）所以仁也是愛也是恕或忠恕。在學而第一上，他曾借有子的話說：『孝弟也者，其爲仁之本與。』總而言之，仁就是孔子的『道』的根本，士人不能不體得這『仁』字。士人不僅於個人人格的完成上需要『仁』德，在施政上，也必須立脚在仁德上。『子曰：爲政以德，譬如北辰居其所，而衆星拱之。』（論語爲政第二）

孔子是折衷主義者，是中庸主義者。『子曰：中庸之爲德也，其至矣乎，民鮮久之。』（論語雍也第六）這中庸主義隨地都可以發現，如像：『子曰：篤信好學，守死（守至死）善道。危邦不入，亂邦不居；天下有道則見，無道則隱。邦有道，貧且賤焉恥也。邦無道，富且貴焉恥也。』（論語泰伯第八）

孔子極力警戒在下者反對在上者。這種道德，對於奴隸所有者社會，對於封建社會，都有很大的作用的。並且仁的說教也反對階級而主張平等；它是要使上下有顯明的差別，盡量使階級存在下去的。孔子說：『君子有三畏：畏天命，畏大人（天子、諸侯、大夫、）畏聖人之言。』（論語季氏第十六）

君子對於比自己地位高的大人，是畏敬的。

『有子曰：其爲人也孝弟而好犯上者鮮矣。不好犯上，而好作亂者，未之有也。君子務本。本立而道生。孝弟也者，其爲人之本與。』（論語學而卷一）

孔子之所以屢次申說孝弟的原因，大概也已明白了罷。孝弟的思想，雖然是發生於父家長制社會，但是在封建社會它也演着重大的任務。

除了仁之外，孔子也重禮。禮是守自己的本分，不侵犯別人的，這對於維持社會的秩序和上下的階級，是有很大的作用了。孔子是由遵禮可以達到仁的。

『顏回問仁。子曰：克己復禮爲仁。……爲仁由己，而由乎人哉。顏回曰：請問其目。子曰：非禮勿視，非禮勿聽，非禮勿言，非禮勿動。』（論語顏淵第十二）

爲着維持社會的階級秩序，禮樂特別被重視。『他們所最重視的，無疑的是禮樂的學習。禮樂有如說僅僅是以陶冶人類個性爲目的，毋甯說是以奉仕鬼神維持階級制度爲目的。』（岡丈文夫支那史概論上，六〇頁）

社會的上下秩序，必須盡量加以維持。那麼，怎樣辦纔好呢？

『定公問曰：君使臣，臣事君，如之何？孔子對曰：君使臣以禮，臣事君以忠。』（論語八佾

第三）

孔子是非常痛恨擾亂上下的秩序的，例如：

『孔子謂季氏（魯的大夫，）八佾（天子的舞樂）舞於庭。是可忍也，孰不可忍也。』

（論語八佾第三）

孔子主張各階層應該適應其身分。各遵守其本分：

『齊景公問政於孔子。孔子對曰：君君，臣臣，父父，子子。公曰：善哉，信如君不君，臣不臣，父不父，子不子，雖有粟，吾得而食諸。』

孔子對於天及鬼神的態度是怎樣呢？佛爾格說：

『孔子對於神是懷疑論和不可知論的代表者。他否定神的存在，可是也不敢明白地肯定其存在，是彷徨於肯定和否定的中間。……從這個疑問也可以知道他爲甚麼在祈禱時，忌避哀願於神。他曾經罹病，弟子想爲他祈禱於上下世界的鬼神，但他說「丘之禱久矣。」（論語述而第七）可知孔子差不多是不做祈禱的。當其弟子向他乞教神的本質時，他隨時都避免解答。』（中國文化科學概論一七〇頁）

佛爾格這種見解大致是可以承認的。論語上載有：

『子不語怪（妖怪之類，）力（武力，腕力，）亂（叛逆，）神（鬼神。）』（論語述而第七）

『季路問事鬼神。子曰：未能事人，焉能事鬼。』（論語先進第十一）

『樊遲問知。子曰：務民之義，敬鬼神而遠之，可謂知矣。』（論語雍也第六）

這些話證明了佛爾格所說的是對的；但是宇野哲人說：『孔子也同樣信仰天和鬼，墨子等也完全同樣。』（中國哲學概論巧人社版八七頁）這見解也有不能否認的地方。論語上說：『子曰非其鬼而祭之，諂也。』（論語爲政第二）依據這，在他方面便產生了可以『祭其鬼神』的意思。所謂『其鬼』不外是自己的祖先神靈。所以，孔子是相信並且祭祀祖先的靈魂的。孔子確實相信祖先的神靈的存在。論語上有『鄉人儺（驅鬼）時，朝服而立於阼階』（論語鄉黨第十。）這意思是說孔子害怕驅逐疫鬼時起了騷亂，而驚動他祖先的靈魂，所以站在自己祖廟的東階來監視。由此，我們可以知道，孔子還是相信有祖先的神靈存在着的。

孔子畏敬上天。有時把天看爲理法的根源，有時把天人格化，看爲主宰者也把天放到這第二的範疇裏，但也把天看爲是運命的支配者。下面的例子都是把天看爲運命的支配者，看爲宇宙的主宰者的：

『天之未喪斯文也，匡人其如予何。』（論語子罕第九）

『顏回死。子曰：噫！天喪予，天喪予。』（論語先進第十一）

『子曰：天生德於予，桓魋其如予何。』（同上，述而第七）

『予所否（卑陋的心）者，天厭之，天厭之。』（同上，雍也第六）

『獲罪於天，無所禱也。』（同上，八佾第三）

孔子雖然沒有用『上帝』這名詞，可是『天』被他看爲是超自然的力。在『五十而知天命』（同上，爲政第二）中的「天」，也可以看爲理法的天。孔子的合理主義也還未能澈底克服對於宗教的超自然力的存在的信念。

第五節　老子的思想

老子的思想，後來被道教吸收而廣泛地影響於民衆間，所以，老子的思想是非常有興味的。

老子，是楚苦縣厲鄉曲仁里人，姓李名耳字聃（陳柱諸子概論五八頁。）（註）

（註）史記上說是楚人，但是從莊子中所載關於他的逸事看來，好像是宋沛地人（武內義雄中國思想史四九頁。）

據說老子仕於周，爲藏守室（藏書室）史。老子誕生的年代還不明白，一般認爲他比孔子要年長些；但是武內義雄氏說『老子至少應該是比孔子後一百年左右的人。從而老子的年代約與孔子的孫子思和墨子同時，也許比他們都還稍微在後些。』（中國思想史五〇頁）據說老子的道德經是老子死後百年以上才編纂的，所以這大概是戰國時代的中期以後的產物。

老子建立了他獨特的宇宙觀本體論。老子的宇宙原理是「道。」「道」不是神，不是主宰者。它是「實在」它雖然不能夠明白地認識出來，可是是作爲宇宙的根源而嚴存着的。老子說：『道可道，非常道。』（第一章）普通說的道不是常道，即不是永久的道，不是宇宙的本源的道。老子的道和普通人蹈行着的道不同。它是永久不易的常道。他說：

『有物混成，先天地生。寂兮寥兮，獨立不改，周行而不殆。可以爲天下之母。吾不知其名。字之曰道，強爲之名曰大。』（道德經第二十五章）

先天地而生的是道。現象界的萬物是由這種道產生的。所以，道是天下之母。道又名爲大。老子曾各種各樣地對這種道加以說明：

『道之爲物，惟恍惟惚。恍兮惚兮，其中有象。惚兮恍兮，其中有物。窈兮冥兮。其中有精；其精甚眞，其中有信。』（第二十一章）

『道沖。而用之或不盈。淵乎似萬物之宗。』（第四章）

道不是有目的意識而生萬物的，不是像神像主宰者般創造宇宙的。老子的道的特質，在於把萬物的生成看爲無意識的自然發展而運行着的。

『道常無爲，而無不爲。』（第三十七章）

『道生一，一生二，二生三，三生萬物。』（第四十二章）

『生而不有，爲而不持，長而不宰，是謂元德。』（第十章）

道的發展是這樣很自然的。不是被主宰者製造的，是自然地被生成起來的。而且它不把生了的東西作爲自己的所有，不誇耀其成也不想支配它。這是老子的道。道是其自身的存在，隨着自身的法則而運動着。老子說：

『人法地，地法天，天法道，道法自然。』（第二十五章）

雖然在這兒自然有各種各樣的解釋，但是這自然不是今日普通所說的——即是由我們的感覺所認識的——自然，而是『道法其自身』的自然。所以被譯成德語的譯文是很正確的。即"Der Mensch regelt sich nach der Erde, die Erde regelt sich nach dem Himmel, der Himmel regelt sich nach dem Tao, das Tao hat Seine Regel in Sich

Selbst." (Heinrich Hackmann, "Chinesische Philosophie" 六〇頁）

因爲在老子的道上看不出神的存在，所以，老子被認爲是無神論者（陳清泉編諸子百家考一一一頁）但是，這見解是不可靠的。老子的道，結局就是理念（Idea）作爲宇宙的本體而假設，這樣的觀念便顯然是觀念論者，而不是唯物論者。既然不是唯物論者，便不能是澈底的無神論者。

老子在天的觀念上，承認超自然的力，超自然的人格，或超自然的本體。即如：

「治人事天，莫如嗇（有餘而不用盡）」（第五十九章）

「天將救之，以慈衞之。」（第六十七章）

「天網恢恢，疏而不失。」（第七十三章）

「天道無親，（私親）常與善人。」（第七十九章）

老子是士人階級的知識分子。他生存於春秋時代戰國時代之間，備受戰禍，而厭棄當時盛衰無常的世象。於是隱遁的思想支配了他。他的思想是保守的、消極的、獨善的、個人主義的、復古主義的。他屢次考慮逃避危險而使身體安全。他說：

「名與身孰親，身與貨孰多，得與亡孰病。是故，甚愛必大費。多藏必厚亡。知足不辱。知止

不殆。可以長久。』（第四十四章）

知足知止是緊要的。這樣纔也不受辱，也不危身。『不敢進寸，而退尺。』（第六十九章）他教人置身於無爲的境地，這是在亂世的最妙處世法。

『無爲，故無敗。無執，故無失。』（第六十四章）

『聖人被褐懷玉。』（第七十章）

『爲無爲，事無事。』（第六十三章）

『天下之至柔，馳騁天下之至堅。』（第四十三章）

『人之生也柔弱，其死也堅強。萬物草木之生也柔脆，其死也枯槁。故堅強者死之徒，柔弱者死之徒。』（第七十六章）

他想用無爲柔弱，不進而退，不鬪爭，不表現才能於外表，甚麼事也須加以節制的消極主義，救自己於陷於破滅的危險。這也是知識分子的一個典型罷。

他是有反戰的思想的。他說：

『兵者不祥之器。非君子之器。不得已而用之，恬淡爲上。勝而不美。而美之者是樂殺人。』（第三十一章）

『師之所處，荆棘生焉。大軍之後，必有凶年。』（第三十章）

他的政治思想也以「無爲」爲其原則。

『不尙賢，使民不爭。不貴難得之貨，使民不爲盜。不見可欲，使民心不亂。是以，聖人之治，虛其心，實其腹，弱其志，強其骨，常使民無知無欲。使夫知者不敢爲也。爲無爲，則無不治。』（第三章）

『絕聖棄知，民利百倍。絕仁棄義，民復孝慈。絕巧棄利，盜賊無有。』（第十九章）

老子是愚民政策的主張者。他認爲民無智則易治理：

『古之善爲道者，非以明民，將以愚民。民之難治，以其智多。故以智治國，國之賊。不以智治國，國之福。』（第六十五章）

有人說老子是無政府主義者，但這是不正確的。他幷未否定君主的存在。也有人說他的思想是代表原始共產制社會的思想的，但是這也不對。小國寡民的思想，不過是困惑於現實世界的知識分子想求安靜無爲的社會安住地時候想出來的烏托邦。老子說：

『小國寡民。使有什佰之器而不用。使民重死而不遠徙。雖有舟輿，無所乘之。雖有甲兵，無所陳之。使人復結繩而用之；甘其食，美其服，安其居，樂其俗，鄰國相望，鷄犬之聲相聞，民

老死不相往來。』——（第八十章）

第六節　墨子的思想

相傳墨子（墨翟）和孔子同樣是魯人，其生存時代是從西紀前五〇〇年左右到四二〇年左右之間（據井出季和太譯胡適的中國哲學論七七頁此書是“The Dovelopment of the Logical Method in Ancient China”的譯本。）

傳布墨子思想的有墨子一書；但是這書不是全出自墨子的手筆，大半是由其弟子們記錄下來的，後代的別墨派寫的東西也被收錄進去。墨子的學說在先秦時代曾一時很有勢力，和儒教對立着。墨子唱勤勞主義，所以被有些人認爲他是勞動階級的代辯者；可是，這種見解是不正確的。他仍然不外是士君子階級的理想家。

他的思想的特徵，就是宗教的色彩很濃厚。墨子堅信作爲主宰者人格神的天、山水之神、人鬼等是存在着的。在這點上，可以說墨子的思想，比較孔子等的思想宗教氣味還更要濃厚些，從而是更反動的。他明鬼篇實在是想證明鬼神的存在的。在公孟篇上，墨子和儒者公孟論爭鬼神。

公孟雖然否定鬼神，可是不能澈底，所以恰恰和孔子同樣地，暴露出自己的弱點來。

『公孟子曰：貧富壽夭，齰然（錯雜）在天，不可損益。又曰：君子必學。子墨子曰：教人學而執有命，是由命人葆（包髮）而去其冠也。公孟子謂子墨子曰：有義不義，有祥不祥。子墨子曰：古聖人皆以鬼神爲神明而爲禍福，執有祥不祥，是以政治而國安也。』（公孟第四十八）

墨子否定儒者所說的天命，墨子巧妙地奚落了公孟子的有命說。但是，墨子對於祥與不祥的問題，只作了不合理的答案。他雖然假借古聖人皆以鬼神爲能降禍福的神明，所以國安泰等的傳說來申說，可是這既不能證明鬼神的存在，也不能有利於自己的主張。

『公孟子曰：無鬼神。又曰：君子必學祭禮。子墨子曰：執無鬼而學祭禮，是猶無客而學客禮也，是猶無魚而爲魚罟（網）也。』（同上）

墨子確實是抓着了公孟子的弱點。

『儒以天爲不明，以鬼爲不神，天鬼不說，此足以喪天下。』（同上）

用這樣的論法，於墨子是沒有勝利的可能的。

墨子的天是『爲天之所欲者賞，爲天之所不欲者罰』的天。『然則，天亦何欲何惡。天欲義而惡不義。』（天志上第二十六）墨子更這樣的說：

『是故，子墨子曰：戒之愼之，必爲天之所欲，而去天之所惡。曰：天之所欲者何也？所惡者何也？天欲義而惡其不義者也。何以知其然也？曰：義者正也。何以知義之爲正也？天下有義則治。無義則亂，我以此知義之爲也。然而正者，無自下正上者，必自上正下。是故庶人不得次（恣也）己而爲正，有士正之；士不得次己而爲正，有大夫正之；大夫不得次己而爲正，有諸侯正之；諸侯不得次己而爲正，有三公正之；三公不得次己而爲正，有天子正之；天子不得次己而爲政，有天正之。』（天志第二十八）

把天作爲欲義的東西，作爲最高的主宰者，決不是由於受偶然的興致的驅使而想出來的。爲着使合於在這兒被敍述着的目的而想出來的，卽是，是爲着維持那時的階級組織而被產生的天的觀念。所以他曾這樣地說着：

『故天子者天下之窮貴（最上的貴人）也；天下之窮富也。故於（欲也）富且貴者，當天意而不可不順。順天意者，兼相愛，交相利，必得賞。反天意者，別相惡，交相賊，必得罰。』（天志上第二十六）

兼愛主義是墨子的一個重要的說教：

『若使天下兼相愛，國與國不相攻，家與家不相亂，盜賊無有，君臣父子皆能慈孝。如此則天下治。故聖人以治天下爲事者，惡得不禁惡而勸愛。故天相兼相愛則治，交相惡則亂。故子墨子曰：不可以不勸愛人者也。』（兼愛上第十四）

『然則兼相愛交相利之法，將奈何哉？子墨子曰：視人之國，若視其國；視人之家，若視其家；視人之身，若視其身。是故，諸侯相愛，則不野戰；家主相愛，則不相簒；人與人相愛，則不相賊。』（兼愛中第十五）

墨子從兼愛主義和功利主義出發，就當然產生非戰的思想。墨子生存於從春秋末期到戰國時代，所以親切地感到了戰爭的慘禍。所以他說：

『今至大爲攻國，則弗知非，從而譽之，謂之義。此可謂知義與不義之別乎？殺一人謂之不義，必有一死罪矣。若以此說往殺十人，必有十死罪矣。殺百人，百重不義，必有百死罪矣。當此天下之君子，皆知而非之，謂之不義。』（非攻上第十七）

墨子又主張節用，——卽主張儉約主義。從而，反對儒家的厚葬，而主張節葬。他又主張非樂，卽反對生產爲音樂所防害，而流於淫逸。

墨子從士人階級的立場，力說應該登用賢人。『是故，國有賢良之士衆，則國家之治厚；賢良之士寡，則國家之治薄。故大人之務，將在於衆賢而已。』（尙賢上第八）他也這樣地說着：

『故古者聖王之爲政，列德而尙賢。雖在農與工肆之人，有能則擧之；高予之爵，重予之祿，任之以事，斷予之令。曰：爵位不高，則民弗敬；蓄祿不厚，則民不信；政令不斷，則民不畏。擧三者授之賢者。』（尙賢上第八）

『以德就列，以官服事，以勞殿賞，量功而分祿。故官無常貴，而民無終賤。有能則擧之，無能則下之。』（同上）

和舊貴族對立的作爲新勢力而擡起頭來了的士人階級，想得到官職，想在支配階級內確立其地位。墨子在這樣的情況中，也演了這種士人階級的意識形態的任務。

墨子又辯護自己的知識分子的立場，他說：

『魯之南鄙人有吳慮者，冬陶（作陶器）夏耕，自比於禹。子墨子聞而見之。吳慮謂子墨子曰：義耳！義耳！焉用言之哉？子墨子曰：子之所謂義者，亦有力以勞人，有財以分人乎？吳慮曰：有。子墨子曰：翟嘗計之矣。翟慮耕而食天下之人矣，盛（拚命地作）然後當一農之耕。分諸天下，不能人得一升粟。籍而於爲得一升粟，其不能飽天下之飢者，旣可睹矣。翟慮織而衣天下之人矣，盛然後當一婦人之織。分諸天下，不能人得尺布。籍而以爲得尺布，其不能煖天下之寒者，旣可睹矣。……翟以爲莫若誦先王之道而求其說，通聖人之言而察其辭，上說王公大人，次（說）匹夫徒步之士。王公大人用吾言，國必治；匹夫徒步之士用吾言，行必修。故翟以爲：雖不耕而食飢，不織而衣寒。功賢於耕而食之織而衣之者也。故翟以爲：雖不耕織乎，而功賢於耕織也。』（魯問第四十九）

知識分子的自大是從這時代已經開始有了的現象。可以知道這眞是來源久遠的。

第七節　其他各家的思想

一　孟子

孟子（名軻）於西紀前三七二年左右生於魯鄒邑。據說是受業於孔子的孫子思的門下。也像孔子樣，曾一度周遊諸國而欲仕於明君；但是終於轗軻不遇，晚年專門從事門人的教育。他死於西紀前二八九年左右。

孟子生於墨子思想和楊子思想還很有勢力的時代。他排擊楊朱、墨子，想推傳孔子的遺教。孟子倡性善說。武內義雄氏認爲：『孟子的性善說不過是改造孔子的天命說而成的。』孟子說：『無惻隱之心，非人也。無羞惡之心，非人也。無辭讓之心，非人也。無是非之心，非人也。惻隱之心，仁之端（根本）也。羞惡之心，義之端也。辭讓之心，禮之端也。是非之心，智之端也。人之有是四端也，猶其有四體也。』（公孫丑章句下）這是所謂孟子的四端說。總之，他認為人生來便備着這四端，所以只要擴充這四端就好了。『仁義禮智，非由外鑠（鍍金）我也。我固有之也。弗思耳矣。故曰：求則得之，舍卽失之。』（告子章句上）他把仁、義、禮、智，看成是人類先天具備着的德性，而在這兒孟子的良知良能說，又被產生出了。卽是：『人之所不學而能者，其良能也。所不慮而知者，良知也。孩提之童，無不知愛其親者。及其長也，無不知敬其兄也。親親，仁也。敬長，義也。無他。達之天也。』（盡心章句上）結果，把人類的性和天結合起來了。『盡其心者，知其性也。知其性，則知天矣。存其心，養其性，所以事天也。』（盡心章句上）

發生於父家長制社會的親親和敬兄的德性，由仁、義、禮、智的封建的士人階級的道德立場來看是被認為是先天的。假設四端和良知良能般的心理作用，而把它看為人類固有的，先天的，這種看法的根據是很薄弱的。

孟子仍然從士人階級的知識分子的立場，作為所謂勞心階級。而辯護着其特殊的地位。卽是：『有大人之事，有小人之事。且一人之身而百工之所為備，如必自為而後用之，是率天下而路（奔走於道路）也。故曰：或勞心，或勞力。勞心者治人，勞力者治於人。治於人者食人，治人者食於

人，天下之通義也。』（滕文公章句下）

二　楊朱

楊朱名朱，字子居。其生存年代不詳。僅僅在列子的楊朱篇上，載着楊子和墨子的弟子禽骨釐的問答。老子的語句中，墨翟也被引證了出來。又孟子上有『楊朱墨翟之言盈天下，天下之言不歸楊則歸墨。』（滕文公章句下）所以，顯然是楊朱生在老子後，約和墨子同時，或者稍後而在孟子（註）之前。

楊朱沒有遺下系統的著書；但是，莊子韓非子上，載着他的學說，在列子上也載着楊朱篇。

楊朱的思想也是代表從戰亂時代的支配階級中釀出的一種思想。仍然不外痛感人類生命的寶貴，對於如何能夠保全其生命，如何過充實而幸福的生活的問題，指示了一種生活態度。楊朱的生活態度，決不是正確地健在的，是具着頹廢的保守的傾向的，可是還是有着一面的真理。楊朱說：

『太古之人，知生之暫來，知死之暫往。故從心而動，不違自然，所好當身（肉體）之娛，非所去也。故不爲名所勸。從性而游，不逆萬物所好，死後之名，非所取也。故不爲刑所及。名譽

（註）在上野菊爾東洋文化史上（一〇一頁），楊朱的生存年代被寫爲西紀前四四〇——三六〇年間。

先後，年命多少，非所量也。』（列子楊朱篇）

『曰：可在樂生，可在逸身。』（同上）

『楊朱曰：生民之不得休息，爲四事故。一爲壽，二爲名，三爲位，四爲貨。有此四者，畏鬼，畏人，畏威，畏刑。此之謂遁人也。可殺，可活，制命在外。不逆命，何羨壽。不矜貴，何羨名。不要勢，何羨位。不貪富，何羨貨。此之謂順民也。天下無對，制命在內。』（同上）

最引起我們的興味的是：楊朱是唯物論者，在中國思想史上的最澈底的唯物論者。楊子借平仲的嘴說：『平仲曰：既死，豈在我哉。焚之亦可，沉之亦可，瘞（埋）之亦可，露之亦可，衣薪而棄諸溝壑亦可，袞衣繡裳而納諸石椁亦可，唯所遇焉。』（同上）這顯然是完全不相信死後靈魂存在的人所說的話，是明確地意識到生命也隨着肉體的死而消滅的人們纔會說出這樣的話的。楊朱又說：

『身固生之主，物亦養之主。』（同上）

這意思是說：人今日生存着，是因爲有身，身之外，完全沒有甚麼主。因爲身生了，也自然有了心。捨身外，無生之主。而物卽是五穀和衣類，主要是用了養活生命的（據漢籍國字解全書第九卷、列子、二七一頁的解釋。）

從這看來，可以知道楊朱是徹底的唯物論者了罷。

佛爾格也說：『楊朱不能不認爲是唯物論的最古的代表者』（中國文化科學概論一三二頁。）

三　莊子

莊子名周，字子林。宋蒙（縣名）人，據說曾爲漆園（城名，今河南省歸德縣）吏，是比孟子稍後的人（武內義雄中國思想史九四頁。）大概生存於西紀前三七〇年到二九八年間（陳杜諸子概論六九頁。）

現在有莊子三十三篇殘留着，這三十三篇被分爲內篇七，外第十五，雜篇十一。其中內篇大體是莊周直接寫的，其餘都是後人增加的。但，是也有人說在內篇中也混進了些很新的文章（武內義雄中國思想史九五頁。）又雜篇中的天下篇，也有人說是莊子自己作的，也有人說不是的（陳杜前書七四頁。）但是，總之，莊子的中心思想可以說盡於齊物論篇、養生主篇、逍遙遊篇等上了（武內義雄前揭書，九五頁。）

齊物論講天地同根萬物一體的道理（漢籍國字解全書第九篇，莊子一八二頁。）即是主張天地間的萬物，存在於相互的關係上，而成爲一體。然而因爲人們沒有看見：『彼出於是，是亦因彼」（齊物論）的相互關係，所以產生出是非的爭論，而成爲無端的迷妄。於是，莊子說：

「是亦彼也。彼亦是也。彼亦一是非。此亦一是非。果且有彼是乎哉？果且無彼是乎哉？彼是莫得其偶（對立），謂之道樞。樞始得其環中，以應无窮。是亦一無窮。非亦一無窮也。故曰：莫若以明。」（齊物論）

莊子的宇宙觀，曾被認爲是辯證法的（渡邊秀方中國哲學史概論一七七一八一頁）。此說究竟是否正確呢？莊子誠然看見了矛盾和對立，沒有看見在矛盾和對立中的發展的統一；莊子所謂的道樞，是把矛盾和對立消解了的統一。莊子說：「其分也成也。其成也毀也。凡物无成與毀，復通爲一。」（齊物論）這顯然是把矛盾消解了的統一。又有「天地與我並生，而萬物與我爲一。」在這兒天地和我被放在廉價的統一上了。

莊子的生活態度，是代表在亂世首先考慮應該怎樣保持身體安全的人們的思想。莊子說：「爲善无近名，爲惡无近刑，緣督以爲經，可以保身，可以全生，可以養生，可以盡年。」（養生主）

四　荀子

荀子名況，字卿，趙人。是比孟子後生的儒者，其死期被推定爲西紀前二三〇年左右。齊威王宣王時代，王厚禮聘招學者，多數學者來集於齊都，居於稷下。當鄒衍田駢等稷下學者都死了的時候，荀子在齊爲老師。但是，後受讒言去齊往楚，春申君以爲蘭陵令，至春申君被殺，而被廢官，但是他就在那兒過了他的晚年。著書有荀子一部，但是被收於其中的各篇，是否全由荀子手寫的還是疑問。其中，可以代表荀子的思想的，有非十二子，富國，禮論，天論，解蔽，正名，性惡等諸篇。

荀子對於天，全沒有敬畏的觀念。關於天，荀子這樣地寫着：

『天行有常，不爲堯存，不爲桀亡。應之以治則吉，應之以亂則凶，彊本（農事）而節用，則天不能貧。養備而動時，則天不能病。修道而不貳，則天不能禍。……』（天論篇）

由這看來，便知道，荀子全然不把天看爲支配人事的東西。天未具有干涉人類的力量，人類由自己的努力可以開拓運命。人事的吉凶禍福，不是天所預知的。荀子不承認天支配人事，支配人類的命運；即是否認主宰的天，有意志的天。佛爾格也這樣說：『依據荀子的思想，天不過是盲目地活動着的自然力，所以，天當然不能干涉人類的生活的。天全然是無意志的，所以天不能夠爲了借運命的形式來實行自己的意志，而簡單地排除束縛着自己的永久的法則。只有人類自己由自己的行爲創造的命運是存在的（中國文化科學概論一五五頁）在這兒，佛爾格確實地斷定：『天不過是盲目地活動着的自然力；』但是，我認爲荀子還不至於是這樣澈底的唯物論者。由已經引用了的荀子的文章，可以看出，荀子在把天作爲物質的自然力處理的時候，也還是殘留着很濃厚的神祕的要素。總令人覺得在那兒還留着自然力以上的某種的臭味。所以我認爲荀子不是澈底的唯物論者；但是，他確實具有強大的唯物論者的傾向。

荀子還有對迷信戰鬭的無神論的傾向。荀子說：

『星墜木鳴，國人皆恐，曰「是何也？」曰「無何也，是天地之變，陰陽之化，物之罕至者也。怪之可也，而畏之非也。夫日月之有蝕，風雨之不時，怪星之黨見，是無世而不常有也。上明而政平，則是雖竝世起，無傷也。上闇而政險，則是雖一無至者，無益也。』（天論篇）

『「雩而雨何也？」曰「無何也，猶不雩而雨也。」』（天論篇）

荀子甚至想征服天，而使之有用於人類。他說：

『大天而思之，孰與物畜而制之。從天而頌之，孰與制天命而用之。望時而待之，孰與應時而使之。……』（天論篇）

荀子尊重周公孔子，以儒者自任。但是反對子思和孟子。特別是反對孟子的性善說，而建立了性惡說。荀子說：人類的本性是欲，是好利，所以爭奪生而辭讓亡，殘賊生而忠孝亡。所以人性是惡，其善者僞也（性惡篇。）於是他認爲：因爲是性惡，所以不能不以教化、禮義矯正之。

五　陰陽家、別墨派及法家

A 陰陽家

在戰國時代，陰陽五行說很盛行。在社會不安的時代，迷信的盛行是不足怪的。陰陽說是想由陰陽二氣的消長來預斷人事的吉凶的。此外，想結合五行的相生相尅說，而說明判斷複雜的人事。即是，以五行的相生、相尅，論人事的順逆，斷吉凶，說禍福。這種陰陽家是儒家的別派（陳清泉編；諸子百家考。）比孟子稍後的齊的鄒衍（騶衍，）盛唱陰陽五行之說。他以外的陰陽家還有騶奭，魯的梓慎，鄭的裨竈。漢代儒者董仲舒、劉向、劉歆等大受這陰陽思想的影響。

B 別墨派

別墨派也被稱爲名家。雖然一部分是出自墨子的系統，可是，和墨子不同，是開拓了論理學的新道路而另爲一派的。此外，這一派對於科學方面也很有興趣。他們考究了演繹、歸納等論理方法。惠施、公孫龍是這派的有名人物。惠施是西紀前四世紀的人，爲梁惠王的宰相。這派確實也是賣弄無益的詭辯的。

C 法家

法家的學說，是今日的所謂法律政治學。在戰國時代，法家的發生決不是偶然的。應該怎樣使國家富強怎樣治理人民。對於當時的國家，是很重大的問題。關於這方面的學說的產生。也是當然的了。申不害、商鞅、韓非子等，就是代表着當時的法治主義思想。

申不害鄭國人出身微賤；但是仕於韓昭侯而爲宰相。死於西紀前三三七年。他的學說，能夠在荀子的解蔽篇，韓非子的定法、外儲、說左右諸篇中窺見。韓非子定法篇上有：『申不害言術，公孫鞅爲法』所謂術，是君主治民的術。申不害主張爲國君者，對其臣下，不挾私情，應完全以冷靜的態度臨之。只要稍微表示內心的間隙，臣下便要不懷好意了。若果把好惡的情緒表現於表面，臣下便立刻想迎合你的心理了。所以，人君不可使臣下看透內心，這便是君主對臣下的術（渡邊秀方中國哲學史概論二七三——四頁。）

商君是衞的庶公子，姓公孫名鞅。於西紀前三三八年被殺。著書現在有二十四篇；但是，據說這不是商鞅自己著的，而是出於後人的僞託。

商君爲着使秦富強，採取了法治主義。商鞅主張重農主義的富國方法。他主張加重關稅和租稅，禁止人民奢侈，強制遊食者就農業，使商人人數減少而使農民人數增多，使人民勤於開墾土地而分家，廢井田法而開阡陌，施行信賞必罰等政策。於是秦便富強了，

韓非子是韓的公子。據說和李斯一道就學於荀卿。韓非子爲韓王使者往秦，被李斯所暗算而死於非命。這是西紀前二三三年的事。現在有韓非子五十五篇，但是，其中好像也有後人增加

進去的東西。

韓非子以爲要治理人民，必須法術。這法術不外是把申不害和商鞅的學說聯合起來的東西。「因爲所謂術是人主御臣下的權柄，所謂法是治民的憲令。術祕於人主的心而不可示於外；可是，法不能不使賞罰明示於人民。但是法是應該隨世變而變化，並不是固定的東西。」（武內義雄中國思想史一二二頁）

第三篇

第七章　官僚的中央集權的封建制的成立時代

第一節　秦朝的統一

在春秋時代的初期，包含周代的同姓國，異姓國，附庸國，蠻夷各國，共有百六十餘國（森谷克己「中國社會經濟史」一四四頁）；但是到了戰國時代，不絕地發生戰爭的結果，多數國家被滅亡了，小國雖然還有些殘存着，可是主要的都被併吞於楚，韓，魏，趙，燕，齊，秦等七強國，形成了七強國間的對立鬭爭狀態。西紀前二四九年，周被滅亡。西紀前二二一年，除秦以外的六大強國中最後剩下的齊國也被秦滅亡了。於是秦始皇完全統一了中國。秦所以能夠統一天下，是由於老早就採取了富國強兵的政策，而地理上又占着優勢。此外，當時匈奴以一大統一的勢力而擡頭起來，也促進了秦的統一中國。

秦孝公時（西紀前三六一——三三八年）起用商鞅，大事改革；因此奠下了富國強兵的基礎。關於商鞅的法治主義政策，已經敍述過一次了，這兒引用「史記」來補充一下吧！

「以衞鞅爲左庶長，卒定變法之令。令民爲什伍，而相收司連坐。不告姦者腰斬，告姦者與斬敵首同賞，匿姦者與降敵同罰。民有二男以上不分異者倍其賦。有軍功者各以率受上爵。爲私鬭者各以輕重被刑。大小僇力本業耕織，致粟帛多者復其身。事末利，及怠而貧者舉以爲收孥（沒收爲官家奴婢）宗室非有軍功論，不得爲屬籍。」（商君列傳第八）

再者，秦國由鄭國渠及其他灌溉設施大大地增高了農業的生產力，這也使秦國具備了有利的條件。

秦土地廣大，人民稀少，而且多是未開墾的土地；所以鼓勵他國人民移往，大大地努力於十地的開墾；當時尚殘存於秦的井田法，(註)因爲已經成了阻礙農業生產力發展的關係，所以被廢止了。開阡陌——即田間的道路——允許變更舊有的耕地區劃和土地的自由買賣制度。而

(註)井田制是否存在過，是現在還是未決定的問題；如果是存在過的話，一般認爲是在春秋時代，秦是邊地，所以當時也許還行着井田制也未可知。

且採取了物品地租來代替勞役地租。商鞅以來的這些經濟政策，大大地使秦富強起來了。

此外，我們也不能忽視了秦始皇是完成這偉業的最適當的人物。

秦朝統一了中國，使分天下為三十六郡，而施行郡縣制度每郡置守（文官）尉（武官）監（監督官）等官。

秦朝並且努力于極端的中央集權化。

自從春秋戰國時代以來舊貴族雖然還繼續存在，可是已經漸漸沒落下去了。士人階級擡頭，為官僚代替舊貴族而握住了政權。秦國老早使用百里奚商鞅等人材當政治的要樞，而壓抑了舊貴族的勢力。秦始皇帝先遷天下富豪十二萬戶於咸陽（史記秦始皇本紀第六。）又為了使中央政權強力化，『收天下兵（軍器），聚之咸陽，銷以為鐘鐻金人（銅的人像）十二，』（史記同上）他又統一了度、量、衡和幣制。貨幣分為金幣和銅幣兩種：以黃金二十兩重的『鎰』為上幣，以半兩重的銅錢為輔幣。（蔡雪村中國歷史上的農民戰爭上，四四頁）他又圖謀統一思想言論，甚至於焚書坑儒。史記上這樣地寫着：

『承相李斯曰：「……今諸生，不師今而師古，以非當世，惑亂黔首（人民）……人善其所私學，以非上之所建立。……如此弗禁，則主勢降乎上，黨與成乎下。禁之便。請史官非秦紀皆燒之。非博士官所職，天下敢有藏詩書百家語者，悉詣守尉，雜燒之。敢有偶語詩書，棄市。以古非今者族，吏知而不舉者，與同罪。令下三十日不燒，則黥爲城旦（徒刑每朝出而築城故云。）所不去者醫藥、卜筮、種樹之書。若欲學法令，以吏爲師。」制曰：「可。」」（同上）

秦始皇帝謂諸生妖言惑亂黔首，所以，坑四百六十餘人於咸陽。壓迫言論達到了極點。

中國的統一，爲商業開闢了一條新的發展道路。此外道路的修築和漕運的大開，也便利了商業的發展。

在戰國時代，和北方的番族接境的秦、魏、趙、燕等國，各自無聯絡地爲自己建築了長城。現在秦始皇帝把它連絡起來，築成了從甘肅省的臨洮到山海關的所謂「萬里長城」。秦始皇帝完全阻止了匈奴的進出。

秦朝的勢力那時已達到了嶺南地方，西紀前二一四年取陸梁地方，置桂林、象郡、南海三郡。桂林是廣西省，象郡是東京，南海是廣東（岡崎文夫「中國史概論」上，九〇頁。）

第二節　農民的叛亂與秦朝的滅亡

秦朝的時代已經出現了很多的富豪。「史記」上這樣地寫着：——

「倚頓用鹽鹽起，而邯鄲郭縱鐵冶成業，與王者埒富。……巴蜀寡婦清，得其先丹穴（丹砂坑）而擅其利數世，家亦不訾。」（貨殖列傳第六十九）

在這兒我們大概可以看見商業資本的發達了。商業資本的發達要求土地的自由買賣，而且結果是可能地實現了。土地不單是被商人收買兼併，官僚和新貴族也在進行兼併土地的工作。耕作的農民失掉土地，不能不從生產過程脫離而過流浪的生活。於是流民數愈益多起來了。當時租種地主的土地的小佃農，要繳納收穫物的五成作地租。隨着土地的兼併，耕作者的田便減少起來了，因此人頭稅被徵課了，一切的課稅也都加重了。『秦田租、口賦、鹽鐵之利二十五倍於古，或耕豪民之田，見稅十五（言貧人無田而耕豪富家之田，十分之中以五分輸田主也。）』（據文獻通考田賦考——蔡雪村，前書六七頁）此外，農民還要被拉出去做徭役勞動，和從事兵役。

築萬里長城便使役了三十萬人。五十萬人被派遣到嶺南去當守備兵。此外，史記上寫着『隱宮徒刑者（被宮刑者）七十餘萬人，乃分作阿房宮，或作酈山，發北山石槨，乃寫蜀荊地材皆至。關中計宮三百，關外計四百餘。』（秦始皇本紀第六）七十餘萬人也許有點誇張；但是，總而言之，秦朝的大興土木建築事業，顯然使役了多數的民衆。

史記裏又有這樣的記事『有墜星下東郡，至地爲石。黔首或刻其石曰：「始皇帝死而地分。」始皇聞之，遣御史逐問，莫服。盡取石旁之人誅之，因燔銷其石。』（秦始皇本紀第六）由這可以看出沒有土地的農民的心情了。這樣的心情使人懷着這樣的希望：如果秦始皇早死了，土地便要被劃分，土地便可到手了。這件事同時又表示了農民的深怨。

不堪壓迫的農民終於起了叛亂。農民叛亂在陳勝、吳廣的指導下面，一度起來了以後，便及於各方面。陳勝字涉，是陽城（河南省）的農民。少年時代，是爲人做工的貧民。吳廣是陽夏（河南省）人。秦朝在二世元年（西紀前二〇八年）七月，徵發住閭門左側的貧民，往漁陽（河北省）守邊疆，可是九百個被派往的人駐屯在大澤（安徽省）的時候，遇大雨，道路不通，因此不能按期到達目的地了。可是，如果不按期到達，依法都必須被處死刑。於是，陳勝便和吳廣商量，遂決定率衆起叛亂了（史記陳涉世家第十八）

叛亂的最初情形，據說是農民『斬木爲兵，揭竿爲旗。』可是到陳地時，便成了『車六七百乘，騎千餘，卒數萬人。』（史記陳涉世家）陳涉遂立爲王。山東各郡縣少年，有很多凡苦於秦吏者，皆殺其守、尉、令、丞等秦朝的官吏，來響應陳涉。

陷於逆境的舊貴族和地方豪族，乘着農民叛亂的機會，也舉起了叛旗；項羽是舊貴族出身，劉季是地方小豪族。

史記上有：『秦令少府章邯免酈山徒人奴產子，悉發以擊大楚軍，盡敗之。』（陳涉世家）這樣看來，秦朝曾經解放役徒和奴隸爲卒，並且擊敗了叛軍。

陳涉的壯圖是失敗了，他不久便被殺。這次的豪族和貧農（秦朝方面稱爲羣盜）的叛亂，結局被劉邦所結束了。他以貧農的叛亂爲踏臺，而獲得了政權。

第三節　前漢的興起及其滅亡——赤眉之亂

劉邦由亭長出身，巧妙地利用農民暴動的波濤，造就了自己的地位，遂成爲皇帝，安置下了西漢（前漢的基礎，秦末以來內亂繼續了八九年；所以農民多數離開土地而流亡，勞動力因而大感不足，土地完全歸於荒廢。沙發洛夫說：『中國所有的王朝交替都產生了廣大地域的荒廢和經濟的衰退，』（早川二郎譯中國社會史一三六頁）漢朝採取了繁殖人口和召喚流亡農民回到土地的政策。在漢朝，農業的生產力便被提高了。鐵器從戰國時代已經被使用爲農具了；但是到西漢時，愈益被廣泛地採用了。用牛耕種也漸次被施行了。文帝時代（西紀前一七九——一五七年）和武帝時代（西紀前一四〇——八七年）作了很多灌漑和治水的設施。

工業方面，武帝時施行鹽鐵國營，在各地設製鐵廠煮鹽廠，原來經營鹽鐵業的就充當這些官設工廠的管理人。中央和地方都設立由政府管理的製造綢緞品的工廠。在長安有東西綢緞廠。據說前漢末只是山東臨淄的一個工廠就使用了數千工人，（岡崎文夫中國史概論上一〇六頁）漆器也已開始製造了，長安有漆器製造廠三個。據說四川省廣漢郡（成都附近）的工廠和中央的工廠規模最大，（同上書一〇七頁。）造紙雖然據說是在後漢和帝時纔被發明，可是實際上在這以前，紙已經被製造了，（森谷克己前揭書一七二頁。）酒也曾經一時收爲國營，但是後來准許私營，而徵收相當的捐稅。

商業雖然也顯著地發達了，可是政府屢次採取壓制商人的政策。例如：商工業者的弟子不能做官吏和禁止商人私有土地等。船車也課稅了。此外有所謂的「算緡錢，」這就是對商工業者的課稅。若果商工業者隱瞞其財產時，便告發之而沒收其財產，降之爲奴隸。不僅國內貿易發達了，國際貿易也已經在進行着。中國的綢緞，雖然不是經過中國商人的手，可是已經被運到羅馬了。

貨幣方面，漢朝因爲秦錢重而不便，所以令民鑄小莢錢。貨幣雖然起初允許諸侯和商人自由鑄造，可是後來成了政府的獨占，而鑄造了五銖錢。政府獨占貨幣鑄造權，是中央集權化政策的顯著的表現。

漢代還存在着多數的奴隷。他們雖然也有不少在各生產部門中勞動的，可是主要的是飼養狗馬等禽獸，和從事於雜役。據說元帝時官奴婢是十餘萬。此外，從諸王侯起，官吏和商人們也有多數奴婢。這些奴隷，雖然主要是家庭奴隷，奢侈奴隷，可是從事於工商業者也相當的多（吳景超西漢奴隷制度；食貨，民國二十四年八月十六日刊。）（註）

漢朝因爲分封創業的功臣和同姓的親近者爲王，所以封建貴族的領地也和郡縣制並存着了。後來這成了漢朝的禍患，所以纔漸漸地消滅了封爲諸王的功臣，對同姓的諸王，也採取了奪其實力的方針。因此西漢景帝武帝以後，使諸王不能治理人民，而由中央政府直接派官吏治理。這樣，中央集權化更被推進了。

漢初徵收十五分之一的田稅，但是景帝時改爲三十分之一。這種減少田租的政策，表面上

（註）據說在豪富商人地主的大土地所有下面，形成了叫做「徒附」的農奴式勞動（王宜昌中國奴隷史附論——讀書雜誌第二卷第七八期合刊）。

是減輕農民的負擔，使他們的生活安定，但是實際上對於農民沒有甚麼利益，有利益的只是地主。土地差不多都被地主兼併了，農民失掉了土地只能耕種地主的土地了。佃農必須繳納其收穫的五成於地主。漢朝還徵收人頭稅。此外，還有一種算賦——即丁賦，凡是在十五歲以上五十六歲以下的人民，每年徵收百二十錢（黃君默兩漢的租稅制度，——食貨民國二十五年三月一日刊。）此外還有徭役從二十歲到五十六歲以下的，每年必須服務一個月的徭役；設若以金錢代替，一個月的徭役應納錢二千。

深刻化起來了的社會矛盾，要求一種解決的辦法。於是，王莽出現了。王莽以前，儒者董仲舒等已經主張限田，但是未被採用。王莽是漢朝的外戚，後來把國家的政權握在自己底手裏，而想決行改革。王莽想着手的各改革的主要點，大致如下：改土地爲公田（想施行井田制，）禁止買賣土地；一家男子不滿八口，有田一井（九百畝）以上的，使分餘田與九族和鄉黨，給無田的男子每人田百畝；鹽鐵和其他主要製造業爲國營，計劃調節物價，把奴隸作爲公有而禁止買賣。要之，王莽的改革，不外想稍微壓抑地主和商人方面而緩和農民的不平，這樣的改革的目的，結局不外是王莽想維持自己政權。

地主自然是不願意土地被限制而反對王莽。老早被飢餓逼迫着的農民，也不能等待這不可靠的空頭的改革支票。深刻起來了的矛盾，終於不能不爆發了。

這時湖北地方偶然起了大飢饉，所以從那地方就起了叛亂。飢饉的程度非常深刻，後漢書上寫着：『時百姓飢餓，人相食。黃金一斤，易豆五升。』（馮異傳）又寫着：『時三輔大飢，人相食。城郭皆空，白骨蔽野。』（劉盆子傳）飢饉的地域想來是非常廣泛，所以被稱爲『關東大飢。』關於飢民的情形，前漢書上有：『連年久旱，百姓飢窮，故爲盜賊。』（王莽傳）又有『流民入關者數十萬人。』（同書）

這時，瑯琊人樊崇在山東莒縣領導農民起來暴動。最初參加莒縣農民暴動的還不過百餘人。但是樊崇在暴動的羣衆中非常勇敢，於是羣衆爭着到他的下面；所以一年中間便達到了一萬餘人。他的同鄉逢安和東海人徐宣謝祿等，領導多數農民羣衆，參加到他的下面，（薛農山中國農民戰爭之史的研究七六頁。）這些叛亂的農民軍，爲着容易和官軍識別，都用赤色塗眉，因此得了「赤眉」的名稱。赤眉以外的各地的農民祕密組織也受赤眉暴動的影響而起來了。這些農民團體，被呼以地名和物名等。依據後漢書光武本紀有銅馬、大彤、高湖、重連、鐵脛、大槍、尤來、上江、清犢、五校、檀鄉、五幡、五樓、富平、獲索等名稱；在赤眉銅馬等的領導下面聚集了百餘萬暴動的農民羣衆。

但是，農民叛亂有種種的缺點。在赤眉底下發動暴動的山東農民，剛剛離開故鄉往河南前進，便已經懷戀故鄉而想回去了。而且農民還不適宜於形成強固的組織。關於應該樹立怎樣的政權也沒有甚麽定見。這種缺點，結局不外爲野心家所利用。赤眉戰爭的成果，結局也被劉秀（光武帝）收去了。後漢王朝藉着農民暴動的弱點，在歷史舞臺上登場了。農民不能不以在王朝初期的稍微緩和了的搾取狀態爲滿足了。

此外，在前漢也有過農民暴動。漢書成帝紀上有「成帝陽朔三年（西紀前二十二年）夏六月，潁川銀官徒（官奴隸）申屠聖等百八十人，殺長吏，盜庫兵，自稱將軍，經歷九郡。」又寫着：「永治三年（西紀前一四年）十二月，山陽鐵官徒蘇令等二百二十八人，攻殺長吏，盜庫兵，自稱將軍，經郡國十九，殺東郡太守，汝南尉。」（漢書成帝紀）這些都可以看爲是奴隸的反抗罷。

第四節　後漢的衰亡和黃巾之亂

後漢時代，班超努力經營西域，所以能夠把漢的勢力伸張到西方，開闢了中國和西方的交通，貿易也興盛了。但是無論從那方面看，後漢時代却未發展到前漢以上。總之，後漢不是前漢的延長，而且是降低了水準的延長，馬非百氏說：

『後漢商業較諸前漢，從各方面考察，都似乎有退化的樣子。農村經濟，完全破產，農民的赤貧化與流亡的衆多，亦爲歷史上所罕見。貨幣的數量減少，黃金幾乎絕迹，殆有復返於自然經濟的景象。』——（秦漢經濟史資料——食貨民國二十四年十月十六日刊）

宦官和外戚的鬭爭，在前漢已經表現出來，但是到了後漢越更顯著了，這不外暴露了封建的專制君主制的腐敗。在各地，豪族跋扈，貧富懸隔愈甚，農民多離開土地而流亡。

此外後漢又發生了羌人的叛亂，安帝時，羌族的叛亂達到了甘肅、山西、四川、河北，延長十四年之久，用軍費二百四十億（一億卽十萬）（馬非百秦漢經濟史資料——食貨民國二十四年十月十六日刊。）其後，永和末也有叛亂，到後漢末更甚。前漢數十年間，總計用軍費七千萬緡（松田壽男・野原四郎東洋史序說三七頁。）在這樣的情勢底下，搾取只有愈益苛刻，人民只有愈益窮乏，而國家的財政陷於破滅的狀態了。因此發生了所謂「羣盜」蜂起的景象。

後漢的農民騷動開始於安帝的永初元年（西紀一〇七年。）但是從安帝到順帝的十七年間，農民騷動還比較稀少，其後農民騷動便連續發生了，參加的羣衆以數千計，地域除黃河流域和揚子江下流沿海一帶以外，差不多及於全國（蔡雪村，前揭書，一六四頁。）紀元一八四年

（靈帝中平元年）遂引起了黃巾之亂。

黃巾之亂的指導者是張角。張角是山東鉅鹿縣人，是叫做太平道一派道教的創始者。奉黃老，以符水治病，利用這迷信在下層社會中得到了多數的信奉者；十餘年間達數十萬人。據說當時青州、徐州、幽州、荊州、揚州、兗州、豫州等地方的民衆，都在張角的勢力之下。（後漢書皇甫嵩傳）

張角看到了過去農民叛亂的失敗在於無組織，所以計劃造成軍隊般的組織。因此，設三十六方，大方萬餘人，小方六七千人。然而將要舉事的時候被別人向政府告密，因此他的同黨馬元義被捕遭車裂。此外信奉張角的太平道的民衆也有一千人被捕殺。因此，張角已經不能躊躇，被迫舉起叛亂。他的部下以頭纏黃巾爲標計，所以被稱爲黃巾賊。當時，除黃巾以外，存在於各地的農民暴動團體，數目也相當的多；這些團體多的二三萬人，少的六七千人。支配階級以殘酷的太屠殺，來鎮壓農民的叛亂：皇甫嵩和朱儁率領官軍，從事極力鎮壓；張角張梁張寶三兄弟末後都被皇甫嵩的官軍殺了。據說：皇甫嵩和朱儁的官軍前後殺死了的民衆，共達三十萬人以上（「後漢書」「朱儁傳」）黃巾的叛亂繼續了十年，到獻帝四年（西紀一九三年）纔被平定了。

黃巾之亂被平定後，也還有過多數的農民暴動的團體。張角死後，張燕作爲農民暴動的領導者而顯露了頭角。張燕敏捷，所以被稱爲張燕。聚集在他下面的叛民差不多達百萬，被稱爲黑山賊。後來在獻帝建安十年（西紀二一五年，）張燕率領他的徒衆投降了曹操。

此外在蜀地五斗米道（也叫作天師道卽道教）的張修、張魯也煽動農民起了叛亂。這一派也在獻帝建安二十年（西紀二一五年）降了曹操（世界歷史大系第四卷四頁）。這樣，黃巾和其他的農民叛亂被鎭壓下去了。但是後漢也因爲這些叛亂的結果，終於不能不滅亡了。

第五節　秦漢時代的意識形態

呂氏春秋是秦丞相呂不韋集合當世的學者作成的，是秦始皇帝完成統一前的著作。書中包含着道家、儒教、墨家、法家、陰陽家的思想。這些思想中，在這書裏占優勢的是道家思想，卽老莊的思想。由此知道在秦初有種種的思想流行着。由思想界全般看來，仍然是儒家思想占優勢罷。（武內義雄中國思想史一二八頁）

武內義雄氏判定：中庸的後半是作於秦的統一以後。這是很有興味的判定，同時也是被一般承認了的判定。朱子中庸章句本除第十六章以外，從第二章到第十九章的十七章，文章都簡潔似論語，內容也古樸，所以多半是由於子思的手筆，至少是子思的門人編纂的；但是，中庸的後牛，即第一章和第二十章以下，文章平正，內容不僅哲學上進步了，並且還有：『今天下車同軌，書同文，行同倫』之句。此外，從文章上看，還有二三處應看爲是秦始皇統一後的作品，所以斷定被寫於秦統一之後（武內前書，一三一——二頁。）

易和儒教雖然有關係，可是從孔子到孟子荀子，還看不見易的影響。易從戰國末起被子思學派當作儒家的經典接受而流行於呂不韋時代，易的十翼也是在這時完成的（武內、前書一三三頁。）

秦始皇完成了統一中國之功以後，便想到死的問題，而大大地煩惱起來了。爲了想得長壽，所以迷於神仙說，爲燕趙的方士所誘惑，使求神仙不死之藥。這種神仙說是從戰國時代被燕趙地方的方士所倡導的。後來漢武帝也曾一時迷於神仙說。俗化了的黃老學說，在漢初大被信奉，一時風靡漢的宮廷。史記上有『竇太后治黃老之言，不好儒術。』（封禪書）

武內義雄氏依從淸儒者兪正燮之說，贊成大學被作於漢代的主張（武內前書一四九頁。）這是正確的。

前漢董仲舒作賢良對策，進言於武帝，頗有力於把儒教差不多舉至國教的地位（宅野哲人中國哲學概論，三七頁。）但是，漢時代的儒教，受了出現於戰國中葉的鄒衍等的陰陽五行說的影響，又和讖緯說結合，所以成爲很迷信的了。此外，獨創的思想家很少，主要的是埋頭於古典的整理和訓詁。有名的訓詁學家有後漢的馬融和鄭玄。作爲獨創的思想家而偉大的是後漢的王充。

王充具有唯物論的見解，由這一點上看，也是在中國少見的優秀思想家。王充於建武三年（西紀二七年）生於會稽上虞。他死於西紀九七年左右。據說他貧窮不能買書，所以到洛陽的書店中流覽書籍，而通曉了諸子百家之說。他終生未仕官途，著書留有論衡三十卷八十五篇。

王充說：『天地合氣，萬物自生，猶夫婦合氣，子自生矣。』（自然篇）宇宙完全是無意識的，萬物生於自然。天地沒有嘴，也沒有眼，所以顯然是沒有意慾的。天地合『氣』的『氣』這東西，在王充看來，完全是一種物質，認爲天地陰陽二氣相交，萬物自然發生。王充說：『天之動行也，施氣也；體動，氣乃出，物乃生矣。由（猶）人動氣也，體動，氣乃出，子亦生也。夫人之施氣也，非欲以生子，氣施而子自生矣。天地不欲以生物，而物自生；此則自然也。施氣不欲爲物，而物自爲；此無爲也。』（論衡自然篇）

漢代是神祕思想大流行的時代。陰陽五行說、神仙說、讖緯說等風靡一世，一般都相信迷信，思想界完全陷於停滯的狀態。在這時候，王充以革新的思想打破這些迷妄，想在科學上提高思想。關於這點，武內義雄氏非常得要領地寫着，所以引用於次：

「他在他的書虛、變虛、異虛、感虛、福虛、龍虛、雷虛、道虛篇八篇上，指摘出災異禍福吉兇之說很多是虛妄的，在論死、死僞、論鬼諸篇上申斥靈魂不滅的思想；在譏日、卜筮、辨祟、難歲等諸篇，排擊一般世俗的迷信；在講瑞、指瑞、是應等篇申論並沒有瑞兆這回事。更在語增、儒增、藝增三篇，證實在文獻上有妄增竄改的事，末後在非韓上非難韓非；在談天、說日上，非難鄒衍和天文家的學說；在問孔、刺孟上，說明孔子孟子的學說裏也有矛盾，有應刺的地方；全篇到處努力打破迷信。這些點上，王充可被認爲承揚雄桓溫的端緒，而更把它推廣了。」（前書一七八）

沙發洛夫說：

「他（王充）使社會矛盾的階級的根源明白了。……王充之所以有唯物論的見解，表示在他的時代，社會的矛盾非常利害的。王充作爲史的唯物論的思想的先驅。斷定了人類的行爲直接依存於食糧，依存於生活豫算。由此，他摘發了自己的時代的階級鬪爭的祕密。」（中國社會史二九〇——二一〇頁）

在後漢時代，道教被創始了。道教的開祖是張道陵。他在桓帝時生於沛國，學所謂長生術，著了道書二十五篇，道教也叫天師道，又叫五斗米道。道教那時是具有最大的勢力的中國宗教了。

一般認爲佛教開始傳到中國的時期，是後漢明帝時；但是，還不能知道正確的年代。總之：後漢時代佛教的勢力還是微弱的。

国家出版基金项目
NATIONAL PUBLICATION FOUNDATION

中國歷史之發展

（下）

［日］佐野袈裟美◎著
劉惠之 劉希寧◎譯

山西出版傳媒集團
山西人民出版社

第八章　官僚的中央集權的封建制的昂揚時代

第一節　分散的封建時代——三國、兩晉、南北朝時代

曹操、劉備、孫權乘着進行鎮壓黃巾和其他的農民叛亂，遂把實力握在自己手裏；結局三分中國，各自得到了建國的機會。西紀二二〇年曹操的兒子曹丕受後漢獻帝禪讓而即帝位，以洛陽爲首都，在北中國建立了魏國。劉備在四川建立了蜀國，孫權置都於建業（南京），割據揚子江下流流域，建立吳國。

由這三國時代到兩晉時代，在北中國，五胡十六國此興彼亡，經過了南北朝時代，於西紀五八九年，隋才再來統一了中國。在這期間出現了分散的封建國家的成立，呈現了很混沌的狀態。這時代經濟上顯然地衰退了。後漢末由於苛斂誅求引起了農民的叛亂，並且豪族間的鬥爭也激烈，所以農民多離開土地而流亡，人口減少，土地荒廢，生產諸力一般低下了。在這樣的狀態下面，當發生了旱魃、水災等的時候，當然要成爲猛烈的饑饉。

這時代鑄貨差不多不流通了，穀物和布帛（織物）代替了貨幣的機能。這完全不外是復歸於自然經濟。鐵製的犂雖然已普及行使，灌溉設施也多少作了些；可是終不能挽救農業的一般的衰退。

後漢末，豪族割據地方，中央集權制完全被破壞了，末後便出現了三國的分立。當時魏的勢力達到了朝鮮半島的樂浪郡，和其南方的帶方郡，也和日本發生了交涉。過後，在魏國，豪族司馬炎的勢力駕凌魏王之上，旋受魏的禪讓，在西紀二五六年建立了西晉。西晉討蜀，滅吳，於二七九年一度把中國統一了。但是，西晉採取分散的封建制（森谷前書二二二頁）的傾向，分封宗室，給與諸州以行政軍事權；所以諸王強盛，遂至引起八王之亂。而結局由於五胡的侵入，於西紀三一六年被滅亡了。

西晉的武帝剛剛統一中國，便於二八〇年發布了占田法。這占田法依官僚和貴族的品位，限定占田額和佃農數，分配一定的土地（即占田——譯者）於農民，使之耕種，同時課以一定的徭役田。這占田法的目的，不外是使國家的租稅增多。當時農民流亡，人口激減，招致了勞動力的不足，而無主的荒田甚多；所以把荒田分配給農民使之耕種，也是確立徵稅的基礎。這當然不是沒收富豪地主的土地為國有，而是把它分配給農民。所以，也就不能防止土地兼併，結局也就看不見有多大的成績了。

中國的中央集權的崩壞，結果不能阻止西方和北方的遊牧和半遊牧的民族的侵入。所謂五胡便侵入進來，占領北中國地方而建立國家；於是從西紀三〇五年到後魏統一江北止的期間，出現了十六國的興亡。

五胡指匈奴、羯、鮮卑、氐、羌；羯和匈奴同種。氐和羌是西藏族，鮮卑是蒙古族稍微混着點通古斯族的。五胡中最初在中國建國的是匈奴的劉氏，西晉便是被它滅亡的。於是西晉的遺臣豪族等，南下，擁護江南的晉的宗室司馬叡，以建康爲首都而建立了東晉。東晉後來被宋滅了；此後便是所謂南北朝時代。南朝是宋齊梁陳四朝，北朝經過由北魏，東魏，西魏、北齊，北周等異族樹立的諸國家，至隋朝，隋滅了南朝的陳，再統一了中國。

佔據山西的鮮卑的一族的拓跋部族，漸次伸張勢力而建設北魏（後魏，）遂於西紀四三九年統一了江北。拓跋部族原來過的是遊牧生活，還形成了氏族制度。北魏採取確立中央集權制的方針，壓迫豪族。高祖孝文帝卽位之後，這傾向更加強化了。

太和九年（西紀四八五年，）發布三長官制。所謂三長官制是以五家爲一鄰，五鄰爲一里，五里爲一黨，而各置其長。這制度的目的在於解體舊來的氏族的血緣組織，改爲地域的組織。多數家族的氏族共同體的成員，免掉了國家租稅的負担。

又在孝文帝的太和九年十月，發布了均田制。這是因爲當時農民多流亡，勞動人口顯著地減少下去，土地多荒廢而爲豪族所占有，所以，均田制的目的在於分配給農民一定的土地，使安居樂業，而確立租稅的基礎。

那麼，均田制是怎樣的呢？

人民在十五歲以上，男子給露田四十畝，女子二十畝，滿七十歲，或死亡時收公（露田是指種穀物的田。）但是還有所謂倍田，卽增給同額的田。奴隸也被給與和自由民同額的露田，每牛一頭，也可得露田三十畝，但是以四頭牛爲限。給與奴隸的田，結局成了奴隸的主人的東西了。此外，給男子桑田二十畝。這桑田不還官，允許傳給子孫。還分配給男子麻田十畝，女子五畝。又給自由民每三口宅地一畝，奴婢每五口一畝。給地方官一種稱作職分田的公田，這職分田是禁止買賣的。以上是均田制的大體內容。但是，雖然叫做均田制，可是大官豪族的私有地仍舊是允許存在的。租稅的負擔從支給土地的時候開始，土地返還的時候就免除。

北朝在第六世紀初，分裂爲東魏和西魏，後來又各爲北齊和北周取而代之了。北齊和北周也施行了和北魏大同小異的均田制。

後漢末，豪族養着一種叫着「部曲」的私兵。在三國時代，民衆爲了求豪族的保護，也成了作爲豪族的私兵的「部曲」。「部曲」大大地助成了豪族的封建割據。又「部曲」也有在豪族那兒從事農業的。

這時代的奴隸的存在不劣於漢代。有奴隸商人在長安設立奴隸市場。梁在江陵被西魏戰敗了的時候（西紀五五四年）被捕到長安作奴隸的南方子弟達數萬人。又前秦南侵被東晉戰敗時，東晉獲得的俘虜十餘萬人，都作了奴隸（世界歷史大系第四卷二八四頁。）在北魏也盛行使用奴隸。明元皇帝永興五年（西紀四一三年）曾賞給凱旋將士以牛馬，奴婢。（同書二九四——五頁。）如高崇那樣的富家，竟有僮僕千餘人（同書二九六頁。）從這些事實，也可以察知使用奴隸的盛行了罷。

後漢時代，儒教極爲興盛，但是從魏經過六朝，老莊的思想風靡起來了。武內氏也說：『可是，到了魏晉的時候，時勢一轉而老莊的學說抬頭，老莊思想壓倒儒家而占了上風。』（中國思想史一八六頁）一部分知識階級，碰着轉變無常的不安的世相，便從現實世界逃避，想置身於自己滿足的快適境地，如竹林七賢便是這樣的，他們嗜酒好樂，不問世事，不拘禮儀，以矯奇行動自快。產生這種逃避現實，標榜自然無爲，而汲取老莊思想的風氣的生活基礎，是存在於具有保守傾向的，自己不勞動的中小地主當中。

這時代佛教也很廣布了。由西域和天竺來的僧侶也多了。據說三國時代康居國僧侶康僧會來到中國，使吳的孫權歸依佛教而建立了建初寺，於是在東吳的貴族間獲得了許多信徒。西晉時代康僧鎧和竺法護相繼來中國，翻譯了許多經典。西晉後，在五胡十六國的時代，佛教也盛行起來，在長安佛教非常隆盛。姚秦時代，弘始三年（西紀四〇一年）有名的翻譯家鳩摩羅什由西域走到長安，受了姚氏的優遇。他翻譯了大乘經典，奠定了佛教興隆的基礎。佛圖澄在後趙也使石勒，石虎皈依佛教，並且受他們的保護。又有名的翻譯家印度僧佛陀跋陀羅（覺賢）住在東晉的首都建康，翻譯了許多佛教的經典。梁陳的時候有名的翻譯家眞諦，被梁武帝招請了東遊中國。中國人最初到印度去的是法顯，他於東晉隆安三年（西紀三九九年）往印度出發。中國人中間也輩出了有名的僧侶。

北魏太祖拓跋珪是佛教的保護者。同時他又置佛教於自己的統治下，使欽仰自己爲如來，把天國的佛教和地上的權力密接起來。魏世祖太武帝，統一北中國，在他的首都平城，佛教達到了全盛；但是他在太平眞君七年（西紀四四六年）發布了廢釋的命令，對佛教加以彈壓。這是由於民衆入了佛寺便想逃避課役，而且佛寺在物質上也漸漸富裕起來，致發生了擾亂國家統制的傾向；再者他方面也是由於世祖深信道教的緣故。但是對佛教的壓迫，在北魏，好像只有世祖一代。據說，太和元年（西紀四七七年）單是在代的寺院就有百餘所，僧尼達二千餘人；全國寺院共達六千四百七十八所，僧尼達七萬七千餘人。北魏遷都洛陽以後，寺院廣被建立。於是連庶民的居住地都被寺院強佔起來了。西紀五一二年，北魏的寺院數爲一萬三千所。北魏亡後，到了北齊，北齊的佛教比北魏更盛，有僧尼四百餘萬人，寺院四萬餘。後來北周武帝合併北齊，對佛教即加以彈壓。因此，把四萬寺院賜給王公作第宅，淘汰僧尼三百萬人使其還俗（世界歷史大系第四卷，四一八——九頁。）

佛教乘當時社會的不安又抬頭起來，它首先在貴族和豪族等支配階級間得到了支持。貴族階級認爲佛教可使他們能夠安心立命。隨着在一般民衆間也廣布起來了。佛教早就和支配階級結合起來，成了支配階級的東西而愈加發展了。

道教確實是受佛教的影響而形成的。但是，佛教在先是和支配階級相結合，反之，道教是先在一般民衆間發展起來的，所以屢屢和農民暴動有密切的關係。

第二節　隋朝的統一

中國由三國兩晉到南北朝的四百餘年間，是分割統治的時代，在這些時代，就是在各封建國家裏面也是由貴族、豪族的大土地所有者互相割據，中央集權組織的傾向是看不到的。但是，北朝的最後出現的隋既壓服了北周（西紀五八一年），遂於開皇九年（西紀五八九年）滅亡南朝的陳而統一了中國。於是，封建的大帝國再出現了。

中國的經濟，由隋的統一而走上了向上線。農民漸次得安居於土地，農業的生產力也顯然有了發展的傾向，人口也漸次增加了。隋煬帝繼文帝即位的時候，經濟已經在很繁榮的狀態了。隋書上記載當時的情形道：『煬帝即位時，戶口益多，府庫盈溢。』（食貨志）

隋承後魏、北齊、北周的均田制，於開皇十二年（西紀五九二年），仍然施行了同樣的制度。男子授露田八十畝，婦人四十畝，此外，丁男授永業田（能世襲的田）二十畝（作爲桑田，在這田上植桑五十株，楡三株，棗三株；不適宜於種桑的土地則給與麻田。）又，每三人給宅地一畝，奴婢每五人一畝。隋代丁男是從十八歲到五十九歲（後來改爲由二十一歲起，再後，又改爲由二十二歲起。）此外，諸王以下到都督都給與永業田，多的百頃，少的三十頃（世界歷史大系第四卷，一八七頁。）京官（中央政府的官吏）給與職分田，最多的是一品給五頃，每品減少五十畝，到九品而成了一頃。又，給與公廨田以供公用（隋書食貨志。）（註）

由此我們可以看出貴族和豪族，是占有着相當廣大的土地罷。

開皇三年（西紀五八三年）在各地設穀物倉庫，使便於由地方運送穀物到首都長安。又在開皇五年（西紀五八五年）使民備義倉，由各民家出粟麥一石以下，以備凶年。可是，這義倉本來是由民衆自己管理的，到後來這種管理權也被奪去了。

隋代大事開鑿運河。這運河的開鑿，一方面確實對於產業和交通運輸的發達有很大的貢獻。但是，他方面驅使民衆從事徭役，也是使民衆的不平爆發而成暴動的一個重大原因。

渭河的水多沙流，有深淺，大使漕者苦惱；所以，開皇四年（西紀五八四年）命宇文愷率水工鑿渠，引渭水，從大興城到潼關，達三百餘里，名曰廣通渠（隋書食貨志。）

文帝時開始進行的運河工事，煬帝後來又繼續推進，大業元年（西紀六〇五年）由百萬

（註）隋初以來，官廳置公廨錢，貸錢於民衆而取利息以充官廳的費用，官俸等。但是，後來因爲有弊害，所以被廢止了，改用公廨田來代替。

人的徭役勞動開鑿的通濟渠告成了。從黃河到淮水，從淮水到揚子江的，從古來就開鑿了的運河已經開浚了。

大業四年（西紀六〇八年）更徵發河北諸郡百餘萬衆，引沁水而開鑿了南達黃河，北通涿郡的永濟渠。這時丁男不夠供給，所以婦人也被迫加入勞役，（隋書食貨志。）接着，大業五年開鑿了從揚子江到杭州的南運河，於是南北一千三百餘華里可以通舟船。我們不能忽視了這是對於南中國和北中國的交通上有了很大的便利的工程。

煬帝爲了想得到稀奇的珍寶，想出引誘西域諸國商人東來的方法，而大開闢了和西域交通貿易的大道。

課稅的徵收，成年的男子——卽丁男徵收租粟三石，此外桑田則徵收絹絁（繭紬，）麻田則徵收麻布絹絁一疋加綿三兩，布一端（長度名——譯者，）加麻三斤。單丁（未婚者）和僕隸各出半分。未受土地的人不徵收課稅（隋書食貨志。）徭役每年是二十日，成丁最初是從十八歲起，後來改到了二十一歲，二十二歲。

隋是官僚的中央集權的封建國家。中國的官僚的封建制的特色，是在於不由世襲的貴族維持國家機構，而由封建的官僚占着國家重要的地位；所以爲着繼續其發展，不能不大量地造出官僚來。而用怎樣的方法來造就官僚呢?這對於官僚的封建制的本質有很大的關係。我們不能不大大地注意,隋朝創設了科舉制,藉以推進到官僚的封建制的發展的新階段。

漢朝以來,於登用人材方面,施行了辟舉制;隋朝廢棄這種制度而施行科舉考試制度,確實表示出有特色的發展。漢朝於登用官吏,採取了由各地方長官尋求人材,推薦人材,再由政府考查而加以任用的方法。魏晉以後,由九品中正的官吏專管這事(松田壽男·野原四郎東洋史序說五七頁。)但是這種方法,實際上結局不外被權勢家所左右罷了。所以,我們不能不承認自隋煬帝新設進士科,使在某程度上得自由應試,對於官僚的進出開闢了一條新的道路。這是施行於中國的很長期的封建時代的科舉制的開始。

文帝設國王、郡王、國公、郡公、縣公、侯、伯、子、男、等九等制,封宗室爲王,封功臣爲列侯。可是,煬帝把這九等制改了,僅留王、公、侯的三等制,而廢止了其他。此外,還廢止或殺死多數同姓的王,以減殺他們的勢力,採取了强化專制主義的方法(森谷克己中國社會經濟史二三〇—三一頁。)這也表示了中央集權化的傾向。

文帝廢止鄉官,想借中央集權化來統一政治。所謂鄉官從漢代以來就已存在着了,就是掌教化的「三老」,收賦稅和聽訴訟的「嗇夫」,和當警備的「遊徼」等三人,而這些人多半是由地方的豪族來充當的（世界歷史大系第五卷，一〇頁。）隋朝確實已經向中央集權化的方向進行了，但是使官僚的及中央集權的封建制達到完成的領域的却是唐朝。

第三節　隋末的農民暴動

煬帝像秦始皇帝一樣，好大興土木。所以，煬帝剛一卽位，便定洛陽爲東都，開始從事東都的建設，每月使役二百萬人，並且還營造顯仁宮，築造了周圍數百里的苑囿。所用的大木材是從江南諸州運來的。這樣，被使役去建設東都的八十個人中有四五人死亡了。煬帝又興衆百萬修築長城，西自榆林東至紫河緜亘千餘里，死者過半（隋書食貨志。）此外，開通濟渠，開永濟渠，各渠都動員了百萬人的徭役。男子的供給不夠的時候，便使婦人從役。並且煬帝的生活又極其豪奢，所以他的浪費也很利害，結局就專事苛斂誅求。煬帝屢次的外征，大體都成功了；但是遠征異域的兵卒們死亡很多，因此人民怨聲不絕。特別是遠征朝鮮半島的高勾驪的失敗，大大地打擊了隋朝的威望。本來在文帝時曾經失敗過的，煬帝不引以爲戒，特於大業七年（西紀六一一年）發兵百萬以上，強行遠征，但途中兵卒死亡的很多，而重演了一次失敗。隋書食貨志上這樣地寫着：

『天下死於役，而家傷於財。既而一討渾庭（吐谷渾的地方，）三駕遼澤（遼東地方，）天子親伐，師兵大舉。飛糧輓秣，水陸交至。彊場之所傾敗，勞師之所殂殞（死亡。）雖復太半不歸，而每年興發，比屋良家之子，多赴於邊陲。分離哭泣之聲，連響於州縣。老弱耕稼，不足以充饑餒；婦工紡績，不足以贍資裝。』

不堪壓迫的民衆，在各地暴動起來，他們只有兩條道路可走了，即：

『彊者聚為盜，弱者自賣為奴婢。』（隋書食貨志）

隋朝為想防止農民的騷動於未然，在開皇三年（西紀五八三年）下令禁止民間收藏大刀和長矛；開皇十五年，又禁平民私蓄兵器，並禁止河以東的平民乘馬。煬帝大業五年，更把民間的鐵叉、搭、鑽、刃之類都作為違禁品（蔡雪村中國歷史上的農民戰爭二一三頁。）由此我們可以知道隋朝是怎樣害怕農民暴動了。

蔡雪村根據隋書和通志記敍農民暴動的經過如下：在文帝開皇十年（西紀五九〇年，）農民暴動已經起了九處；此後經過七年，於開皇十七年（西紀五九七年，）在桂林勃發了兩件。此後於開皇二十年（西紀六〇〇年）一件，於仁壽二年（西紀六〇二年）一件，於煬帝大業六年（西紀六一〇年）二件。但是在大業九年（西紀六一三年）農民暴動驟然激增，從此到大業十三年（西紀六一七年）的期間，形成了繼續着發生農民暴動的盛況時代。數千，數萬，十萬，數十萬的農民暴動集團在各地蜂起了（見蔡雪村著前書，二一四——二二頁。）

隋末的農民暴動的集團不下百數十個。其中也有包含着二三十萬農民的（同書，二二八頁。）農民暴動的範圍普遍於全國，參加暴動的農民達數千萬。當時暴動農民集團的一段辦法是：先襲擊穀物倉庫，散給貧民，然後殺戮官吏。

隋末的農民暴動，頻發到無暇枚舉；從隋書卷四，帝紀，把大業九年（西紀六一三年）以後勃發的暴動列舉在後面罷。陳公博在中國歷史上的革命上，薛農山在中國農民戰爭之史的研究上也都從隋書摘引着關於暴動的記載：

「九年春正月，賊帥杜彥冰、王潤等陷平原郡，大掠而去。——平原李德逸聚衆數萬，稱阿舅賊，刼掠。——山東靈武白榆妄稱奴賊，刼掠牧馬，北連突厥，隴右多被其患。——二月，濟北人韓進洛聚衆數萬爲羣盜。——三月，濟陰人孟海公起兵爲盜，衆至數萬。——北海人郭方頂聚徒爲盜，自號盧公，衆至三萬，攻陷郡城，大掠而去。——四月，濟北人甄寶車聚衆數萬，寇掠城邑。——六月，禮部尚書楊玄感反於黎陽，逼景城玄感東都。河南贊務裴弘策拒之，反爲賊所敗。——七月，餘杭人劉元進舉兵反，衆至數萬。——八月，吳人朱燮晉陵人管崇，擁衆十餘萬，自稱將軍，寇江左。——十月。朱燮、管崇推劉元進爲天子。——賊師陳瑱等衆三萬，攻陷信安郡。——九月，濟陰人吳海流，東海人彭孝才並舉兵爲盜，衆數萬。——賊帥梁慧尙率衆四萬，陷蒼梧郡。——東陽人李三兒，向但子，舉兵作亂，衆至數萬。——十月，賊帥呂明星率衆數千，圍東郡。——齊人孟讓，王薄等，衆十餘萬，據長白山，攻剽諸郡。——淸河賊張金稱，衆數萬。——渤海賊帥格謙自號燕王：孫宣雅自號齊王，衆各十萬，山東苦之。——十二月，扶風人向海明舉兵作亂，稱皇帝，建元（改年號）白烏。——

（大業）十年（西紀六一四年）二月，扶風人唐弼舉兵反，衆十萬，推李弘爲天子，自稱唐王。——四月彭城賊張大彪聚衆數萬。——五月賊帥宋世謨陷瑯琊郡。——延安人劉迦論舉兵反，自稱皇王，建元大世。——六月，賊帥鄭文雅、林寶護等，衆三萬，陷建安郡。太守楊景祥死之。——十一月賊帥司馬長安破長平郡。——離石胡劉苗王舉兵反，自稱天子，以其第六子爲永安王，衆至數萬。——同月，賊帥王德仁，擁數萬衆，在保林盧山爲盜。——

（大業）十一年（西紀六一五年）正月，武賁郎將高建毗，破賊帥顏宣政於齊郡，虜男女數千口。——二月，賊帥楊仲緒，率衆數萬攻北平。——上谷人王須拔反，自稱漫天王，國號燕；賊帥魏子兒自稱歷山飛，衆各十餘萬，北連突厥，南寇趙。——七月，淮南人張起緒舉兵爲盜，衆至二萬。——十月。彭城人魏騏驎聚衆萬餘爲盜，寇魯郡。——賊帥盧明月，聚衆十餘萬，寇陳汝間。——東海賊帥李子通擁衆渡淮，自號楚王，建元明政，寇江都。——十二月，詔民部尙書樊子蓋發關中兵，討絳郡賊敬盤陀、柴保昌等，經年不能尅。——譙郡人朱粲，擁數十萬衆，寇荆襄，僭稱楚王，建元昌達，漢南諸郡，多爲所陷。——

（大業）十二年（西紀六一六年）正月，雁門人翟松柏起兵於靈邱，衆至數萬，轉攻傍縣。——東海賊盧公暹率衆萬餘，保蒼山。——七月，馮翊人孫華，自號總管，舉兵爲盜。——高涼通守洗瑤徹舉兵作亂。嶺南溪洞多應之。——八月，賊帥趙萬海衆數十萬，自恆山寇高陽，——九月，東海人杜伏威揚州沈覓敵等作亂，衆至數萬。——安定人荔非世雄，殺臨涇令，舉兵作亂，自號將軍。——十二月，鄱陽賊操天成舉兵反，攻陷豫章郡。——鄱陽人林士弘，自稱皇帝，國號楚，建元太平，攻陷九江廬陵郡。——

（大業）十三年（西紀六一七年）正月，渤海賊竇建德設壇於河洛間之長壽，自稱長樂王。——賊帥徐圓郎率衆數千，破東平郡。——弘化人劉企成聚衆數萬爲盜，傍縣苦之。——二月，朔方人梁師都殺郡丞唐世宗，據郡反，自稱大丞相。——賊帥王子英破上谷郡。馬邑校尉劉武周，殺太守王仁恭，舉兵作亂，北連突厥，自稱定楊可汗。——賊帥李密翟讓等陷興洛倉。李密自號魏公，開倉以救郡盜，衆數十萬，河南諸郡相繼皆陷。——三月，廬江人張子路，舉兵反。——賊帥李通德，衆十萬，寇廬江。——賊帥房憲伯，陷武陰郡。——七月，武威人李軌舉兵反，攻陷河西諸郡，自稱涼王，建元安樂。——十月，太原楊世洛，聚衆萬餘人，寇掠城邑。』

我們由這些記事看來，便可以知道在隋末多數的農民暴動集團在各地蜂起的情形了罷。

現在我們試再多敘述一點關於作為代表的農民暴動集團的情形。

竇建德是農民出身的首領，是值得注意的人物。他是貝州漳南人，代代經營農業。他是有俠義心的男子，因為有名望，曾被舉為里長。當隋大業七年，募兵伐遼東的時候，建德升補為隊長。當他將要赴軍的時候，偶然他的同村人孫安祖盜羊被縣令捕獲，受了笞打的恥辱，而刺殺了縣令的緣故，建德對他曾加以庇護。這時山東饑饉，盜賊羣起，又有水害。政府還要徵發人民遠征遼東，所以嗟怨的聲音很高，建德不特隱蔽安祖，並且招集亡兵和無產人民數百，使安祖統率入高雞泊為盜。當時，鄃人張金稱集衆萬餘，據河渚；蓚人高士達擁兵千餘，屯清河鄙上。諸盜往來漳南者，多剽殺人民，焚燒鄉村；但是獨不進建德的村；因此，官憲以建德通賊，而捕殺了他的全家。建德到河間，聽見了這事，因此就率麾下二百人亡歸士達。士達使建德為帥。後來安祖被張金稱殺了，所以他下面的數千人也歸了建德。建德的人衆漸盛，達至萬人，建德親身接物，與士卒同甘苦，所以，能得人的死力。大業十二年，涿鹿通守郭絢率兵十萬討士達，士達自身智略不及建德，所以推建德爲軍司馬，囑統兵，隋朝郡縣吏多以地歸之，兵至十餘萬。上谷王須拔，自號漫天王，以兵略幽州，戰死在他麾下的魏刁兒號歷山虎，衆及十萬。建德以計襲取了他，併有了他的地方。大業十三年正月，築壇於河間樂壽，自立爲長樂王。大業十四年五月，改號夏王，改年號丁丑（以上引自新唐書卷三五、竇建德傳）。

在大業十一年農民暴動的極活躍的指導者李子通，也是出身貧民，新唐書李子通傳有：『李子通沂州丞人，少貧，以漁獵爲生。若有餘，則施諸人。』

但是官僚作農民暴動的指導者的也不少。李密是豪族，稱蒲山公。李密開興洛回洛二倉，賑貧民，一時聚集在他下面的羣衆達三十萬。楊玄感也是貴族出身，是禮部尙書。劉武周是馬邑的校尉。梁師都是朔方的郎將。薛舉是金城的校尉。李軌是武威司馬（見周谷城中國社會的構結二〇九頁。）而這些官僚多半是野心家想利用民衆的暴動來打倒舊政權，而獲得新政權。

多數農民運動的指導者，在鬥爭的過程中，腐敗，墮落，曾背叛民衆的利益，以民衆爲犧牲。如郭子和、杜伏威、徐圓朗、李子通、劉元進、徐世勣等，原來是指導農民暴動的，但後來曾出賣羣衆，投降李淵，被任爲刺史、都督等官職（見蔡雪村著前書，二三四頁。）農民運動雖然起於各地，可是他們彼此間缺乏連絡，沒有成爲統一的勢力，農民不過只有分散的組織而已。關於怎樣使自己解放，農民是還沒有具備着能有明確見解的物質條件的。農民暴動的成果，都被新的冒險家奪取了。即是落在李淵的手裏了。

李淵在煬帝下面作太原留守；但是乘農民暴動的混亂，從兒子世民的慫恿，於大業十三年（西紀六一七年）舉兵。他攻取長安而立恭帝；但是翌年（西紀六一八年）李淵便受禪而即位，李世民打破劉武周、李密、竇建德、劉黑闥等各個農民暴動集團，而建立了唐朝。

劉黑闥在武德四年（西紀六二一年）七日，據貝州反，陷鄃縣、歷亭、瀛州、定州、冀州、魏州、相州、滄州、恆州等地，殺多數刺史、總管等，繼續從事頑強的反亂；但是武德六年（西紀六二三年）二月劉黑闥終於被唐殺死了。在唐朝初，農民暴動還是繼續演進着。

第四節　唐代的均田制、農業和稅制

發端於西晉的占田制，到北魏更發展成爲均田制，接着北齊、北周、隋都採用這種土地制度了。到了唐朝，同樣在均田制的名義下面採取了這種制度。但是，這雖稱爲均田制，其性質決不是把國家的土地平均分配給農民，而其目的也全不在於安定農民的生活。根本的目的不外是使流亡的農民定居於被長年的動亂荒廢了的土地，而課以租、庸、調，確立國家財政的基礎。利用農民的動亂，乘此獲得了新政權的王朝，在當初爲了收買農民的歡心，普通都要稍微採取緩和剝削的欺瞞政策。但是，這政策并不會長久繼續下去的，苛斂誅求不久又要壓在農民上面來了。

唐高祖卽位的翌年卽武德二年（西紀六一九年）發布了寬大的法令，定租庸調制，每丁頭上徵收額不得超過租二石、絹二丈（二匹）、綿三兩以上，五十歲以上者得免除勞役（世界歷史大系第五卷，一四二頁）。接着，武德七年（西紀六二四年）發布了做傚隋的律令的均田、和租、庸、調的新法令。在舊唐書（卷四八、食貨志）上這樣地寫着：

『武德七年，始定律令。以度田之制，五尺爲步，步二百四十爲畝，畝百爲頃。丁男（從二十一歲到五十九歲止）中男（從十六歲到二十歲，受田的十八歲以上）給一頃，篤疾、廢疾給四十畝，寡妻、妾三十畝，若爲戶者加二十畝。所授之田，十分之二（二十畝）爲世業，八（八十畝）爲口分。世業之田，身死便授之承繼門戶者。口分則收入官，更以給人。賦役之法，每丁歲入租粟二石，調則隨鄉土所產，綾絹絁各二丈，布加五分之一。輸綾絹絁者，兼調綿三兩，輸布者麻三斤。凡丁歲役二旬。若不役者，則收其傭，每日三尺（絹，）有事而加役者旬有五日免其調，三旬則租調俱免通正役不過五十日。』

新唐書更補充舊唐書道：

『田多可以足其人者爲寬鄉，少者爲狹鄉，狹鄉授田減寬鄉之半。……授工商者，寬鄉減半，狹鄉不給。凡庶人徙鄉，及貧無以葬者，得賣世業田。自狹鄉而徙寬鄉者，得幷賣口分田。已賣者不復授。』（新唐書卷五一，食貨志）

口分田永業田之外，還有園宅地，良民三人以下給一畝，以上每三人給一畝。

後魏的均田制，是對奴婢也給與和良民同額的露田；所以，例如佔有百個奴隸的富者，就已能領有八千畝的土地（萬國鼎中國田制史上册，二〇二頁。）到北齊限制了使用奴隸的數目，親王限三百人，庶人限六十人。據此，親王受有奴隸三百人，就應該領田二萬四千畝（見同書。）在唐朝，隸屬於官的賤民有雜戶、官戶、奴隸三種。當中，雜戶可領和農民同額的土地，官戶所領土地等於農民的一半，但是私有的奴婢是不分給土地的（加藤繁中國經濟史——改造社經濟學全集第二十八卷、四一一頁。）

一般農民的土地分配，是依照如上的規定，同時官人、貴族也分給廣大的土地。唐高祖武德元年（西紀六一八年，）決定分永業田給王公以下百官，最多是親王，得百頃，最少可得六十畝（新唐書卷五五、食貨志。）並且還發職分田給官吏作爲封祿，最多的是一品官得二十頃，少的得八十畝（同前，）此外，還有賜給功臣和寵臣的賜田。又對於功臣們還給以千五百戶或千戶采邑（新唐書裴寂傳；萬國鼎著前書二〇七頁。）

六朝時代，牛耕非常普及發達（加藤繁中國經濟史——經濟學全集、第二十八卷、四四一頁，）農業的生產力顯然大大地增進了。但是從隋末到唐的動亂期間，全國的牛差不多被吃盡了，而成了無牛狀態了，所以，據說犂是須用人力來拖了（沙發洛夫中國社會史日譯本二四二。）隨着唐代經濟的發展，耕作用的牛也確實又繁殖起來了。

在唐代，農耕的灌溉設施顯著地發達起來了，桔槔曾被用作爲灌溉的用具。桔槔也許在戰國時代就已發明了。莊子天地篇裏有：『子貢南遊於楚，反於晉，過漢陰，見一丈人方將爲圃畦，鑿隧而入井，抱甕而出灌，搰搰然用力甚多，而見功寡。子貢曰：有械於此，一日灌百畦，用力甚寡而見功多，夫子不欲乎？爲圃者仰視之曰：奈何？曰：鑿木爲機，後重前輕，挈手若抽，數如洗湯，其名爲槔。』（易曼暉唐代農耕的灌溉作用——據食貨民國二十五年二月一日刊）

在唐的時代又有汲機，這種汲機是和後漢已發明了的翻車（水車）性質相類似，但是它的製造不同，所以可以視爲一種新的發明，據說它被發明的時代是唐代的中期（西紀七五〇—八〇〇年）（易曼暉著同前書。）

中國的西北部，爲很厚的黃土層覆蓋着，若果加以適當的灌漑，便能成爲肥沃的土地，能夠大大地提高收穫的。所以，在中國的西北部，灌漑演着重要的任務，開渠蓄水是很必要的。現在，我們可以找出唐代在各地所作的灌漑設施的記錄來：『鑿咸應永清二渠，漑田數百頃，公私利焉。』（舊唐書卷一五二）『十五年六月，改靈州大都督府長史爲靈鹽節度使，境內有光祿渠，廢塞歲久，欲起屯田，以代轉輸，復開決舊渠，漑田千餘頃。』（舊唐書卷一三三、李晟傳）『武德七年，同州治中雲德臣開渠自龍門引黃河，漑田六千餘頃。』（唐會要卷八九）

在中國的東南部，土壤非常肥沃，雨量多，所以蓄水外，必須同時注意排水。『造出爲郎州刺史。在任後開渠九十七里，漑田二千餘頃，郡人獲利，乃名爲右史渠（舊唐書卷一六五、温造傳。）沿揚子江一帶，不能不築堤防汜濫。『先，江陵東北有廢田，傍漢古堤二處，每年夏則溢，皐始命塞之，廣田五千頃，畝得一鐘。』（舊唐書卷一三一、李皐傳）『明年，築堤塞江。長十二里，疏而作斗門（水門）以走潦水，灌陂塘五百九十八，得田一萬二千頃。』（全唐文、江西觀察使韋公墓誌銘）以上只從易曼暉的唐代農耕的作用一文拾取五六個作爲施行灌漑設施和築堤的例子。

由這些例子可以窺見灌溉治水設施在唐代是很盛行的了。農業生產力的提高雖然也不可以否認，可是另一方面這些土木工事是由農民的徭役作成的，也可說是農民的血汗和脂膏的紀念碑。而且，受着灌溉的利益的，主要的不外是地主。

隨着莊園的發展，失了土地的農民走入莊園，而成了佃客，佃客以外，農業的傭工（零工，農業雇傭勞動者）當時也增多了。茶園裏也使用着多數的傭工。唐代茶的生產顯著地發展了，不僅成爲國內市場上的重要商品，並且也被輸出到海外了。『九隴人張守珪，仙君山有茶園，每歲召採茶人力百餘人，男女傭工雜處園中』（太平廣記——據陶希聖、鞠情遠唐代經濟史七二頁。）

唐代的均田制最初具有的矛盾愈益發展，遂發生了破綻。因爲廣大的土地定爲永業田，而分給了貴族和官僚；所以，分配給一般農民的土地不能夠照規定實行了。戶數在高祖武德時是二百萬，太宗貞觀中還不滿三百萬；但是，在中宗神龍元年（西紀七〇五年）增到了六百十五萬六千餘（唐會要卷八四、戶口數——據世界歷史大系第五卷一七五頁。）天寶十四年（西紀七五五）更達八百九十一萬餘戶，人口五千二百九十一萬九千餘（通典——據萬國鼎中國田制史上、二一八。）隨着戶數的增加，分配給農民的田地愈不夠，因而均田制不能實施了。

『魏、齊、周、隋、兵革不息，農民少而曠土多，故均田之制存。至唐，承平日久，丁口滋衆，官無閒田，不復給授，故田制爲空文』（王海一七六——據陶希聖、鞠清遠唐代經濟史一四頁。）

被分配給農民的口分田和永業田，雖然原則上不能隨便出賣或典當，但是在某種條件下面也是可以的。口分田的減少，影響政府的收入，所以政府屢次發布法令禁止；但是，農民在政府的誅求的下面，又在商業資本和高利貸資本的搾取下面，受不住了，被逼到除了出賣土地以外，沒有甚麼辦法了，土地被兼併着愈益被集中在王侯、官僚、豪族、富豪的手裏了。這樣，均田制一方面因爲土地不足，不能照規定給土地與農民，他方面因爲土地兼併愈益顯著，分配給農民的土地漸被奪去，所以不能不崩壞了。均田制的崩壞，也就是立於其上的租、庸、調稅制的崩壞。土地兼併的結果，失掉了土地的農民，又要不得已而開始流亡，否則就要走到當時的莊園去作王侯、官人、富豪的佃客了。特別是安史（安祿山和史思明）亂（西紀七五五—七六三年）後，土地兼併愈甚，農民逃亡愈多，而戶數激減，因此，國庫收入顯著地減少，均田制不能不完全崩壞了。通典上說：『雖有此制（均田制），開元之季，天寶以來，法令弛壞，兼併之弊，踰漢之成（成帝）哀（哀帝）間』（通典卷二）通典上記載着：安史起亂前不久的天寶十四年（西紀七七五年，）戶數八百九十一萬餘戶，人口五千二百九十一萬九千；但是，到了乾元三年（西紀七六〇年，）

戶數激減到百九十三萬餘。人口一千六百九十九萬餘。這激減并不是說都死於戰亂；而是說，從政府支配的戶籍範圍脫漏了，不成爲課稅的對象了。

均田制的目的，是使農民負担租、庸、調的課稅；所以，均田制的崩壞，從而當然要陷租、庸、調的課稅於不可能。但是，和這同時，爲着補助國庫的缺乏，新的稅法被實施了。主要的新稅是開始於代宗大曆元年（西紀七六六年）的青苗錢。（註一）每畝課稅十五文錢，因爲是徵收於青苗——卽穀物還未結實——的期間，所以叫做青苗錢。此外有附加稅地頭錢，每畝課稅二十文錢。這些土地的課稅的特徵是不以現物而以貨幣繳納。（註二）

大曆四年（西紀七六九年），京兆府開始徵收秋稅。『詔於上都，分秋稅爲二等，上等畝稅一斗，下等六升，荒田畝二升，（大曆）五年（西紀七七〇年）始定法：夏上田畝稅六升，下田畝稅四升；秋，上田畝稅五升，下田畝稅三升，荒田如舊。』（新唐書卷五一食貨志）從這時起開徵

（註一）也有人說是始於廣德二年。『（廣德二年）七月，庚子，初稅青苗。』（新唐書代宗本紀）『（二年）秋七月，稅青苗錢，給百官之俸。壞唐之租庸調法。代宗以畝定稅，使以夏秋斂。時又以國用急，未及秋，苗青時稅之，曰青苗錢。』（通鑑綱目）

（註二）永徽元年（或者還以前）左右，有叫作戶稅（或也稱爲稅戶稅錢）的稅，以貨幣徵收。其後好像中絕了，但是從長安到大歷末年，戶稅成爲正式的稅收了（陶希聖鞠情遠唐代經濟史一四六頁）。

所謂的「兩稅」了。這稅和課於人的租、庸、調的性質不同；這是根據畝來課稅的。我們可以看出土地所有關係的變化已表現到稅制上來了。畝稅分春秋二期徵收，因此有「兩稅」之名。

此外，還徵收戶稅。依據大曆四年的勅令，戶稅是把從王公到農民按他的資產分爲九等戶而徵收的。即，上上戶爲年四千丈，遞減至下下戶必須納稅五百文。這確實和租、庸、調的性質不同了。

後來，德宗建中元年（西紀七八〇年）宰相楊炎確立了兩稅法。依據兩稅法的規定，兩稅以外，甚麽稅也不徵收；但是這樣的約束是全不可靠的。例如曾徵收了像僦櫃納質稅般的惡稅；這稅就是在農民出賣他們的農產物時徵的很重的所得稅。建中四年（西紀七八三年）又加課了稅間架（一種家屋稅，）除陌錢（一種營業稅）等新稅；而此等課稅的徵收方法是很苛酷的（世界歷史大系五卷二〇五頁。）

第五節　莊園的成立

均田制並不完全否認土地私有制度。唐代的口分田是把國有的土地分配給農民的，原則上雖然不許出賣或典當，但在某種條件底下，也還是可以出賣。我們根據這一點不能不承認口分田已經私有化了。永業田從開始就可以傳於子孫。所以差不多可以看爲是私有的田地，農民陷於貧乏之後，除了出賣口分田和永業田以外，被逼得無路可走了，因此，雖然政府屢次以法令禁止出賣，但是終不發生甚麼效力。

此外，貴族，官僚等也能自由處分永業田和賜田，所以土地兼併的現象，必然地更加緊了。農民的土地被集中於王公、官吏、豪族的手裏，因而均田制開始崩壞了。大地主在唐代後期，愈被形成；同時在這土地兼併的發展過程當中，發生了莊園制度。

莊園是意指別莊和田園，別莊大概附有廣大的田園，所以才有這樣稱呼。在兩漢時代，似乎就產生了莊園，卽設別莊於城外閑靜的地方，而周圍還有附屬的田園。從六朝到隋，也有莊園，從唐的中葉起，特別興盛起來，在宋代也繼續進展着（世界歷史大系五卷一七九頁補註。）

均田制是想維持小自耕農的存在的制度。它也是政府的財政的基礎。但是，因爲一方面允許王公、官吏富豪領有廣大的土地，所以從當初便存在着很大的矛盾：不能按照規定分配土地給農民了。土地兼併越加顯著，農民的土地便越集中在王公、官吏、富豪等的手中了。商業資本的發達，從而高利貸資本的發達，對於奪取農民的土地，和土地兼併，也演了很大的任務，均田制必然地走上了崩壞的路途。安史之亂以後，農民離開土地而流亡的更加多了，其一部走進貴族、官吏，富豪的莊園，成了他們的佃農。莊園收納了這些流民在剩餘生產物的搾取下面愈益肥胖起來了。

莊園的土地耕作，起初主要的是由奴婢（奴隸）擔任的；但是，自從流民增多以後，莊園便把失掉了土地的流民，當作佃農吸收進去了。佃農最初是稱爲莊客、莊戶、佃客、佃戶等。從唐的中葉以後，莊園的土地主要是由佃農耕作了。佃農從他們的莊園主人貸借種子、農具、役畜、糧食、住宅（客坊）等，對主人則繳納佃租。

陸贄在德宗時奏道：『今制度弛紊，疆理隳壞，人擅相吞，又無畔限。富者兼地數萬畝，貧者無容足之居。依托強豪，以爲私屬，貸其種子，賃其田廬，終歲服勞，日無休息，罄輸所假，常患不足。有田之家，坐食租稅，貧富懸絕，乃至於此，厚斂促徵，皆甚公賦。今京畿之內，每田一畝，官稅五升，而私家收租，殆有畝至一石者。是二十倍於官稅也。降及中等，租猶半之。是十倍於官稅也。耕稼農夫之所爲，然兼併之徒，居然受利，官取其一，私（富）取其十。穡人焉能足食乎？……』（據萬國鼎中國田制史上二三一——二頁）

看這一段話，也可以知道莊園主對佃農搾取的苛酷了，大體收穫的二分之一被莊主徵取了。此外，有「貸田廬」的辦法，即住客坊的必須支付房租。莊園的佃農不外是被緊縛在他們的土地上的完全的農奴。

莊園有的是一處就擁有廣大的地域，有的有五十頃以上的土地，構成了一個村落（陶、鞠唐代經濟史五〇頁）也有存在於幾個地方的。如唐書上寫着有：『城南膏腴別墅，連疆按畛，凡數十所。』（舊唐書一一八、元載傳）

依據太平廣記所載：『天寶中，相州王叟者住於鄴城，富而夫婦外無子，積粟近萬斛，夫婦異常吝嗇，……莊宅尤廣，有客二百餘戶，叟常巡行客坊。』有佃戶（佃農）二百餘戶的莊園，不能不算是廣大的了。莊主爲着管理莊園，便設置了莊吏。

唐室也有莊園。曾設有內莊宅使來管理這些莊園。又有政府的官莊，特設莊宅使管理它們。但是，這些在經濟上並不是怎樣重要的。

在唐代，隨着佛教的隆盛，寺院在物質上也繁榮起來了。寺院也有莊田了，皇帝、王公、大官、富豪等布施田園的爲數不少。農民也喜歡捐贈他們僅有的土地和財產，企圖受到佛的救助。於是寺院富裕起來了。寺院用蓄積了的財富，更貸款貧民而盡量搾取。

一個寺院有幾所莊園的事實，由『長山縣長白山醴泉寺……莊園十五所』（陶、鞠唐代經濟史五九頁）的記載也可以看出。到了武宗時代，朝廷不能放任寺院的物質上的發展了，因此，迺告廢寺令，命令僧尼還俗。舊唐書上有：『天下所拆寺四千六百餘所，還俗僧尼二十六萬五百人，收充兩稅戶。拆招提（私設小寺院）蘭若（庵室）四萬餘所，收膏腴上田數千餘萬頃，收奴婢爲兩稅戶十五萬人。』（舊唐書卷一八、武宗紀）由上面這段記事也可以知道寺院當時是有着廣大的土地。武宗以後，廢寺令又被取消了。

日本的莊園有不輸不入（immunity，即免除繳納租稅和國家官吏的干涉——譯者）的特權，但是中國的莊園，是沒有這種特權的。

「碾磑」在唐以前就已經發明了。「碾」是搗帶殼米或粗米的器械，「磑」是碎米爲粉的器械，都是用水力運轉的。但是雖然這「碾磑」也有屬於官有的，可是它的所有者主要是做莊園主的貴族、官僚、富商、寺院等。而且，他們由此得到了很大的利益。農民沒有設置碾磑的力量，所以，只有依靠於碾磑的所有者了。據說玄宗時的宦官高力士，在澧水的沿岸，設五輪水碾，每日搗麥三百斛（舊唐書卷一八四、高力士傳）。宰相李林甫也由碾磑上得到巨大的利益。因爲設碾磑，不少妨害農民田地灌溉的事，所以大曆十三年下詔除去白渠水支流的八十多個碾磑（舊唐書卷一二〇、郭子儀傳。）

由於貴族、官僚、富商大量的私有土地，使自耕農沒落爲佃農，在新的榨取關係底下，更加剝削農民；此外，他們設有碾磑車坊（貨馬車）等，也可藉以得到了很大的利益。

第六節　唐代工業和商業的發展

在唐代，國家設立了許多的工廠，製造官府和皇室需要的物品。有「少府監」「將作監」及「軍器監」統管這些工廠。設在這些機關底下的工廠，有織錦坊、氈坊、毯坊、酒坊、染坊等。又各道地方的官府也設立了多數的工廠如錦坊、鑄錢坊等。此外在礦產地方設有「掌冶監」「鑄錢監」等（陶、鞠唐代經濟史一二八頁。）在唐代，散在於諸州的官營工業機關也不少（鞠清遠唐宋官私工業七頁。）

舊唐書后妃傳有：『宮中供貴妃院織錦刺繡之工，凡七百人。』又新唐書卷八百官志中有：『少府監——短番匠五千二十九人，綾錦坊巧兒三百六十五人，內作使綾匠八十三人，掖庭（後宮）綾匠百五十八人，內作巧兒四十二人，配京都諸司諸使雜匠百廿五人。』『將作監——短番匠一萬二千七百四十四人，明資匠二百六十人。』更有：『少府監匠一萬九千八百五十人。將作監匠一萬五千人。』（唐六典註——據鞠著唐宋官私工業八頁和二四頁）由這些也能夠察知唐代官營工業的盛況了罷。

官營工業所用的工人，起初大概以番匠爲主。唐代所謂的番匠，是從製造貿易品的工人中，選出體格強健而技能優良的來充當，并提供徭役於官營工場。因爲他們被分成班，在官營工廠裏工作二十日便下番，所以稱爲短番匠。但是番匠不想就役時，能夠出資金代役。這時完了役應該下番的匠人若果不下番而再就役時，就可以得到其他匠人應得的資金而爲長上匠。這長上匠是近似傭於官府的工匠了（唐代經濟史一二九頁。）役匠之外，還有和雇的工人。這種工人是拿出工銀雇來的。『永徽五年……築京師羅郭，和雇京兆百姓四萬一千人，板築三十日而罷。』（舊唐書高宗本紀）在官營工廠裏，有奴隸是從事勞動，官奴婢是要長期在廠勞動的。比官奴婢地位稍高的官戶一年作工三番，地位再稍微高點的雜戶二年五番。每番都是一月，若果他們不願意上番，能夠納資金代役。另外還有一種匠人，是判徒刑的囚人（唐代經濟史一三〇頁。）

私人的工業在那時也又興盛了。『唐定州何明遠大富……資財巨萬，家有綾機五百臺。』（太平廣記三四三頁——據唐代經濟史一二四頁）至於礦碹的盛況，已經述過了。

長安和洛陽兩京，不待說是工商業的中心地；就是在各地方，工業也很發達，最發達的應該首推揚州了。揚州是造船業、皮革業、銅鐵工業的中心；所謂「揚州銅鏡，」「揚州錦袍、氈帽」都是當時著名的商品。安史亂後，揚州又成了印刷書籍的中心地。其次便應該推到四川成都了。在唐代絲織業與商業特別發達，全國貨幣經濟最爲發展的地方，也當推四川。成都一帶，在唐代也是一大造紙業中心。此外四川的鹽業也很興盛。河南西南部，是產銀和銅的礦區，這裏的磁器也有名。山西是鐵的出產地，太原的銅器，絳州的墨，蒲州的紙，都是貢品，採煤業也很發達。河北定川在唐代是一大絲織地，定州有商業資本家開設的手工業工場，這是值得注目的。河北邢州的磁器很有名。易州著名的是墨。蔚州飛狐縣是一很大的採銅和鑄錢的地方：開元中設十爐，旋設五十餘爐，利用拒馬河水，以水力鼓風鍊銅熔銅。按照唐代的規定，每爐丁匠三十人，鑄錢工人在全盛時代當有千五百人。山東萊蕪是一採鐵工業地域，青州絲織業較盛，登州是造船工業的根據地。江蘇南部，安徽的江東部份，江西東北部，與浙江西北部，也是礦業開發較盛的地方。關於銀、銅、鐵礦新唐書食貨志（卷五四）上記着：『宜、潤、饒、衢、信五州，銀冶五十八，銅冶九十六，鐵山五，錫山二，鉛山四。』饒州浮梁的磁器，武德中即已著名，勾容有一官立大銅器工廠。湖南郴州是銀礦和銅礦的所在地，同時又是棉布的大集散地，盛於唐代的桂管布斑纈，大部分是從這地方出產的。湖北襄陽是著名的漆器出產地（以上主要的是根據唐代經濟史一三一——一三四頁，）

此外，我們還不能忘記當時也有還未和農業分離的家庭手工業的廣泛的領域。

唐代在都市裏已經組織了商業及手工業的行會，卽同業組合，「行」除了是商店名稱以外，有兩種意義，一種是地域的名稱，同業商店的街被叫作「行」。例如，有一個街名爲「秤行」，在那兒開鋪的，便大部分是造秤賣秤。在長安西市市署前，有叫作「大衣行」的街，在那兒多半是賣衣服的商店；「行」的另一種意義，是職業的分類：如織錦行，金銀行，伍作行（似現今北平的槓房，卽葬儀鋪，唐代長安的槓房，多集於豐邑坊；）凡是同職業的店鋪，都有一種組織。唐代聚集在都市中的手工業店鋪，組織成「行」，聚居在一個街上從事工作。散居在各處的也有；這種店鋪的名字當時通常叫做坊或鋪。坊、鋪是工匠們工作的地方，也是他們發賣所製商品的地方（陶、鞠唐代經濟史一二二頁。）

當時工人的反抗好像也不少。下面的一段記事，可以作爲一個例子：「築台夫每日三千官役，寒食之節（冬至後一百零五日，據說這節日有疾風暴雨，習慣上這天斷火冷食，）不蒙放出，大怨，執器杖，三千人一時衙聲。皇帝驚怕，每人賜三匹絹，放三日假。」（入唐求法巡禮行記卷四——據鞠清遠唐宋官私工業二六頁）

唐代手工業生產的發達，促進了商業的發達；商業的發達又更促進了手工業的發達，手工業生產品不特開拓了國內市場，也在國外開拓了市場。商業資本急速地被蓄積在商人的手裏了，貴族和官僚也熱中參與商業而獲得利益。交通機關的發達，是商業發達的前題條件；隋代已經開鑿了大運河，唐代更以長安為中心，建築了陸上的大交通路；設驛傳驛馬的制度，圖謀交通的便利。唐武德四年（西紀六二一年）高祖企圖實現貨幣的統一，而開始鑄造了銅錢，即開元通寶。這種銅錢全唐代都有鑄造，也成了後世鑄貨的標準。其他高宗肅宗德宗等時代，也還各自另外鑄造了不同的銅貨，可是都沒有長久繼續下去。此外，商人由私鑄的壞錢，在經濟上起了不少惡影響。開始於唐代的叫做「飛錢」的一種匯兌制度，給商業交易以很大的便利，這種制度主要是施行於茶商之間。手工業和商業的發達，使在各地都出現了都市，而國都長安的發達特別值得注目。據說，玄宗天寶初，長安戶數達三十餘萬。

商業資本的發達，是唐代外征的一個動機，唐帝國的廣大的領土膨脹，確實使唐代的外國貿易，有了顯著的發展。不惟在北方有陸路的貿易，南方也盛行着海路的貿易。外國商人可以自由到中國往來和居住各地。在廣州、揚州、長安等地，有外國商業的邸宅商店。當時已經有有治外法權的外國人的居留地。唐的周圍的諸民族，當朝貢唐朝時，普通也帶着些私貨作貿易。政府在貿易港設市舶司，使監督對外貿易，徵收關稅。貿易港除廣州、揚州以外，有交州（安南）泉州

（福建）杭州（浙江）等。

『其時，西方諸國之商人，來於河西諸郡貿易者凡四十餘國，其中，猶太人最多。中國商人之往印度波斯等地者亦不少。海路之互市舉市舶官使掌之，以使徵收關稅。南自南洋羣島，西經錫蘭島，入波斯灣；或沿阿拉伯半島之海岸，而至紅海，皆中國商人所經之航路。其來中國者，大食國人（阿拉伯人）最盛。武后時，在廣州泉州杭州諸海港營商者之數，以數萬計。貿易品之自唐輸出者，茶最盛。』（王桐齡中國史——據蔡雪村著前書二四八頁）

當時中國的主要輸出品除茶外，有絹，磁器等。從外國的輸入品，是香料，生藥，象牙，犀角，眞珠，玳瑁，紫檀等。這些輸入品，主要的不外是貴族、官僚、富豪的奢侈生活的要求而已。

日本和隋朝已經有了交涉，但是，到了唐朝，交涉更爲密切，曾派遣了許多遣唐使到中國來，日本除了和唐朝互通貿易之外，還努力吸收唐朝文化。日本孝德天皇大化元年（西紀六四五年）的大化改革也難否認是大受唐朝的影響。宇多天皇時，停止派遣遣唐使後，和唐朝的正式交涉便斷絕了；但是，日本僧人和商人還是不斷地到中國來。

商業資本的發達，同時也是高利貸資本的發達。中國的封建官僚，看見商業資本攫取了農奴和手工業者的大部分剩餘生產物，便毫不躊躇地也和商人并肩往商業方面發展；同樣封建官僚看見了高利貸資本的厚利，便也不恥和高利貸者為伍。國際貿易的發展，使滙兌商，高利貸者抬頭，外國貿易，不能不依靠於高利貸者的資本。而封建的官僚，也想借高利貸的力量，得到很大的賺頭。

第七節　科舉、藩鎮的割據、唐代的意識形態

隋代設科舉制（選舉制）的事已經敍述過了。唐也依照着隋制而設科舉制。科舉是登用官吏的方法。官僚封建制的特徵是：國家機構的各個地位，大體上不是世襲的，能夠由試驗被採用為國家機構的一員，然後能夠把地位漸漸地提高起來。在這點上，我們不能漠視了科舉所發生的作用。有應科舉的資格的是：卒業了的學校的生徒，和由州縣經過試驗，被推薦來的鄉貢。（註）科舉的科目中有：秀才，明經，俊士，進士，明法，明字，明算，一史，三史，開元禮，道舉，童子等（新唐書卷四四，選舉志。）其中進士科最盛，據說每年應進士試者達千人。其次是明經科最多。唐代諸帝都注重經學，所以經學成為科舉的科目。經學也最適宜於為官僚的意識形態，所以必須用它來製

（註）此外還有科舉制。這是由天子自己詔舉非常的人才。

造典型的官僚，把他們禁錮在這種意識形態的中間。錄用官吏的試驗，注重文章；但是，這種文章，形式的美比內容更爲重要；獨特的思想，不特是不必要，而且認爲是有害的。官吏的思想方法，必須以經學爲基礎而使之劃一。

太宗命孔穎達作五經正義，企圖統一經學。高宗永徽四年，該書被採用於科舉試驗，如果能諳誦五經正義，科舉試驗便可以及第了（世界歷史大系第五卷四〇四頁）

武后長安二年，還設武舉制，試驗武人的武術而加以錄用（新唐書卷四四、選舉志）

入國子學，太學，四門學等學校的資格，各有不同，是由父親，祖父，曾祖父的位階來決定的。庶民能夠入學的是四門學，學生千三百人中，有五百人是有一定位階的人的子弟，其他的八百人才准許庶人的俊才入學（新唐書卷四四，選舉志）在這兒，雖然說是庶人，但也是地主和富裕商人的子弟罷。貧窮的農民和手工業者，當然沒有進學校的餘裕的。

結局，能應科舉的試驗的，主要的是官僚階級的子弟，少數是地主和富裕的商人階級出身的。

唐在起初的時候，設總管府於國內樞要地帶，便統轄數州的兵馬。但是，武德七年改總管府的名稱爲都督府。過後都督府也有被廢了的。邊境地方的都督府，可委以兵權，以當國防的任務。

但是，太宗高宗的時代，盛行外征，唐帝國的領土擴張起來，從而以前的都督府不充分了，因此，設都護府；後來，玄宗時設十節度使於邊境地方，都護府成了隸屬於它的機關了。

節度使有非常廣大的權限。防護邊地的兵力完全歸他節制，並且還獲得了地方的行政權。天寶初，駐屯邊境的鎮兵，數目非常的多，達四十九萬人，馬八萬匹（世界歷史大系第五卷八三頁。）節度使握着兵馬大權，所以漸漸增大其權力，把地方租稅的徵收權也握在手裏，而完全割據了他所駐屯的地方，和諸侯沒有甚麼區別了。唐朝的中央集權，就這樣地被削弱了。

玄宗時安祿山兼平盧范陽河東三節度使，擁兵二十萬，遂至興起叛亂。這叛亂雖然好容易被鎮壓下去了，可是唐代王朝因此受了嚴重的打擊。安史亂後，節度使的權力愈益強大起來了。

節度使握着大部分鹽產地於其手裏，茶稅也是他們所窺伺的。茶稅以外，也抽收楊地錢（通行稅）節度使還極力兼併土地，藩鎮愈益跋扈，幷支配地方的財政，因此中央的財政愈陷於困難。後來藩鎮終於成了世襲的了。此外也有士卒自由擁其統帥充任藩鎮的。德宗時有四十餘藩鎮，其中河北三鎮，河南三鎮，淮西五鎮最爲跋扈，不奉朝命（世界歷史大系第五卷一一七頁。）

儒教思想在唐代並沒有新的發展：但是貴族和官僚子弟的教育是以經學爲重，科舉的科目，雖然起初也用老子的道德經等，可是經學還是主要的中心。特別是到孔穎達的五經正義統一了經學以後，科舉的試驗也便依據它了。換句話說，官僚階級的意識形態的統一被它完成了。

佛教和上流階級密切地結合起來，在唐代達到了極盛時代。其在精神界的繁榮，是和在物質界的經濟的繁榮並行着前進的。寺院收受田園等的施贈，而領有了非常廣大的莊園。但是寺院的土地兼併，畢竟不外是奪取小農民的土地。此外寺院還設有水碾來搾取農民。寺院一方面也確實經營着高利貸，不用說也領有多數奴婢了。所以可以說佛教確實完成了封建主義宗教的適切的發展。

道教也表現了發展。道教在唐初也是和上流階級結合了的，在唐初得到了王室的保護和信仰，因此發生了佛教和道教的對立。但是，僧侶乘武則天大信奉佛教的時候，便僞作大雲經，誌武后受佛預言而君臨天下的因緣；所以武后就下詔將之頒布於天下，并在諸州縣建立大雲寺，把僧尼的地位提高到道士和女冠之上。因此現出了唐代佛教的全盛時代（世界歷史大系第五卷三九八頁）。過後，武宗大信道教，斷行廢佛；因此，佛教才受了重大的打擊。

唐代的文學，特別是詩，極爲興盛，出了李白杜甫白居易等有名的詩人。美術也在繪畫方面產生了優秀的人才。唐代實在現出了貴族官僚文化的燦爛的榮華時代。

第八節　唐末的農民叛亂（黃巢之亂）

安史亂後，農民的逃亡者漸漸多起來了。被奪了土地而不能不逃亡的農民，多數成爲客戶（佃農）流進當時愈益發展着的莊園裏去了。寶應元年（西紀七六二年）四月的詔裏說：「近日以來，百姓逃散，至戶口十不半存。」（唐會要卷八五）農民的流亡不用說多半由於繁重的租稅和課役，以及兵災、水災和旱災，加以王公、官僚、富人兼併了他們的土地等的緣故。

但是，唐代的特點是：這樣的封建的搾取以外，商業資本、高利貸資本的搾取也特別顯著，商業資本的發達支配了農村經濟。農民的生產物要受商人的支配，即農業生產物的價格要受商人的左右。

唐代米價的騰貴，顯然是由於商業資本的發達。太宗貞觀時，米價一斗三錢的，在玄宗開元時（在東京）漲到了十錢，代宗永泰時（在京時）漲到一千四百錢，僖宗中和時（在長安）更漲到三萬錢（據蔡雪村中國歷史上的農民戰爭二六二頁。）米價這樣的騰貴使都市貧民和農村貧農遭遇了很大的痛苦。

唐代對鹽、茶、酒等，或者課稅，或者由政府專賣。政府想對這樣的日用品課稅或者專賣來賺錢，這大使民衆受苦。

鹽是日常的必需品，農民又是其最大的消費者。唐初，鹽無稅，玄宗時纔開始課稅的。但是，天寶至德（至德元年是西紀七五六年）間，鹽價每斗不過十錢。可是到了乾元元年（西紀七五八年，）鹽成了專賣品，所以鹽價暴騰，每斗漲到了一百十錢。後來由劉晏採取政府從生產者買鹽來賣給商人的新方法，政府也能在這中間大占利益，鹽商也能任意賺錢，所以『晏（劉晏）之始至也，鹽利歲纔四十萬緡，至大歷末，六百餘萬緡，天下之賦，鹽利居其豐，宮闈服御，軍餼，百官祿奉皆仰給焉。』（新唐書卷五四，食貨志）政府得到了利益，鹽商得的賺頭更大，而鹽價也愈益騰貴。德宗『貞元四年（西紀七八八年，）淮西節度使陳少游奏加民賦，自此江淮鹽每斗亦增二百，成爲三百十錢，其後復增六十，河中兩池鹽每斗爲錢三百七十。江淮豪賈（豪商）射利，或時倍之，官收不過半，民始怨矣。』（新唐書卷五四，食貨志）看這些記事，可以知道鹽政的病民了。

農民在鹽上面，被封建政府和商業資本的搾取所苦。『鹽沽益貴，商人乘時射利，遠鄉貧民，困高沽，至有淡食者。』（新唐書卷五四，食貨志）

安史之亂以來，唐封建帝國愈益衰落了。『自天寶以來，大盜屢起，方鎮數叛，兵革之興，累世不息。』（新唐書卷五一，食貨志）愈益窮乏下去的農民，被兼併了土地而流亡，或者成爲盜賊，或者流進了莊園而成爲佃戶。流亡的農民雖說是作了佃戶，可是，並不因此就得到解救。佃戶的被迫來過農奴的生活，不外是受莊主的更殘酷的封建搾取。因此，世界越加紛亂，到處都令人感到遲早總會發生騷動的。在這兒最有興味的，是政府爲了鎮定這騷然的世界，曾用盡了所有的方法。德宗在興元元年（西紀七八四年）發表了罪已詔。詔書上面如次般寫着：——

『朕長於深宮之中，暗於經國之務，積習易溺，居安忘危，不知稼穡之艱難，不恤征戍之勞苦……猶昧省己，遂用興伐，徵師四方，轉餉千里，賦車籍馬，遠近騷然……力役不息，田萊多荒，暴令峻於誅求，疲民空於杼軸，轉死溝壑，離去鄉里，邑里丘墟，人烟斷絕。天譴於上，而朕不寤，人怨於下，而朕不知……』（舊唐書德宗本紀）

但是這個非常的詔書，對於鎮定『遠近的騷然』也不生多大的效果。舊唐書（卷二〇〇、下）黃巢傳上寫着：『乾符（西紀八七四——八七九年）中仍歲凶荒，人餓爲盜，河南尤甚。』又有：『自懿宗以來奢侈日甚，用兵不息，關東連年水災……百姓流殍，無所控訴，相集爲盜，所在蜂起，州縣兵少，人不習戰，官軍多敗……王仙芝聚衆數千人，起於長垣。』（御批通鑑輯覽六四

——據薛農山中國農民戰爭之史的研究上册，一三四頁）這樣，農民暴動遂不得不起來了。

僖宗乾符元年（西紀八七四年）濮州（今山東東臨道濮縣）人王仙芝率民衆起暴動。乾符二年，陷濮州、曹州、（山東濟甯道。）王芝仙初起暴動時，在他指導下的民衆不過是三千人；可是到了陷濮州、曹州時，已經聚集起一萬人了，於是王仙芝號大將軍，傳檄諸道，說：『官吏貪沓，賦重，賞罰不平。』乾符二年（西曆紀元八七五年）寃句（今山東濟甯道，荷澤縣城西南）人黃巢起來響應王仙芝。黃巢是賣鹽商人家裏的兒子，家裏相當有財產，黃巢起叛亂的時候，率領的民衆僅幾千人：但是到轉寇河南十五州時，便有民衆幾萬人了。王仙芝陷落的地方是河南、淮南、江南諸州。所到的地方，對支配階級的走狗和富戶，取了焚燒、刼掠的手段。但是，王芝仙到乾符五年時被殺了，他的部下率餘衆附黃巢。黃巢號衝天大將軍。他率河南和別地的民衆十萬餘，陷鄆州、沂州、濮州、宋州、汴州等。又南渡揚子江，陷江南西道諸州，東到浙江，更攻福州、建甯，順道南下，陷了廣州（周谷城：中國社會之結構二一二—二一三頁。）

廣州陷落後，多數市民被殺戮了。此外，據說在廣州經營商業的回教徒，猶太人、希臘人，基督教徒，拜火教徒等外國人也有十二萬人被殺了（沙發洛夫著、早川譯中國社會史二八二頁。）

黃巢陷廣州後，對唐朝要求任命爲天平節度使（新唐書盧攜傳。）如果被允許的話，他也許會做天平節度使而感到滿足了。這一件事却很有趣地暴露出他的小資產階級的根性。

廣州是商業資本發展了的經濟上非常重要的都市：但是在嶺南地方，流行着利害的傳染病，暴動農民很多死於這病，所以，黃巢遂放棄廣州而北上了。廣明元年（西紀八八〇年）十月，陷東都，十二月攻進潼關，陷了長安。唐僖宗逃到蜀地。

黃巢率農民軍到長安時，所掠得的金帛便施於貧民，對富人則大事掠奪，殺被俘的官吏，唐宗室的王公被殺的也不少。這不外是民衆向着貴族、官僚、商人、高利貸地主等雪怨的報復行動罷了。黃巢在長安曾自稱大齊皇帝。

黃巢的農民軍有時曾增加到五十萬以上。後來農民軍中出現了朱溫那樣的腐敗者，投降軍官而想獲得高位；所以，民衆隨着指導者的腐敗，也離去了不少了。

但是，他方面，逃到四川去了的僖宗，藉助於西突厥；所以李克用才發兵來援救唐朝，致使已經走到死路的唐朝再得苟延殘喘。黃巢被李克用所破，中和四年（西紀八八四年）在汴州為其部下所殺。那時在黃巢指揮下的農民軍，不過只有千餘人了。

第九章　官僚的中央集權的封建制的沈滯和發展的交錯時代

第一節　宋朝的統一、宋代經濟的發展和封建制的矛盾的發展——農民鬥爭

唐在安史之亂以後，藩鎮的跋扈愈甚，愈使中央集權的力量崩壞，遂至出現了黃巢之亂，使唐朝受到了致命的打擊。黃巢之亂的叛將，降唐而易名朱全忠的朱溫，被任爲節度使；但是，在西紀九〇七年，唐朝就被這朱全忠所滅亡了。

從朱全忠創建了後梁以後的五十三年間，後唐、後晉、後漢、後周等相繼興亡；所以被稱爲五代。此外，軍閥同時還在各地割據，所謂十國的興亡也便發生在這同一的期間。從唐末到五代，中央集權制完全衰滅，而讓各地羣雄跋扈起來。

後周的節度使趙匡胤在西紀九六〇年，受後周禪讓而創建宋朝，建都於汴京（河南省開

封）當時各地還有七國獨立着；但是他漸漸使他們降服，結果又統一了中國。於是，再確立了中央集權的官僚政治。

宋朝想在官制上，兵制上、財政上、使中央集權化更加徹底。唐朝雖然也是官僚的中央集權的封建制，但是，一方面還充分地具有貴族政治的色彩；可是到了宋朝則官僚政治更加強化，成功更徹底的中央集權化政權了。

但是，宋朝在政治上並不是一個強盛的國家。唐末在東北邊勃興起來了的一種叫做契丹的蒙古族，在五代時侵入北中國地方奪取燕雲十六州（河北山西北部）而號稱遼。宋朝不但對遼沒有辦法，反而對它贈送貢物（銀十萬兩絹二十萬匹）以保持和平。其後在現在的鄂爾多斯地方的西藏族建立了西夏，跟着唐代靺鞨的後裔女貞也起來建國，自稱國號爲金，滅亡了遼。宋和金約定每年贈金銀二十萬兩，絹三十萬匹、而金把被遼奪取了的北邊十六州歸還於宋。但是，金不實行這契約，所以宋更約定增加年額緡錢百萬，給與糧二十萬石，好容易纔把燕州等六州弄到手裏。但是金以未送糧二十萬石等爲口實，攻陷了開封（西紀一一二七年）於是北宋就滅亡了。北宋欽宗的兄弟康王逃出開封，即帝位稱高宗，改杭州爲臨安府，定爲國都，在那兒建立了南宋。但是南宋反而要臣事金人，受金的册封，每年須納銀絹各二十萬作貢物而暫保和平。

由宋史上的『五代以來……百姓失業田多荒蕪』（見宋史卷一七四食貨志）的記載看來，我們便可以知道從唐末到五代，因戰亂頻仍，弄得農民流離失所，田地多歸荒蕪了。而耕地都集中在貴族、官僚、地主、商人的手裏，所以在宋代，莊園表現了非常發達的狀態。又從『勢官富姓，佔田無限，兼併冒僞，習以成俗，重禁莫能止焉』『北宋既如此，南渡以來，更進展矣；強宗巨室，阡陌相望。且多無稅之田』（均見宋史卷一七三食貨志）和熊得山在中國農民問題之史的敍述裏引用的『縣（汜縣）內由於逃田及戶絕被沒於官之田最多；……內有一李誠莊，方圓十里，河貫其中；……有佃戶百家，年年納租課』（見讀書雜誌第三卷第三四期合刊）看來，我們可以知道在宋代，廣大的土地被富豪兼併，而且不納賦稅，事實上很多田園都成爲無稅之地了。

其後政府大大地注意灌漑的設施，幷獎勵墾田制度，於是墾田確實有了很大的增加。據說：從神宗熙甯三年到九年的七年間，諸路的墾田合計達一萬七百九十三處三十六萬一千餘頃（世界歷史大系六卷九六頁）但是，結果使得富豪的兼併似乎更加利害了。貞宗時有『亂亡之後，田廬荒廢，詔有能占田而倍入租者與之。於是腴田悉爲豪戶所占，流民至無所歸。』（宋史卷二九五謝絳傳）由這也可以知道了富豪兼併土地的情形。當時，曾發明了一種人犂，用以代替牛犂，而且流行很廣。我們雖然一方面不能不承認宋代農村生產力有了相當的增進。但是，如果與都市經濟的發達狀態比較起來，在整個上，農村顯然還是陷於疲弊狀態的。沙發洛夫曾指摘出當時土地枯竭的情形，他說：『到宋代，實施野蠻的耕作方法的結果，土地的涸竭已達到了顯著的程度。』（早川二郎譯中國社會史二八八頁）

宋代農民租稅的負担非常地重：田賦以外，還有稱爲「加耗」的田賦附加稅，有丁口稅和其他許多的雜稅。此外還有所謂「和買」，這起初是政府拿出錢來收買人民的絹帛，但是後來這種絹紬變成了無代價的貢品了；並且還使人民把一部分「和買」的絹紬折錢繳納，而稱爲折帛錢；又甚至不僅是「和買」的絹紬，連正稅的絹紬也須折錢繳納了；加之，當收繳折帛錢的時候，所折的絹價，比較實際的絹價還要高些。

在宋代的，特別是南宋的軍費，達到了龐大的巨額。西紀一一六九年左右（孝宗時，）估計軍費總額達到了八千萬貫。爲着維持邊防，是必需養多數的兵員的。兵員增加得最大的時候，是在仁宗慶曆年間（西紀一〇四五年前後，）禁軍廂軍共達一百二十五萬（宋史卷一八七，兵志。）又在宋代，卽西紀一〇〇六年前後，官吏數額是一萬人；但是，在一一九七年左右，竟增到四萬三千人（世界歷史大系六卷二八二頁。）爲着維持這些龐大的軍隊和官吏羣，這負擔主要是落在農民的身上了。

在宋代，江浙的富豪常築堤圍湖，開水窪爲田。大的叫做圩田，有週圍達數十里的。但是，這太大的妨害了農民的灌溉，致使農民易受水旱之災（萬國鼎中國田制史上三二三—四頁、世界歷史大系六卷二九六頁。）

在宋代，鑛山收爲國有，官府不營的便任民營。宋代有金、銀、銅、鐵、鉛、錫等等鑛區，冶金所、監督所、鑛務所等二百餘所（宋史卷一八五，食貨志。）在皇祐年間（西紀一〇五〇年前後，）政府收納的鑛稅，年額是金一萬五千九十五兩，銀二十一萬九千八百二十九兩，銅五百十萬八百三十四斤，鐵七百二十四萬一千斤，鉛九萬八千五十一斤，錫三十三萬六百九十五斤，水銀二千二百斤；後來在元豐元年（西紀一〇七八年）改爲金一萬七百十兩，銀二十一萬五千三百八十五兩，銅千四百六十萬五千九百六十九斤，鐵五百五十萬一千九十七斤。鉛九百十九萬七千三百三十五斤，錫二百三十二萬一千八百九十八斤，水銀三千三百五十六斤（宋史卷一八五，食貨志。）這些數字并未表示出這些金屬的全產額；但是中間如像銅錫等差不多也可以看爲是全產額的，所以我們可以認爲上面的數字已大體表現出宋代冶金工業的發達的情勢。在宋代，煤炭的採掘也很盛行了。造船工業的技術，比較外國還要優秀些；紡織工業、製紙工業、印刷工業、陶磁器工業、漆器製造業等也很發達。

在中國，單純協業的工場制手工業，老早就發生了；這不特可以見之於唐代，並且還可以回溯到漢代去。這工場制手工業在宋代更加發達：在冶金工場，織物工場，兵器工場等的官營諸工場中，有的雇用着達到數百、數千，甚至數萬的工人。據說京師的兵器工場有時曾雇用了四萬餘職工（世界歷史大系六卷一一二頁）。政府的紡織工場，是設於京師，成都，和東南地方。聚集着多數的職工，紡織的大都是高級用品，在京師的場院，有織工四百人（世界歷史大系六卷一一二頁）。又在蜀（成都）的官營的織錦工場，有職工三百三四十人，依着各個的分業工作着（鞠清遠唐代官私工業六二頁）。又根據鞠清遠引用的材料：當時在兵器工場，有工匠五千七百人；在官營製紙工場，有一千二百人；在蘄新的鐵錢監，有三百人；在三十六個冶金工場，各有百餘人（唐代官私工業三九頁）。由此也能夠知道宋代工場制手工業發展的大體情形了。

在宋代的官營工場中，還使用着官奴婢，但是這種情形漸漸地減少了；宋代官業的職工大多數是雇傭的。唐代官業的職工，雇傭來的也有；可是主要還是義務服役的。但是到了宋代，雇傭的工匠成就了主要的成分了。

唐代都市的同一種類的手工業者，被組織在某一定的區域內，把它稱作『行』；但是，到宋代，手工業者的區域制漸次崩壞，『行』於是成了同業店鋪的共同組織了。另外，匠人們聚集起來，創造了一種『當行』，這就是一種同職者的組織（鞠淸遠唐代官私工業一九六頁）。鞠淸遠還說：純工匠的『行』相當於唐代的「團」「火」，而「團」「火」等是『行』的前身，但這種說法是令人難於首肯的。新唐書百官志上有：『凡工匠，以州縣爲團，五人爲火，五火置長一人。』由這便知道：「團」「火」不是匠人的自發的組織，是官憲從賦役的便利上創造的，和匠人爲擁護自己的利益的組織，性質完全不同了。（註）

在宋代，國內商業也顯著地發達了，國內市場的範圍也確實擴大了。這是由於軍閥割據的地方經濟的孤立狀態被打破，而發展爲全國規模的國民經濟了。隨着商業的發達，產生了商業資產階級。販賣茶、鹽、米等的商人中，有不少是豪商。京師米商百餘家的販賣額，達千數百萬貫，一個商店的平均販賣額是十數萬貫。又據說：在西紀一一六九年，江西路撫州宜黃縣商人莫寅造大船，曾帶錢三百萬往淮東路買鹽來販賣（世界歷史大系六卷一四三頁）。拿這些例來看，也可以知道當時已經有巨大的商人了。

外國貿易，特別是來自中國東南方面的海路的外國貿易，到宋代愈益興盛了。廣州，泉州

（註）世界歷史大系六卷一一〇頁上寫着：『他們（手工業者）爲着擁護自己的利益，組織了組合，把這手工業者的組合稱爲「作」或者「分作」。』

（在福建省）明州（在浙江省）杭州等都是外國貿易的商港。在南宋的時候，泉州曾比廣州還較爲繁榮。宋代是阿拉伯人對中國貿易的最爲活躍的時代；當時阿拉伯人在各商港設租界居住，甚至還具有一種治外法權。北方的陸路貿易因爲邊疆不安定，所以差不多是陷於停頓的狀態。

隨着商業的發達，商業都市也發達起來了，從農村的農業分離而獨立了的手工業，都集中於都市了。在宋朝元豐年間，十萬戶以上的府州數有四十六，二十萬戶以上的有七個。在唐代，就在最繁榮的天寶年間，十萬戶以上的州僅不過十三個而已（世界歷史大系六卷二〇五頁；）兩相比較，可以明白地看到了都市發達的傾向。南宋末，都城臨安城內外居民約達三十萬戶，人口約達百五十萬（同書二〇六頁。）

宋代的貨幣有銅鐵錢、金銀、絹帛、紙幣等，銅錢是主要的貨幣。但是，到了南宋，銅的採掘量減少，銅錢的數量也顯著地減少。北宋至道末（西紀九九七年前後，）國家的歲出是錢一千六百九十三萬貫，金一萬四千八百七十兩，銀六十二萬餘兩（戴銘禮中國貨幣史三三頁。）由此也可以知道金、銀在流通過程中的重要性了。一般通行紙幣，是南宋紹興末年（西紀一一六二年前後）以後的事；這算是在世界上最古的紙幣了。

眞宗時，蜀人因爲鐵錢過重，不便於交易，因此，富豪十六人以紙作券，稱爲「交子」，分爲一文和一緡（一千文）兩種，用它們作交易。這是以三年爲一界或六十五年爲二十二界而兌換的。後來仁宗時，把「交子」的發行收在政府的手裏，禁止私造，每界的最高兌換額爲百二十五萬六千三百四十緡（宋史卷一八一，食貨志。）這「交子」乃更具了紙幣的作用。但是，後來因爲沒有兌換的準備而且任意濫發，因此一緡降落僅值十數文了。西紀一一〇七年，把「交子」改名爲「錢引」（見錢交引，）但是，實質上也是和「交子」差不多。當時還有一種「會子」也和「交子」同樣具有紙幣的性質的；臨安金融業者開始創造時，僅只通行於兩浙；但是後來在淮浙，湖北，京西各地也通用了；不僅當着票據，而且和現錢同等被使用了。後來這「會子」也和「交子」同樣的改由政府去發行了。不過這「會子」的發行額也是漸漸增加，在紹興五年（西紀一一三二年，）達到了三億二千九百餘萬緡（宋史卷一八一，食貨志。）這樣，隨着濫發和增大，「會子」的價值日漸低下，在南宋末已經和紙屑一樣了。此外，在北宋時代，還發行了作匯票用的「公據」「關子」等，後來也被當作紙幣而流通到市面了。並且還有「鹽鈔」「茶引」等，都是當作有價證券使用的；「鹽鈔」是交付鹽的證券，商人納銀錢於政府買「鹽鈔」又把它拿到鹽產地去兌換鹽。「鹽鈔」在米商和鹽商之間是很通行的。

關於王安石的改革案曾有過種種的解釋；但是，認淸了它的本質的却似乎還很少。日野開三郎氏說：『王安石的經世方針的根本要領是如次兩項：（A）運轉商品和貨幣資本籌劃增加貨幣收入；（B）壓抑豪民的不正，救濟貧民和失業者（世界歷史大系六卷五七頁）我認爲（A）項是可以承認的，可是（B）項則還有問題。誠然，王安石的「青苗法」「市易法」「募役法」等，都可以被解釋爲是政府壓抑高利貸而救濟貧農、小商人、失業者的慈善行爲。因爲「青苗法」是在春天的青苗期間，農民最窮乏，而高利貸正想施展其貪婪的魔爪的時候，政府却以低利貸借金錢和穀物於貧乏的農民，使在秋收完畢後歸還本金加以一成的利息。「市易法」是政府以金融貸給小商人，而收取相當的利息。「募役法」是使不就役者出免役錢，用這錢以賤價工資雇用失業者；政府固然可以由此獲得免役錢和所付工資之間的差額，同時也似乎是救濟了失業者的方法。王安石的新法，都似乎是在籌劃增加政府的收入以外，還注意到救濟貧苦的人民。但是，王安石却不是這樣慈善的人道主義者。我們要了解王安石的新法的眞正目的，就不能忽視掉這樁事實：即王安石想出這種新改革案，并頒發青苗法的是在西紀一〇九六年，但距該年約七十五六年前，宋朝曾爆發過王小波和李順領導下的均產暴動。王安石是懼怕貧農和失業者發生叛亂的，因爲他知道歷史上許多的王朝都是被農民的叛亂所推倒了。

王安石注意到宋朝也已經是在農民叛亂中了，所以他要求高利貸者稍微讓步，而採取緩和農民的不平的方法。沙發洛夫說：『王安石是空想家，他不理解封建官僚的統治的階級基礎，不理解封建官僚是和商業高利貸的黑賬、欺瞞和搾取制度有着不可分離的關係。所以，他想從封建官僚制度中把高利貸制度完全消除，努力想把這制度改變爲有計劃的管理農民財產的宗法的組織。』（中國社會史三〇一頁）但是這個見解並不見得是正確的，王安石決不是這樣的空想家，王安石也是常常把目標放在對契丹和其他威脅着中國的北方的異民族的鬥爭上的。

宋代是熔老莊哲學和佛教思想爲一爐的儒教哲學的復興時代，而這種另呈一番新的面目的儒教之所以復興，是爲要適應當時的官僚階級的要求。經了五代的戰亂，而由宋朝統一天下之後，官僚的封建制又在全國規模上恢復了，而且走入新的發展階段了。但是遼金對宋朝加着壓迫。所以宋的官僚封建國家不能安定，不絕地陷於危機之中；並且宋的封建制內部潛伏着許多矛盾，隨時都有爆發農民戰爭的可能，所以官僚的封建國家被迫着不能不用這種儒教思想來強化它的統治。在這種要求下產生出來的就是所謂的宋學（道學。）宋學的倡道者有周濂溪、張橫渠、程明道、程伊川等人，但集其大成者却是朱子（熹。）我們特別應該注意到：宋學表現了想知宇宙本體，和想研究人類本性的探究精神。朱子對大學的『致知在格物』一句解釋道：『致、推極也，知、猶識也，推極吾之知識，欲其所知無不盡；格、至也，物、猶事也，窮至事物之理，欲其極處無不至也。』在這兒確實表示出一個接近科學的歸納法的方法。但是這想窮究物理的歸納法，也並沒有充分的發展，就爲觀念論所歪曲了。因此自然科學沒有在中國產生出來。宋代的儒者精於訓詁學而表現出批評的精神來。這種向自由探討的道路前進的精神的萌芽，可以看爲和商業資產階級的發生有着關係的。但是在中國，商業資產階級沒有轉化成產業資產階級，從而往自然科學的道路也沒有被開拓了出來。（註）比朱熹稍微後輩的陸象山是更澈底的唯心論者。以後到明朝，王陽明也是承襲陸象山的系統的一個有名的唯心論者。王陽明說：『夫物理不外於吾心，外吾心而求物理，無物理矣。』（王文成公全集卷二）

宋史食貨志這樣地寫着：

『比年多稼不登。富者操奇贏之資，貧者取倍稱之息。一或小稔，富者責償愈急，稅調未

（註）宋代隨着商業資本和高利貸資本的發達，數學也發達了。宋代刊行了多數的數學書（陳安仁中國近代文化史一一九——一二〇頁。）

畢，資儲罄然。』又寫着：『穀米未離場，帛未下機，已非己有。所食者糠粒而不足，所衣者綈褐而不完，直以世服田畝，不知舍此之外，有何可生之路？』

宋代的農民，苦於苛斂誅求和高利貸的搾取；在這樣的情形下面，農民自然不免要起來叛亂了。宋朝的農民鬥爭特別表現了進步性：因爲以前的農民鬥爭都是自然發生的，對於將來的建設，沒有甚麼主見，所以，結果也只是爲野心家所利用。而宋朝的農民鬪爭，却提出了「均產」的口號了。

王小波在四川聚衆領導均產暴動是北宋太宗淳化四年（西紀九九三年）二月的事。因爲宋太祖乾德三年（西紀九五六年）討滅了孟蜀的時候，便把蓄積在成都府庫裏的東西全運到汴京了。並且宋朝的官吏重斂賦稅，又設博買務（專賣局）禁止商人買賣布帛錦綺等，又設市場和織坊禁止私人織造這些織物，所以大使商人、手工業者、農民受苦。富豪和官人互相結託，利用「博買務」和市場，賤買貴賣而大賺其錢。在這樣的情形下面，所以王小波說：

「吾疾貧富不均，今爲汝均之！」

當王小波揭了這樣的標語而起來的時候，農民就立刻響應他了。叛衆陷青城彭山諸縣，掠奪或殺戮官吏和富豪，特別是貪官污吏不能倖免。彭山縣令齊天振，是貪污的官吏，所以被叛徒殺死；據說還剖其腹，在其中裝進錢和穀物。後來王小波在那年十二月和四川都巡檢使張玘開戰中箭而死；於是叛衆舉小波的妻弟李順爲帥。李順使富豪出錦帛而分與貧民，號令很嚴，沒有掠奪庶民的事情；所以，據說有數十萬人聚集在他的下面。淳化五年（西紀九九四年）正月，李順陷成都而據之。官軍同年五月圍成都，同年五日把它奪回了。李順和其他叛衆的幹部大都被軍官捕殺。但是其餘黨還分居各地，剿滅他們是很不容易的，尤其是張餘特別頑強，到至道元年（西紀九九五年）張餘被捕斬殺，這個叛亂好容易才被鎮壓下去，也有人說李順曾逃出了包圍，當時並未被殺，直到數十年後在廣州纔被捕的（以上據薛農山中國農民戰爭之史的研究一五三——四頁，和重松俊章宋代的均產暴動和其系統——史學雜誌第四十二卷第八號。）

南宋高宗建炎四年（西紀一一三〇年），在湖南有鍾相楊么等所領導的均產暴動起來了。鍾相本來是武陵縣的農民，但是自稱能通神力，能治人的疾患，所以得到了多數的信徒。於是，他蓄積了鉅萬的資產，遂至興起了叛亂。他揭出的標語是：

『法分貴賤貧富，非善法也，我行法當等貴賤，均貧富。』

鍾相自稱楚王。無產人民三萬七千戶集於他的下面。暴徒們主要的是焚燒和掠奪官府寺觀祠廟和富豪家園；對於官吏、儒生、僧侶、醫者及巫教等，則任意殺戮。洞庭湖的西岸和北岸諸州縣，是暴徒的活動舞台。建炎四年三月二十六日，鍾相夫妻及其幼子鍾昂等被捕而送至臨安；於是，其餘黨楊么等就奉鍾相的另一幼子鍾子儀，強據湖中的水寨至紹興五年（西紀一一三五年）六月，前後五年餘都繼續着叛亂（據重松俊章宋代的均產暴動和其系統——史學雜誌第四十二卷第八號。）

如上所述的均產暴動之外，在湖南暴動前約十年，宋代還起了方臘之亂；方臘生長於浙江省永淳縣的鄉間，住在縣內的幫源洞裏講妖術；但是小農民聚集在他的下面，形成了一個很大的勢力，所以他能在西紀一一二〇年十一月間起了叛亂。當時徽宗命江南地方，徵發珍花奇石，使船舶送到中央；因此激起了農民的不滿而發生了這個叛亂。方臘的叛徒不久便占領了浙江省的大部分，殺官吏，掠奪富豪，到一一二二年三月，纔好容易被童貫平定了。據說這達一年半的叛亂使宋朝的重要財源地江南荒蕪下去，以致財源涸竭，弄到金軍侵入時也無錢動兵（世界歷史大系六卷六五—六六頁。）

此外，還有淮南宋江的叛亂，侵入京東和江北一帶。『宋江寇京東，侯蒙上書曰：江以三十六人橫行齊魏，官軍數萬無敢抗者。』（熊得山中國農民問題的史之敍述——據讀書雜誌第三卷，第三四期合刊）由此看來，這次的叛亂似乎還未發展至大衆的行動。

又在北宋仁宗時還有一次叛亂，卽有王則者自稱係彌勒降生，聚集民衆，與起叛亂。

第二節　蒙古帝國征服中國的時代——農業的衰退、對外貿易的發展、及其末期的民族的農民的叛亂

西紀十二世紀左右，在戈壁沙漠北的斡難（Onau）和怯綠連（Ke'ronlan）兩河上流地方過着遊牧生活的蒙古部族，自鐵木眞出現之後，便急激勃興起來，征服四鄰的諸民族，建設了廣大的蒙古帝國，鐵木眞卽大汗位，號成吉思汗；成吉思汗於西紀一二二七年滅西夏。其子窩闊台汗遂於一二三四年滅了由燕京遷到汴京的金。其後，到忽必烈汗卽帝位，在一二七六年陷了宋朝的首都臨安。於是在一二七九年，南宋完全被滅亡，而由元朝統治了中國。

因爲蒙古人過着遊牧生活，所以想把這種生活也搬進農業國的中國來。他們奪取中國農民的肥沃耕地爲牧場，養馬場，作獵場。在中國北部，多數的農耕地被改作牧場了。元史上有：『彧爲濱州知事時行營軍士多占民田爲牧地，縱牛馬壞民稼。』（姜彧傳）又有：『元帥蘇岱爾，據民田爲牧地。』（元史薩奇蘇傳）趙天麟在太平金鏡策略上也敍述過廣大的耕地被化爲牧

場的情形，他說：『今王公大人之家，或占民田近千頃，不耕不稼，謂之爲草場，專放孳畜。』（據續文獻通考）世祖時曾屢次禁止占民田爲牧場，這一方面正表示出了當時民田盛被占爲牧場的情形。『禁諸道戍兵及勢家縱畜牧犯桑棗禾稼者；次年七月，又戒蒙古軍不得以民田爲牧地』（元史世祖本紀）自然我們不會相信這些法令能夠阻止以耕地爲牧場的傾向的，所以蔡雪村這樣地說：

『元代不僅京畿附近，就是素稱宜於農產的北方一帶，糧食的出產，都是衰落到極點。其衰落的原因，自然與開闢牧地有很大的關係。』（見前引蔡著三八一頁）

自金侵入中國北部以後，中國北部的耕地已經陷於荒蕪了。關於中國北部的荒蕪情形，金史上有：『山東河北，猛安（金的千夫長）謀克（金的百夫長）與百姓雜處，民多失業。陳蔡汝潁之間，土曠人稀，宜移百姓以滿其處。』（卷九二曹望之傳）

蒙古的王公、官吏也像金人一樣，從漢人手中奪取土地。元把沒收到的南宋的官田，金的官田，內府的莊田，和收買的（事實上是強奪的）公田，全都給了王公、官吏；有領得二十頃的，三十頃的，五十頃左右的；並且還有不少領得五百頃或五千頃廣大的土地的。蒙古的王公官吏不少把漢人作爲農奴而使之耕種這些土地的，也有很多把這些土地作了牧場的。元朝的各皇帝甚信佛教，所以也拿了很多的土地給寺院。此外元還奪漢人農民的耕地，在各地設置屯田。武宗至大元年，已經有屯田百二十餘所，其耕地合計是十七萬二千二十頃二十一畝（陳安仁中國近世文化史一五七頁。）屯田普及於全國，尤以在現在的河北和河南兩省地方爲最多。『諸軍戶不能耕種，往往使移民代耕，而收其租；且至伐桑爲薪。』（廿二史劄記）所以張霄鳴說：當時屯田的結果，一方面養成大批的寄生階級，遊惰偷安，減少了社會上甚廣大的生產力。一方面，把廣大的耕地，從農民的手中用壓迫的手段奪來，分與這些軍士；這些軍士并不好好的耕種，將最好的肥田荒蕪毀滅，以致影響社會的重要生產力（中國歷代耕地問題一八八頁。）所以我們可以認爲元朝時代的農業生產力是一般地低下了。

元世祖以來的諸帝王，也很注意農業，頒布了農桑輯要，並設置了掌農事的勸農官，但是不見得有甚麼實績。

森谷氏說：『元代社會生產諸力的破壞，特別應該舉出的是馬匹的徵發。』（中國社會經濟史二九五頁）確實的，我們不能忽視了在農村中農民用以從事農耕和其他工作的馬匹都被沒收了。

蒙古的王公官吏不僅沒收漢人農民的土地；而且還掠奪民戶。元史上有：『南京總官劉克興掠良民為奴隸。』（袁裕傳）又有：『東平之將校，占民為部曲戶，稱之為脚寨，擅其賦役。』（元史宋子貞傳）同時還寫着：『元初起兵朔漠，專以畜牧為業；故諸將多掠人為奴，以課遊牧之事；其本俗使如此；及取中原，又以掠人為事。』（廿二史劄記）再元史世祖本紀上有：『至元二十年，禁權勢家沒人口為奴，及黥其面。』這些都證明了當時掠民戶為奴隸或農奴的風氣是很盛行的。

當時，人民獻田於蒙古豪族的風氣也很盛行。獻田的原因，有的是為了博取歡心的，也有的是被逼不能不獻的；此外也有為了圖免公賦的。在元代土地集中於王公、官吏、強豪、地主、商人、寺觀的手裏，達到了還未曾見過的程度。元史上這樣地寫着：『崇安（今福建省崇安縣）之邑區別其土地名之曰都者有五十，五十都之田，上送官者為糧六千石。其大家以五十餘家而兼五千石；細民以四百餘家而合一千石，大家之田，連跨數都，而細民之糧，或僅升合。』（鄒伯顏傳）新元史上曾寫過關於朱清張瑄兩大地主的事蹟：『兩家（朱張）田宅，遍於吳中。』吳中是在現在的江蘇省，這兩家由海盜出身，以外國貿易致富而收買土地（蔡雪村前書三九七頁。）

元末連年頻發的水災、旱災、蝗災等的饑饉，其原因不能全歸於自然；灌溉治水設施的廢弛，和農業生產力的一般的低下等等，也是很重大的原因。關於饑饉的深刻，庚生外史上這樣地寫

着：『至正十九年，京師大飢，民殍死近百萬。十一門外各掘萬人坑掩之。鵶鵲百羣，夜鳴至曉。』（據蔡雪村前書四五三頁）

元代也在各地設立官設工場。在杭州設立織染工場，在成都設立紋錦局；此外在各地設立羅局、窰場、油漆局等；在宮中，有將作院。這些官設工場，採取了單純協業的工場制手工業形態；但是，在那兒工作的工匠，只有少數是用工資雇傭了來的職工，其餘大部分都是奴婢、孺子生產的。中心地是泉州、漳州。陶磁器則產於福建、廣東一帶。漳州的製造船舶，糖則產於泉州一帶。隨着外國貿易的發展，精製品的需要也增加了。都市的專門化的，技術進步的手工業品，好像有了廣大的銷路了。

馬可波羅旅行記上這樣地寫着：

『在這都會（杭州）中，被從事着的手工業中，製造一般用途較廣的物品的十二種職業，是比較別的職業要發達些；這些各種類手工業，各有十個工場，在每一個工場中，師傅使用着十、十五、二十或四十八的職工。師傅當中，富裕的不自己下手工作，卻擺着紳士般的架子，其妻女們也同樣的不工作。』（深澤正策譯，改造文庫三二五頁。）

依據這些記事，我們可以認爲一般私人手工業，採取了支付工資於職工的手工業形態；雖然在這兒師傅和職工還在一道，可是師傅已經不工作，而過着遊惰的生活了。

元代是商業已經發展的時代。商業資本漸被蓄積，商人達到了能夠獨立的地步。元代開官道，設驛傳，置守備兵，所以旅人很少被襲於盜賊等的危險；因此，對於商業曾給與了許多便利。元史上寫着：『元有天下，薄海內外，人迹所及，皆置驛傳，驛使往來如行國中，西北一帶，自大和嶺至巴實伯里間，置新站三十』(註)（地理誌。）元世祖改變隋以來的運河系統，在山東西部開會通河，運河，以便中國南北的航運。又自揚子江繞山東半島，達白河口的海路，也被打開了。元代似乎紙幣已經很流通了；紙幣發行額達到了非常驚人的程度。沙發洛夫在中國社會史上也說：『元朝支配的全期間，紙幣約發行了十二億四千八百二十七萬盧布。』（三四九頁）這樣，通貨膨脹是必然要到來的了。『到了連人民都相信，他們應得的現實的價值，除了紙以外甚麼也不能得到的時候，元朝的末運已經到來了。』（見中國社會史）

在元代，外國貿易很盛行。廣州、泉州、慶元、上海、澉浦、溫州、杭州等處都被開爲商埠了。因爲設了驛站，西北方的陸上交通路也安全了；所以在這方面的外國貿易也大大地發展了。康拉德說：

『這樣的政治關係的結果，通行貿易復活了，特別是陸上貿易的迅速達到全盛期了。

（註）使用在這種勤務的馬匹的費用，不由皇帝直接支付。附近的市、鎮、村，又出馬，又負担飼養費。

這樣的全盛期，這以前，這以後都沒有見過。』（August Conrady, "Die Beziehungen der Chinesischen Kultur zur Abendländischen" Leipzig, 1895, 5, 13）

在蒙古人的支配下，漢人被奪去了土地，又被課以繁重的徭役。『驛馬困民尤甚』（元史循吏燕立帖木耳傳。）『詔造海船二百艘，今成者五十，民實艱苦，詔止之』（元史世祖本紀。）『以征日本，敕揚州、湖南、贛州、泉州四省造戰船六百艘』（元史世祖本紀。）『比者建西山寺，損軍傷民，費以億萬計』（元史張珪傳。）『至元十六年（西紀一二九七年）開壩河，設壩夫戶八千三百七十有七。車戶五百七十，出車三百九十輛。船戶九百五十，出船一百九十艘。壩夫累歲逃亡，十損四五；而運糧之數，十增八九。……晝夜奔馳，猶不能給。壩夫之存者一千八百三十有二。一夫日運四百餘石，肩背成瘡，憔悴如鬼，甚可哀也。』（元史王思誠傳。）（註）在這些事中也隱示出民衆的痛苦來。

漢人的官僚階級，在蒙古人的支配下面甚被冷遇，不能就重要的地位。重要的地位都被蒙古人占了，其次是色目人（指阿拉伯和其他西域諸民族言）漢人地位更在其次。漢人的官人階級，不待說是很不平的。在這樣的情形下面民族的反抗意識高漲起來了。

（註）以上據蔣雪村中國歷史上的農民戰爭四一八，四二〇，四二一頁。

仁宗皇慶二年（西紀一三一三年）蔡五九已在贛州（在江西省）起了叛亂。順帝至元三年（西紀一三三七年），廣州增城縣民朱光卿率衆叛亂，稱大金國。同年棒胡又在信陽州（河南）叛亂。從此，農民暴動頻繁起來了。此外同年，在合州、陳州、惠州（聶泰卿、譚景山指導農民，殺官吏，占據城市）也有叛亂。至元四年（西紀一三三八年），在袁州（周子旺，）漳州（李志甫）；同五年，在開封；至正元年（西紀一三四一年）在道州；同二年在慶遠路；同三年，在道州；同四年，在益都；同六年在汀州（羅天麟，）雲南，靖州；同八年，在遼陽，臺州（方國珍占據東浙）都起了叛亂。至正十一年（西紀一三五一年，）韓山童起叛亂：韓山童是灤城（河北）人，自他的先世以來都和白蓮教有關係，所以，他焚香聚衆，稱『天下當大亂，彌勒佛下降。』他對於河南江淮一帶的農民間有了很大的影響（明史卷一二二，韓林兒傳。）他雖然不久被捕處極刑；但劉福通（今安徽阜陽縣人）等迎其子韓林兒立爲皇帝。和劉福通同時，蕭縣的李二（被呼爲芝蔴李）及蘄州羅田人徐壽輝（以販布爲業）也起了叛亂。陳友諒是沔陽漁家子，徐壽輝起叛亂時，往從之（明史一二三，陳友諒傳。）劉福通等的農民軍，以紅巾爲標幟，故被稱爲紅軍。至正十二年（西紀一三五二年）在竹山、鄧州、臨川、江西、安陸、定遠等，起了叛亂。在定遠起叛亂的郭子興，是以卜卦爲業的兒子，朱元璋就是在他的部下，至正十三年，泰州張士誠（販鹽者）和濠州朱元璋興起叛亂，朱元璋乃寺院的和尚出身。至正十九年（西紀一三五九年）四川的明玉珍也興起叛亂了。除漢人農民無產者的叛亂之外，還有廣西猺人吉烈思等的叛亂。和民族的鬭爭交織了的農民叛亂，遂至滅亡了元朝。後來朱元璋收了這些叛亂的成果而樹立了新的王朝。

第三節　明朝的興亡——明末的農民叛亂

朱元璋是貧農出身，是寺院的和尚，乘着元末農民鬭爭的展開，成了這種鬭爭的指導者，而終於獲得了政權。所以如拉狄克所說：『明朝的政權，在其開始時代是代表農民的利益的；但是，其後不久，政權就落到封建主人的手中了。』（拉狄克著克仁譯中國革命運動四七頁）但是，這不過是一種皮相的見解。明朝對於任何一個土地問題，從沒有從農民的立場給與解決，所以它絕對不是甚麼代表農民利益的政權。因之結局明朝仍然不外是代表地主階級的利益的政權。除掉王侯、貴族、官僚、地主、富裕商人的利益以外，明朝甚麼也沒有考慮過的。朱元璋完全是利用農民鬭爭，建設了自己的封建王朝；他和以前的許多農民叛亂的指導者們的叛變革命，與野心家們的投機行動，沒有甚麼相異的地方。

當明朝樹立王朝的開始，爲着收買農民的歡心，稍微緩和了一些搾取也未可知。但是，這也不外是新王朝常時採取的常套手段而已。社會的經濟的矛盾的發展，已經在農民鬪爭的進展中，大致被解消了，新王朝好歹是站在新的發展階段上的，因而暫時間表現出其矛盾稍微緩和了的樣相。所以明史上這樣地寫着：

「洪、永、熙、宣（洪武、永樂、洪熙、宣德）之際，百姓充實，府藏衍溢；蓋是時，勤農務，墾闢土，無萊蕪，人敦本業，又開屯田，中鹽以給軍邊餉糈，不仰藉於縣官，故上下交足，軍民胥裕；其後屯田壞於豪強之兼併，權臣變鹽法，於是邊兵悉仰食太倉，轉輸往往不給；世宗以後，耗財之道廣，府庫匱竭，神宗乃加賦重征。」（卷七七、食貨志）

明朝初，在經濟上，人民和國家都能過稍有餘裕的生活；但是，這也只是很少的時間，立刻又要展開了新的矛盾了。

在明朝政權下面，一般農民並未分得土地，大部分的土地仍然被握在地主的手裏。明朝的王公、官僚一面領取祿米，一面又可領到土地。祿米的支給，可以造成發展到官僚的中央集權的更好的條件；但是，支給祿米在明朝也並未徹底實行。土地是愈益集中在王公、官僚、地主的手中了。

明朝設立了皇室的莊田。明史上寫着：『憲宗卽位，以沒入曹吉祥之地爲宮中莊田，皇莊之名由此始。……弘治二年（西紀一四八九年）戶部尚書李敏等，以災異上言畿內皇莊有五，共地萬二千八百餘頃；勳戚中官莊田三百三十二，共地三萬三千餘頃……武宗卽位，踰月卽建皇莊七，其後增至三百餘處。諸王外戚求請，及奪民田者無算。』（卷七七、食貨志）由此奪民田設皇莊的事可以窺見了。正德時，據說皇莊田在順天各府有二十萬九百十九頃二十八畝（張霄鳴中國歷代耕地問題。）（註）此外，貴族官僚，占有的莊田無疑是非常廣大的，而且是最肥沃的土地。明史上有：『明時草場頗多，占奪民業而爲民厲者，莫如皇莊及諸王、勳戚、中官之莊田爲甚！太祖賜勳臣、公侯、丞相以下莊田，多者百頃，親王莊田千頃。又賜公侯及武臣公田，又賜百官公田，以其租入充祿。』（卷七七、食貨志）又有：『乃外戚之錦衣指揮周彧（太后的兄弟）求武強武邑之田六百餘頃，翊聖夫人劉氏求通州武淸之地三百餘頃，詔皆許之。』（李森傳）再又有：『福王分封，括河南、山東、湖廣田爲王莊，至四萬頃。羣臣力爭，乃減其半。』（卷七七、食貨志）由這些記事可知廣大的土地被占爲皇莊和貴族官僚的莊田的情形了。

（註）蔡雪村稱在順天各府的莊田是二十萬九百九十九頃。（中國歷史上的農民戰爭五三九頁）不明瞭那一說是正確的；兩人都未記明數字的出所。

而且，這些莊田，如已經敍述一般，不少是奪取農民的土地而設置的。『初，正德中奄人多奪民業爲莊田』（明史鄭自壁傳。）『宣德中，郭玹（郭英的孫）……奪河間民田廬，又奪天津屯田千畝。罪其奴而宥玹』（明史一三〇、郭英傳。）『景王之國，越界奪民之產爲莊田，』（明史卷二〇八顏鯨傳）由這些明史上的記事可以明白奪取農民土地的情形的普遍了。

明代的屯田有軍屯和民屯。軍屯是政府對於各地的守備兵士，發給耕地、牛、種子、食糧等而使之耕作。民屯主要的是使農民耕種荒蕪的官地，是一種移民政策（張霄鳴前書二〇九頁。）屯田占全國耕地面積的相當部分。萬歷期間，全國的耕地面積，估計爲七百一萬三千九百七十六頃；但是當時屯田的面積爲六十四萬四千餘頃（明史卷七七、食貨志。）從正統年間，屯田制漸弛，其後屯田多爲宮內官和軍官所占奪（同上。）

不僅廣大的耕地被占有在皇室、貴族、官僚的手裏，一般地主、商人也在從事於土地的兼併。顧炎武的日知錄上有：『吳中（江蘇省）之民，有田者十一，爲人佃作者十九。』由這，可以知道土地是被集中在少數地主的手中了。顧炎武更繼續着說：

『歲僅秋禾一熟。一畝之收，不能至三石，少者不過一石餘。而私租之重者，至一石二三斗，少者亦八九斗。佃農竭一年之力，糞壅之工作一畝之費用爲一緡，但收穫之日，所得不過數斗，今日完租，而明日乞貸者。」

關於佃農被搾取的情形，我們還可以參考如次的記事：

「梁宋間，百畝之田，不親力作，必有傭佃；傭佃者主家之手足也；夜警資其救護，興修賴其筋力，雜忙賴其使令；若不存卹，何以安生？近見佃戶缺食，便向主家稱貸。輕者加二，重者加五；穀花始收，當場扣取；勤勤一年，依然凍餒！」（呂坤實政錄——據陳伯瀛中國田制叢考二三頁）

由此可以知道，地主只要出租土地與佃農，便可以取得三成、五成利子的高利貸了。

明代的田租做倣唐宋以來的制度，每年徵兩期，稱夏稅和秋糧，雖然主要是用米和麥來繳納，可是也可以用銀、錢、鈔、絹等來代替。太祖時稅率官田每畝五升三合五勺，民田三升三合五勺。萬曆九年（西紀一五八一年）施行了一種叫做「一條鞭法」的稅法，用納銀來代替一切的徭役，這是計畝徵銀的，是課於土地所有者的。明代的賦稅漸漸變重，農民不堪於重稅而漸次逃亡了。

我們可以認爲明代的鑛業是在停滯的狀態中。特根格倫寫着：

『在明代，東部海岸的平原和揚子江下流一帶的一切工業，成了非常衰敗的狀態。曾經掩覆着這地方的森林，由於採鑛業和鑄造業的侵入與農民人口的增加，漸次被採伐了……鑄造業衰退起來了，作坊相繼鎖閉了。』（F. R. Tegengren, "The Iron Ores and Iorn Industry of China."——據沙發洛夫中國社會史三七八頁）

在明初，朝廷也似不獎勵鐵工業。明史上有：『丙子，廣平府吏王允道請開磁州鐵冶；帝曰：朕聞王者使天下無遺賢，不聞無遺利；今軍器不乏，而民業已定，固無益於國，且重擾民。杖之而流嶺南。』（卷三太祖本紀）又明史卷八一、食貨志上也寫着：『山東近臣請開銀場。太祖謂銀場之弊，利於官者少，害於民者多，不可開。』但是，明初在福建浙江也採掘銀鑛，永樂間，在各地開發金銀鑛山而派遣官吏；但是成績不好，所以也有廢坑的。明史上有：『成化（明的年號）中，開湖廣金場武陵等十二縣，凡二十一場，歲役民夫五十五萬，死者無算，得金僅五十三兩；於是復閉。浙江銀鑛產量益減，雲南屢開屢停。』（卷八一、食貨志）因爲是這樣的狀態，所以鑛夫有時興起叛亂；續文獻通考上的征榷考載着：『浙江江西之礦賊爲亂，故命設兵備之官，禁閉出場。』

江西省景德鎮，是世界有名的磁器製造的中心地，據說景德鎮從六世紀前後就已經開始爲磁器製造的中心地了。在明代，景德鎮的磁業是極其繁榮的，馬札亞爾說：

「我們知道十一世紀在景德鎮已經有了大陶器手工場，和大磁器手工場；而且這些手工場是發達於法國人還未夢想到工場手工業的時候。」（安藤英夫、田中忠夫譯中國社會問題一二六頁）

我們是不能否認，明代在景德鎮已經有工場手工業。據說明代景德鎮約有百萬人口，其中是大商人雇傭着無數可驚的職工。

在明初，海外貿易因被倭寇妨礙而不能發展。因而以海外貿易為目的的商品生產工業，也大受打擊，到第十六世紀，歐洲人來到中國代替了阿拉伯人的地位了。於是中國的海外貿易，呈現了新的姿態。

在明代，隨着羅馬舊教的侵入，西洋的進步的科學也被傳到中國來了。這主要乃是耶教會（Jesuit）的傳教師的功勞。關於天文學、西洋歷法、機械學、數學、砲術、地理學、醫學、藥學等書的出版，利瑪竇（Matteo Ricci），龍華民（Nicolo Longobardi）湯若望（Johann adan Sc-hael Von Bell），羅雅谷（Jacques Rho）等，都有很大的功績。

在明朝的末期，農民叛亂也漸漸的多起來了。因此，就產生了根本覆沒明政權的危機，而使明朝走上了和以前的許多封建王朝相同的末路。封建社會的矛盾的發展，不外是爆發了農民叛亂。

永樂十九年（西紀一四二一年，）河南已經起了唐賽兒的暴動。正統時，廣元人葉宗留的叛亂，擴大到浙江、江西、福建等一帶（張霄鳴中國歷代耕地問題二三九頁。）

正統時，福建沙縣的鄧茂七興起叛亂。鄧茂七是佃農但是曾作過甲長，很受鄉民的歡迎。那地方的習俗，佃農納佃租外，不能不贈送食物和物品於地主，茂七曾使其鄉人終止饋送禮物，因而地主不得不親自走到佃農那兒收繳穀物了。地主訴於縣官，所以縣派遣屬官欲捕茂七；但是茂七殺弓兵數人，興起了叛亂。茂七稱剷平王。從茂七者達數萬人，陷二十餘縣。正統十三年（西紀一四四八年）茂七圍延平，刷卷御史張海登城撫諭，免三年徭役，好容易才把茂七的部衆解散了（明史卷一六五丁瑄傳。）

天順年間，湖北麻城人李添條，廣東黃蕭養起叛亂。成化年間。湖北荊襄劉千斤和李鬍子相繼起叛亂。據說農民附從於這暴動的達百萬。正德時有文安人劉六和其弟劉七的暴動，擴大到山東、山西、河南、湖廣、江西諸省，四川保甯起了藍廷瑞指導的十數萬人的叛亂。當時，在其他地方也發生許多暴動；但是，在此不能一一列舉了。

其後到熹宗時，到處都起暴動，天啓元年（西紀一六二一年，）四川永樂的土司奢崇明造反，圍成都；天啓二年貴州永西安邦彥造反，同年又發生了白蓮教的農民暴動；那暴動的首領是山東人徐鴻儒和武邑人于宏志。天啓丁卯，陝西發生了大旱；魃澄城縣令張耀采還要收繳很苛的租稅，所以有名王二者集數百人闖入縣城殺耀采（蔡雪村前書六一六頁）。

崇禎元年（西紀一六二八年）終於開始了更廣大的農民叛亂。這叛亂的中心地是陝西。當時陝西地方的情形複雜：有曾經從事於屯田的戍兵，又有數十百萬的饑民，和數十萬失業了的驛卒和鑛夫；所以軍隊一度在延綏因食糧之缺乏而引起兵變（在固原兵掠奪了州庫）以後，便和農民接合而成了大暴動。府谷的王嘉允，宜州的王左掛、飛山虎、大紅狼，安塞的高迎祥，米脂的李自成、王大梁、王子順，延安的張獻忠、老狟狟、金牛星、劉宗敏等都出現爲農民叛亂的指導者了。在這明末的農民無產者暴動中最露頭角的是李自成；李自成起初是在米脂替大地主牧羊，後來又做過銀川驛站的驛卒。李自成雖到了做農民叛亂的指導者的地步，還是不好酒色，和其部下共甘苦（明史卷三〇九李自成傳）崇禎六年時他養成了不可侮的勢力（陳公博中國歷史上的革命九二頁）。

自成的舅父高迎祥稱闖王。李自成在其下面，和張獻忠並被稱爲闖將；但是，高迎祥被殺後，李自成繼稱闖王。張獻忠和李自成互相對立，不能融和。藍田鍛工劉宗敏則力助李自成。

在當時的農民鬥爭指導者中，恐怕也不少腐敗的分子。曾經和李自成共事的羅汝才便是妻妾數十，着紈綺，置女樂，嗜酒，烹羊豚，而自奉甚厚。他醉後曾豪語道：『吾等儘以橫行天下爲快。』（吳偉業綏寇記略卷九）所以李自成很討厭他這種行爲，而使三十騎殺汝才於帳中。李自成把掠奪了的東西給與飢民，襲擊豪族富人，沒收了他們的金銀資產。我們不能說李自成沒有野心；但是他在未成爲農民的背叛者以前，已經被敵人滅亡了。

明朝的吳三桂，爲着援救地主官僚階級，屈膝於滿洲人之前，假其援助而鎮壓了農民的叛亂。

第四篇

第十章　外國資本主義的侵入與中國封建社會的崩壞過程、中國民族資本主義的發達

第一節　歐洲商業資本的侵入中國及產業資本開始發展的時代

在蒙古帝國衰落，鄂托曼帝國（Ottoman Empire，係由土耳其人建立的帝國）占據亞細亞西部和歐羅巴東部以後，歐亞間的交通被阻斷了，從而意大利的威尼斯人（Venetian）和日諾亞人（Genoese）在商業上的霸權也不得不衰落了；但是歐洲的商業資本仍不斷地在探求通至亞洲的交通路。結果哥倫布發現了美洲，跟着有葡萄牙人達格瑪（Vasco da Gama）於一四九七年經由非洲南端的好望角，發現了通至印度的航路。一五一六年（明朝正德十一年，）葡萄牙人斐萊斯特羅（Rafael Perestrello）乘船達至廣東沿岸企圖和中國通商。(註)

一五一七年安特拉德（Gernao Perez d'Andrade）率領葡萄牙船四艘，馬來（Malay，葡萄牙人當時曾征服馬來半島南端的馬六甲（Malacca——譯者）船四艘開到了中國，停泊在大門島（Tamu——距中國陸地僅三海里——譯者。）並且被許駛入廣東。安特拉德之弟西眇·達·安拉德特（Simao d'Andrade）也於一五一八年到大門島來，但因爲他有橫暴的行爲，被中國官廳拘禁於港內，他的哥哥則被放逐出境。其後在一五二二年，喀爾島（Diego Calso）(譯註一) 被派做參見中國皇帝的特使，乘船到上川島來，(譯註二) 但受了中國官兵的

(註)矢野仁一博士說：葡萄牙人是在一五一四年渡航到中國來的（近世中國外交史一頁。）

(譯註一)譯者按：日文原晉與此略有出入，但依據其時期與事實，則確與張星烺編中西交通史匯篇第二冊三三八—九頁上的喀爾島之事相當，故爲改正，若有錯誤，則由譯者負責。

(譯註二)按中西交通史匯篇上仍爲大門島。又按武育埼氏在中國國際貿易史四八頁上的記載，安特拉德弟兄所停船的地方亦係在澳門南數里的上川島（St. John's Island）故上川島或卽大門島。

襲擊，船員幾乎全被殲滅了。在泉州、福州、甯波等地，則得許從事通商，其中甯波的外人居留地於一五三三年（嘉靖十二年）已經繁榮起來。但因居留該地的葡萄牙人有掠奪暴行，並且有阿拉伯人的陳訴，故當局於一五三四年下令討伐葡萄牙人。當時葡萄牙人被害者達七八百人，大船被焚燬三十五艘。在一五四五年，中國人和葡萄牙也起過一次衝突。又在一五四九年，因為居留於泉州的葡萄牙人再度暴行，引起中國的憤恨，據說曾破壞商船十三艘，殺葡人五百人。在明朝時期中國已經受到了倭寇的威脅，歐洲商業資本之向中國發展也是在這個時期。歐洲商業資本除了貿易之外，還有掠奪暴行的舉動，所以當然要受到明朝的嚴厲監視了。然而明朝對於外國商業資本的侵入雖然加以限制，加以監視，但並不加以禁止，可以說還是保持着漢朝以來的對外貿易的傳統。

自漢以來的各個朝代，對於外人通商幾乎沒有採取過阻止的態度，甚至有許多朝代還加以獎勵。例如自來對於阿拉伯人的商業資本的侵入，絲毫不曾懷過恐怖的觀念，並且允許他們自由貿易，不加以阻害。雖然外國商人也曾有過掠奪的行為，但並沒有因之而禁止他們的貿易。例如在西紀七八五年，在廣東開設商店的阿拉伯人，有一次放火掠奪了廣東的街市，並逃到他們的船裏，但結果並沒有因此而恐懼和阿拉伯人通商。又在一百二十年後的西紀八七九年的唐朝末期發生了黃巢之亂，黃巢攻陷廣東時，被亂軍殺害的阿拉伯人、猶太人、基督教徒等外國僑民，估計雖然達十二萬至二十萬之多（見"Cathy and the Way thither", translated and edited by Henry Yule, London, Vol. I. P. 86 and 89）但這也不過是民衆憎惡商業資本的搾取的表現而已。

從商業資本的一般說來，它是自古代以來，就帶得有一種掠奪的性質的。馬克思說過：

『佔了壓倒的支配的地位的商業資本，到處都代表着一種盜掠的制度。任何新舊時代的各商業民族，他們的資本的發達，是和暴力的盜掠——卽海上盜掠，奴隸掠奪，殖民地征服等有着直接的關係的，在迦太基（Carthage），在羅馬（Rome），以及後來的威尼斯人、葡萄牙人、荷蘭人等都是這樣。』（資本論第三卷上册，改造社版二八九頁）

倭寇也不過是代表一種掠奪的商業資本，這類單純的掠奪的商業資本的活躍，雖然曾使明朝大爲恐懼，可是這也不過單是怕其掠奪的暴行而已。隨着從葡萄牙商業資本的抬頭進展，到了荷蘭商業資本的抬頭之後，商業資本已漸次不是單純的商業資本了。商業資本自身雖然沒有具備着把封建的生產樣式從根推翻的力量；但是，由於商業資本的掠奪，由於殖民政策的實施，原始的蓄積不斷地發展下去，同時工場手工業在十六世紀至十八世紀間也勃興起來，所以從此之後，歐洲商業資本漸漸改變其面目，作為推翻封建社會的力量而活躍起來了。這種商業資本已不是單純的商業資本，當時的歐洲商業資本已不是浮萍草一樣的存在着，而是在生產的大地上植了深根的。因為它帶着作為資本的原始蓄積的一源泉的任務的潛在的使命，所以和以前的商業資本是有顯著的區別的。馬克思說：

「這是無疑的，與地理上的諸發現同時產生的，並急遽地促進了商業資本的發達的商業上的諸大革命，是十六七世紀把封建的生產方法推進到資本主義生產方法的一個主要的要素。正是這樣的事實產生了各種完全錯誤的見解。世界市場突然的擴大，流通諸商品的加倍的增大，企圖掌握亞洲的諸生產物及美洲的資源的歐洲諸國民間的競爭熱，以及殖民的制度——這些在打破封建制度在生產上的限制的這種作用上，是有了很大的貢獻的；但是近代的生產方法只有在中世紀間第一期的工場手工業下，其條件被造好了的地方才發達起來，例如請把荷蘭拿來和葡萄牙比較一下，即可明白。」（資本論第三卷上册，二九一頁）

在殖民地政策下實行原始蓄積的狀況，可以在資本論中看到，即在資本論第一卷第二十六章第六節的「工業資本家的發生」一這個項目中，馬克思曾把荷蘭人在爪哇，英國人的東印度公司在印度的實例揭示了出來。在這些實例之後，馬克思又繼續說：

『殖民制度使貿易和航海在溫室中成熟了，「獨占公司」成了資本集積的強力的槓桿。當時萌芽着的工場手工業，由於殖民地的開拓擴大了銷路，由銷路的獨占增高了蓄積。在歐洲之外用劫掠、奴隸化、強盜殺人等手段直接獲得的財寶流入母國而轉化爲資本了。最初充分地展開了殖民制度的荷蘭，在一六四八年已經達到了商業勢力的焦點。』（資本論第一卷，下册，七四八頁）

所以說，不能越出單純的商業資本的活躍範圍的葡萄牙，結果被具有工場手工業的基礎條件的，近代的生產方法相當發達了的荷蘭所打倒了。荷蘭自脫離了西班牙的支配而獨立之後，就馬上向東洋發展，到中國來是在一六〇四年。荷蘭人驅逐了在錫蘭、馬六甲、蘇門答臘、爪哇等地的葡萄牙人，於一六一九年在爪哇設立了巴達維亞總督府，並以該地作經營東洋的根據地。荷蘭人在中國也和葡萄牙人爭奪貿易的霸權，但是，打倒了葡萄牙的荷蘭，結局又被更具有各種優勢的大產業的條件的英國打倒了。馬克思說：

『在十六世紀中以至十七世紀的初頭，商業的突如的擴大和一個新的世界市場的創立，在舊的生產方法的滅亡上，和資本制生產方法的興隆上，發生了一個極大的影響；但這種影響是在既有的資本制生產方法的基礎上發生的，世界市場自身構成了此種資本制生產方法的基礎；但是另一方面，正以不斷地擴大了的規模生產的資本制生產方法的內在的必然性，是不斷地使世界市場擴大開去。所以在這樣的場合，不是商業革命着產業，而是產業不斷地革命着商業。現在，商業支配是伴隨着大產業的諸條件的相當優勢的。例如把英國和荷蘭比較來看：可知荷蘭作為支配的商業國而至衰落的歷史，就是商業資本從屬于產業資本之下的歷史。』（資本論第三卷上冊，二九二頁）

英國人以通商為目的開始航行到中國來，是在一六三七年。當時因為受了滿清政府的閉關主義的阻礙，英國的對華貿易不見有甚麼發展，到了第十八世紀的中葉，英國才握到了對華貿易的霸權。英國的對華貿易，隨着本國的大工業的發展，漸次獲得了堅固的地位，即商業資本從屬於產業資本之下而發展起來了。

一七五一年為貿易而開到廣東的歐洲的商船數，英國達九艘，荷蘭四艘，法國二艘，丹麥一艘，瑞典一艘；到了四十年後即一七八九年，英國增至六十一艘，美國十五艘，荷蘭五艘，法國一艘，丹麥一艘，葡萄牙三艘（H. B. Morse, "The International Relations of Chinese Empire," Vol .I. P. 88）可見英國對華貿易已佔着領導地位了。

在明朝的末葉，對於外國資本的侵入曾採取了閉關主義的傾向，但並不是在一貫的方針之下來實施這種政策的。明朝對於基督教勢力的侵入，固然有一個時期曾嚴格地加以禁止，但到了末期，為要得到基督教國的援助，皇室的權貴都大半加入該教。採取並無一貫方針的暫時優容政策；明朝衰亡，清朝取得支配中國的地位之後（西紀一六四四年）才在較為明顯的政策之下採用了閉關主義。

一七九三年，英帝喬治三世曾派遣使節馬戛爾尼（Lord Macartney）到中國來，請求清政府對於通商多給一些自由和便利，但乾隆皇帝的答覆是這樣：

『昨據爾使臣以爾國貿易之事稟請大臣等轉奏，皆更張定制，不便准行。向來西洋各國及爾國夷商赴天朝貿易，悉於澳門互市；歷久相沿，已非一日。天朝物產豐盈，無所不有，原不藉外洋貨物以通有無；特因天朝所產茶葉、瓷器、絲綢，為西洋各國及爾國所必需之物，是以加恩體恤，在澳門開設洋行，俾日日有資，並霑餘潤……』（十朝東華錄——據薛農山著中國農民戰爭的史的研究二八八頁）

這篇覆文的末尾一段是：

『若經此次詳諭後，爾國王或誤聽爾下人之言，仍從事將商貨船駛至浙江、天津地方，欲求上岸交易，天朝法律森嚴，各處守土文武，恪守功令，爾國船隻到彼，該處文武必不肯令其停留，定當立時驅逐出洋，未免爾國夷商徒勞往返，勿謂言之不豫也。其頒遵毋忽，特此再諭。」（十朝東華錄）

乾隆帝乃係很有見識的皇帝，曾經征服四鄰，不可一世；但爲什麽他還要拒絕和歐美通商呢？大概是因爲他已經看清楚（或者不是有意識的）：若果准許在資本制生產方法下生產的商品輸入中國，則將破壞了專制王朝藉以存立的小農業和家庭工業的接合的基礎。馬克思說：「印度和中國的生產方法的廣大的基礎，乃係由小農業和家庭工業的接合而形成的。」（資本論日譯本第三卷上册，二九二頁）中國的專制王朝是建立在這樣的經濟組織之上的，所以它當然要極力防止這種生產方法的廣大的基礎崩潰下去。

清朝只許外商在澳門通商，而且只許十三個公行的特許商人經理對外貿易。但因英國的工業商品亟欲在世界上尋求市場，所以中國的對於對外貿易所加的障壁，遲早要被打破的。

第二節　資本主義工業商品的市場開拓、鴉片戰爭

如前所述，英國政府於一七九三年派遣馬戛爾尼到中國，於一八〇六年又繼續派遣羅美爾(Lord Amherst)來，但都沒有得到什麼結果。然而英國的工業有了飛躍的發展，特別是綿織工業最爲顯著。馬克思說：『由一七七〇年至一八一五年間，英國綿織工業陷於不振和沈滯的狀態的期間僅只是五年。在最初四十五年間，英國的工業家獨佔了機器和世界市場。』（資本論第一卷）從那時以後，有時也陷於不振的狀態，也受恐慌的襲擊，但大體仍是向上發展，工廠有了顯著的擴張，『在一八二八年動力織機的數目增加了，輸出也顯著地增大了。到了一八二九年，輸出（特別是輸至印度的）有了空前的盛況。在一八三〇年，市場不夠，很大的危機迫來了。在一八三一年至三三年之間，不振的狀態繼續着，並且和東亞（印度及中國）的貿易，脫離了東印度公司的獨占。在一八三四年，工廠和機械顯著地增加，工人也感到不足了。』（資本論第一卷）工廠是不斷地擴張，而市場又越來越感不夠，所以必須極力設法來開拓新市場。到了一八三〇年前後，中國市場的開拓更明顯地感到必要了。東印度公司在東亞的貿易獨占被宣告廢止，乃是由於產業資本對商業資本的勝利。

在一八一三年，英國的綿織品還沒有輸入中國，但到了一八二八年有二十萬元的輸入，而一八三八年增到了七十九萬元，在鴉片戰爭後的一八四四年更激增到五百五十九萬元。英國爲要在中國開拓綿織品的市場，鴉片戰爭是必要的。

輸入中國的鴉片在一八二〇年是四、七八〇箱（値五、七九五千西班牙金元，）一八三〇年增到一四、七一五箱（値一二、六七三千西班牙金元，）一八三八年更增到二八、三〇七箱（値一九、八一四千西班牙金元。）鴉片的輸入主要是經英國商人之手由印度輸來的。馬克思說：『當考察印度時應當注意到的是：印度的英國政廳總收入的七分之一，是由把鴉片賣給中國人所得的代價形成的同時，英國輸入印度的商品，大部分是和印度生產的鴉片相交換。』（中國及歐洲的革命——馬·恩全集日譯本第六卷八八—九頁）把印度的鴉片賣給中國這件事，本來就使英國商人大賺其錢，何况又能促進中國市場對於英貨的消化量。因此之故，不論遇何困難，英國總非大量地把鴉片輸入中國不可，結果就引起了鴉片戰爭。

所以鴉片戰爭不外是英國以開拓工業商品市場爲目的的戰爭，決不是帝國主義戰爭。

鴉片戰爭的結果，廣州、福州、廈門、甯波、上海等五港被開闢做商埠，英國得居留各港而自由通商，並規定對於輸出入的商品，都照物價的百分之五抽取低率的關稅，從此關稅的自主權被剝奪了。公行宣告廢止，各商埠又設置領事，並由中國政府支付英國二千一百萬元，作爲英國軍費的賠償，燒掉的鴉片的賠償，以及公行會員對英國商人負債的賠償。治外法權和租界的基礎也可在當時所訂的條約中看到。英國要求中國割讓香港，作英國對華貿易的根據地。香港的割讓，和後來列強爲奪取中國的屬領和獲得租借地而大事活躍，其意義稍有不同，在媾和談判中甚至提出這樣的條件卽若果再開闢一些商埠，那英國不一定要強割香港。隨後，法國、美國等也把中英間訂結的條約做基礎，各與中國訂結條約。

從英國輸到中國的綿織品在鴉片戰爭後漸次增加了。例如：

	綿紗	綿布
一八五一年	四・三（百萬磅）	一一四・九
一八六〇年	八・七	二二二・九
一八七〇年	一一・六	三九六・九

（據 Burns, "British Imperialism in China," P. 8）

南京條約還沒有公認鴉片的輸入，但英國却強迫中國默許走私貿易，使中國無法應付。在新闢爲商埠的上海，鴉片的輸入非常發達。一八四七年輸入一萬六千五百箱（約值八百三十四萬九千元）一八四八年一萬六千九百六十箱（約值一千一百八十萬一千元）一八四九年二萬二千九百八十一箱（約值一千三百四十萬四千元。）（H. B. Morse, "International Relations of Chinese Empire," P. 8）又全國的鴉片總輸入額有如下的發展：

一八四四年	二八、六六七箱
一八四六年	三四、〇七二
一八四八年	四六、〇〇〇
一八五〇年	五二、九二五
一八五二年	五九、六〇〇
一八五四年	七四、五二三

（據世界歷史大系九卷、一一六—七頁）

由上所述，我們可以窺知英國不辭訴諸武力迫使中國開放商埠的原因了罷！

然而，這樣的通商狀態還不能滿足英國以及法美等國的慾望，因而引起了修改條約的運動，但是沒有甚麼效果，結果它們知道除了行使武力之外，已找不出使中國就範的手段了。

後來英國和法國以法國教士馬神父(Père Auguste Chapdelaine)被殺於廣西的事件和亞羅輪事件爲口實，聯合起來對中國開戰。戰爭的結果，中國又被迫開闢了幾個商埠，許可外輪得在揚子江內航行，外國得在北平設公使館，鴉片得公開輸入，外人得自由到內地遊覽和經商，基督教得自由到內地傳教。從此中國更澈底地被開闢爲先進資本主義諸國的商品市場了。

第三節　列強奪取中國諸藩屬的時代

伊里奇說：

『英國所奪取的殖民地，一八六〇至一八八〇年間增加得最快，在十九世紀的最後二十年間也有顯著的增加，但法國和德國的奪取殖民地，主要是在這二十年間的事。如前所述，獨占階段以前的資本主義，即自由競爭的資本主義的最高的發展是在前世紀的第六七十年間；但這個時期之後，殖民地的掠奪開始有了飛躍的發展，而且分割世界領土的鬪爭也極其劇烈。』（帝國主義論日文改造文庫本一一二頁、劉埜平中譯本九八頁）

以資本主義商品追求世界市場爲其主要特徵的時代的資本主義，即獨占時代以前的資本主義，自由競爭時代的資本主義，在十九世紀的六七十年前後，已達到了它的發展階段的頂點；從此之後，就走入了向所謂帝國主義發展的過渡期。在這個時代，歐洲的資本主義諸國爲積極地奪取殖民地，互相間發生了猛烈的競爭，這和十六七世紀歐洲商業資本對未開化國家所實施的橫暴的掠奪的殖民地政策完全不同，而是非把全世界每個小角落都分割掠奪來做自己的領土不肯干休的，在實施着相當積極的有計劃的殖民地政策的地方，就可以看出這樣的特色。

這個時代的特徵，自然也表現在列強的對華政策上，中國在這個時代喪失了許多屬領，即如琉球、伊犂西部、安南、緬甸、不丹、尼泊爾、暹羅、朝鮮、台灣、澎湖列島等都全被迫脫離了中國的支配了。（註）

（註）俄國人從十六世紀的後半期，已經爲了狩獵毛皮獸而開始往西北利亞發展，進展到黑龍江畔，便和清朝間釀起了糾紛。於一六八九年（康熙二十八年）締結尼布楚條約，於一七二七年（雍正五年）締結恰克圖條約，中俄兩國間的國界被決定，通商貿易也被規定。其後俄國的遠東經營暫時不很積極；但是，從十九世紀的後半，沙皇的侵略政策活潑起來，由於一八五八年（咸豐八年）的愛琿條約，俄國把黑龍江左岸一帶地方收入其領土，把烏蘇里江以東海岸作爲中俄兩國共有。後來更在一八六〇年（咸豐十年）和清朝訂立北京條約，把烏蘇里江以東的海岸作爲俄國的領土了。俄國也從一八六〇年起，資本主義有了急速的發展。所以沙皇的侵略政策和資本主義的侵略政策有密切的聯繫的。

第四節　帝國主義列強對華侵略的時代

一 中日戰爭後到世界大戰前

明治維新後，日本資本主義所開闢了的發展的道路，在明治政府的國營和保護之下，有了急遽的發展。政府在先是集中精力在軍需工業上，以此種工業爲中心，各種工業都發達起來。在發展此等工業的時候，其資本的原始的蓄積，是由用封建方法搾取零細農民得來的。但是，日本的資本主義不是不經過許多摩擦就能順利地發展起來的。第一，當時日本是受外國資本主義的壓迫，不得不撥開許多障礙而向前邁進；第二，日本國內缺乏資本主義的發展上所最必要的資源；第三，農村的半封建的諸關係還很濃厚的遺存着，因之使國內市場非常狹隘。在這類的情形之下，日本的資本主義越是踏上發展之路而向前進展，越要強烈地受着種種的桎梏。

日本資本主義自一八八五年（明治十八年）起，就走入迅速的發展期。農業、工業、運輸、商業、銀行等公司的總資本額在一八八四年末是一億一千五百萬元，到了一八八九年就增加到二億七千八百萬元，一八九三年末更增加到三億六百萬圓。其中工業和運輸業的發展最爲顯著，工業公司的數目及其資本總額在一八八一年是三百七十九家，五百萬圓，一八八九年就增加到二千二百五十九家，七千萬圓，一八九三年更增加到二千九百十九家，七千八百萬圓，又運輸公司的資本額，在相同的各年內，已經增加到六百萬圓，六千九百萬元，九千萬圓了（野呂榮太郎日本資本主義發達史六三頁。）使用蒸氣機關的工廠，一八八五年只有五十三廠，一八八八年就增到二百五十四廠，一八九三年更增到六百七十五廠了（高橋龜吉最近日本經濟史一九三頁）：

成爲日本資本主義的中心的重要工業之一的紡織工業，也從一八八五年前後起，有了飛躍的發展，其發展情形有如下表（據野呂著前書五九頁）：

年度	廠數	每日平均運轉錘數	綿紗生產額
一八八二年	一三	二八、二〇四	——
一八八七年	一九	七〇、二二〇	一、一六五、〇七三貫（註）
一八九二年	三九	三八五、三一四	九、九七七、二〇八

一八八五年日本的貿易輸出總額是三千七百萬圓，一八八九年增到七千萬圓，一八九三年更增到八千九百萬圓（大日本外國貿易五十六年對照表一頁）。

這樣的日本資本主義的發展，必然漸漸地發生一種欲求：即企圖在國外尋求市場和獲取殖民地。日本資本主義已經痛感到：在它的將來的發展上，沒有殖民地是不可能的。

（註）一貫約等中國一百兩。

日本對朝鮮的侵略是先由輸出貿易入手，即日本貿易商人把由上海經長崎輸到日本的英國綿布又再轉輸到朝鮮，並獨占了朝鮮市場但後來自一八八四年前後起，中國商人也向朝鮮發展，以致發生了中日的對立。加之，我們知道，一八九一年是日本自己紡造的棉紗開始向外輸出之年，從這時起，日本自然要極力向海外尋求綿織品的市場，而首先就要向近水樓台的朝鮮和中國開刀了。在下表中，我們可以看出中日兩國間在對於朝鮮貿易上的對立關係來（據世界歷史大系九卷三七四頁）：

年度	由中國輸入	由日本輸入	中國	日本
一八八六年	四五五、〇一五元	二、〇六四、三五三元	一七%	八三%
一八八八年	八六〇、三二八	二、一九六、一一五	二八	七二
一八九〇年	一、六六〇、〇七五	三、〇八六、八九七	三二	六八
一八九二年	二、〇五五、五五五	二、五五五、六七五	四五	五五

日本原來也受着先進資本主義諸國的不平等條約的壓迫的，關稅沒有自主權，並有治外法權的束縛。自一八八七年起，日本就開始進行撤廢不平等條約的運動。日本從事侵略鄰近的弱小國家，表現了自己的實力，企圖乘這種威勢來脫出了由先進資本主義諸國所加與的壓迫。

新興的日本很切望使朝鮮脫離了他國的支配和干涉，使它和日本發生密切的關係，並且把它拿來做大陸政策的基點。

在這樣的情勢之下，一八九四—五年的中日戰爭因而爆發了，日本資本主義於是乎抓住了發展的機會。中日戰爭的結果，中國在朝鮮的勢力全被逐出，並逼迫中國賠款二億三千一百五十萬兩，把台灣和澎湖列島割讓給日本。從此，日本開始得和先進的資本主義列強並駕齊驅了。

以中日戰爭爲境界，資本主義列強對於中國的侵略更加緊迫，變換了一套和過去不同的面目。在由十九世紀之末至二十世紀之初這個期間，正是歐洲的資本主義顯明地轉化爲帝國主義的時期，(註)金融資本獨占資本決定了對於中國應取的政策。這樣，對中國輸出資本的時代開始了，這就是所謂「用銀行和鐵路的投資來征服」的時代。日本根據馬關條約在中國各商埠獲得了經營工業的權利。列強猛烈地進行獲得租借地的競爭，外國銀行在中國儘量發展勢力，大量地借款給中國，首先是努方經營鐵路、鑛山、紡織、電氣等工業，後來在無線電及航空事

(註)『在歐洲，新的資本主義把舊的資本主義取而代之的時期是可以相當正確地決定的，即這個時期是在二十世紀的初頭。』(伊里奇帝國主義論日譯本二七頁)

業中也大事活躍了。各列強在中國劃分了勢力範圍，中國簡直等於完全被瓜分了。

中國的財政非常窮乏，不能支付對日的賠款。因此當支付第一期賠款時，除了另向他國籌借外別無辦法。俄法兩國乘此機會撇開了英德而單獨借給中國四億佛郎的借款，這份在一八九五年簽字的俄法借款，是用海關的收入作擔保品。被撇開了的英德兩國看了眼紅，也在中國支付第二期對日賠款的時候，由英國的滙豐銀行和德國的華德銀行聯合借了一千六百萬磅給中國，這次的英德借款是在一八九六年簽字的，也是用海關的收入做擔保品。接着在一八九九年又成立第二次英德借款，數額同樣是一千六百萬磅。

列強一方面以借款的方式來對中國輸出資本，同時也正進行以租借爲名來獲得中國的政治上、經濟上、軍事上最重要的地域。

一八九七年十一月，兩個德國傳教師在山東的一個村落裏被土匪殺害，德國就以這個事件做口實，立刻占領了膠州灣，並且對中國提出了如下的要求：允許德人得在山東建築鐵路，採掘煤炭，把膠州灣讓德國做海軍根據地。結果在武力壓迫之下，德國得貫澈了這個要求，迫使中國租借膠州灣的灣內和入口兩岸的地帶，租期爲九十九年，在一八九八年三月簽字。俄國見德國取得膠州灣之後，也立刻出兵來威脅中國，強租旅順和大連，期限是二十五年，一八九八年簽字。英國自然不甘後人，也強租了威海衛。法國也追隨着在同年四月強租廣州灣，英國又更進一步強租了九龍半島，期限都是九十九年。英國更要求把揚子江流域做自己的勢力範圍，迫使中國承認不得將揚子江流域各省的土地割讓給他國，同時法國也迫使中國承認不得將海南島和安南鄰省割讓給他國，日本則迫使承認福建是日本的獨占區域。

伊里奇說：「金融資本已經眞正把它的金融網擴佈到全世界了，在此場合，設置在殖民地的銀行及其支店，演着極其重大的任務。」（帝國主義論和田氏譯本一〇〇頁）

外國銀行在對華借款和對華投資上，起了很大的作用。英國的麥加利銀行一八五三年在香港設起總行，一八五七年又在上海設了分行，匯豐銀行也繼續着於一八六四年在香港設立起來了。橫濱正金銀行則於一八五七年在上海設起分行。中日戰爭後，列強的銀行勢力在中國急激地發展起來了。華俄道勝銀行於一八九五年設立，東方匯理銀行於一八九六年在香港設起分行，於一八九八年在上海和漢口的分行也設立起來了。德國的華德銀行的設立是在一八八九年，美國的花旗銀行是在一九〇一年，比國的華比銀行是在一九〇二年。從此之後，列國的銀行及其分行在中國有如雨後春筍似的設了起來。約在十年以前，即東北事變以前，在中國的外國銀行的數目達到四十三行，已收資本總額達到六億八千萬元；中外合辦銀行數達到二十行，已收資本總額達到一億四百萬元。但中國的銀行呢？數目雖達到一百四十行，而已收資本總額僅達一億五千八百萬元。

這帝國主義時代的更大的特徵，是列強爲了想在中國獲得鐵路的利權，遂引起了強烈的競爭。鐵路是帝國主義發展的基幹，鐵路的建設不僅由牠的本身能夠獲得莫大的利潤，並且還可以附帶着獲得鐵路沿線的煤鑛和鐵鑛的資源，帝國主義的政治勢力也可以隨着鐵路伸張開去，在此可以形成了它的勢力範圍。

俄國一八九六年獲得了橫斷北滿的中東鐵路的建築權，後來在一八九八年得到了遼東半島的租借權之後，由哈爾濱到旅順的鐵路建築權也隨着落到手裏了。

比利時在一八九七年和中國簽訂平漢鐵路借款條約；但表面上是用比利時借款的名義，實際上的主動者就是華俄道勝銀行。這樣，俄國和法國的資本的勢力發展到了揚子江沿岸，這對於想把揚子江流域劃爲自己的獨占的勢力範圍的英國，是一個很大的威脅。

華俄道勝銀行計劃建築正太鐵路，用以運輸從山西採掘的煤礦，並在一八九八年簽訂了借款契約；後來在新的條件之下，借款契約又於一九〇二年重行簽訂。

法國在一八九五年和中國訂約，除了在雲南，廣西，廣東等省獲得了採鑛的優先權之外，又於一八九八年具體地獲得了從安南東京到昆明的鐵路的建築權。

英國最初是在一八九八年對於北甯鐵路締結了一種借款關係。在同一年，又和中國簽訂了關於京滬鐵路的建築權和經營權的臨時契約；但在一九〇二年簽訂正式契約時，中國方面堅持僅只承認有借款關係，結果英國也不得不相當讓步。一八九八年英國和中國成立北京借款時，已獲得了山東河南兩省的煤、鐵、煤油的採掘權及鐵路建築權，但後來中國發生了利權收回運動，道清鐵路被中國買收回去，而互相間僅維持着借款關係。到了義和團事件發生後，英國侵入了河北省的開平煤礦，將它改爲中英合辦的公司。後來連灤州煤礦也被合併而爲開灤煤礦了。當時這個開灤煤礦，乃是中國最大的煤礦。比國借款給中國，獲得了平漢鐵路的建築權，這事曾爲英國極力反對，但後來不能不加以阻止，結果自己也要利益均沾，而於一八九八年要求中國在和平漢鐵路同樣的條件下讓給天津鎮江線，廣東九龍線，浦口信陽線，由山西河南至長江之線，和蘇州杭州甯波線的建築權，這種要求是在軍艦的威壓之下得到成功的。當時英國獲得權利的鐵路，全長計二千八百英里（四千五百啓羅，）俄國獲得的是一千五百三十英里。

德國於一八九八年除了獲得膠州灣的租借權之外，還在山東獲得了兩條鐵路的建築權和煤鐵的採掘權。德國極力反對英國獲得建築天津鎮江線的權利，結果互相妥協，由德國建築北段，由英國建築南段；後來南段的終點由鎮江改到浦口。

美國對於獲得鐵路利權的競爭，也是落於其他列強之後，後來算是獲得了粵漢鐵路的建築權。但後來該路的股票被比國借款收買掉，結局又發生利權收回運動，在一九〇五年卒被中國收回了。

帝國主義列強的貪慾無厭的侵略，結果促成了一八九九年至一九〇〇年的義和團之亂，但這個暴動被列強派兵彈壓下去了，因而列強強迫中國賠償四億五千萬兩，在三十九年內賠清，此種賠償還附有年息四分的利息，故結果本利合計共須賠償九億五千二百萬兩之多。從此之後，在北平設立了公使館區域，得駐屯各國的守備軍，而且由北平至榆關間的北甯路沿線上，得駐紮列強的軍隊。

當義和團事件發生的時候，俄國借它做口實，出兵佔了滿洲，並且它的勢力進展到朝鮮來，在此和日本的利益發生了激烈的衝突。這樣一來，就在一九〇四年引起了日俄戰爭，滿洲變成了兩國的戰場。日俄戰爭的結果，日本由俄國手中奪獲了遼東半島的租借權，中東路南段（由寬城子到大連）的鐵路權，南滿地方的採鑛權。而且日本迫使中國承認它建築安奉鐵路，承認它在朝鮮的獨占權。

在一八八五年以前，中國主要的輸入品是鴉片和綿織品，約占輸入總額的三分之二。後來鴉片的輸入一年比一年減少，這是由於在中國也栽培起鴉片的緣故。一八八五年以後，綿織品占了輸入的第一位。一八九九年綿織品的輸入值一億三百五十萬兩，占輸入總額的三九・一%，一九〇五年值一億八千一百五十萬兩，占輸入總額的四〇・六%。到了一九一三年，綿織品的輸入額係一億八千二百四十萬兩，但對總輸入額的比率已落至三二%。

一九〇二年前後，英國輸入中國的綿織品占了五五%，一九一三年是五三%，減少不多，但美國在這個期間則由二六%減少到八%；反之，日本則由二%增至二〇%。

從外國輸入的是以綿織品，煤油，金屬品，機械類，染料等爲主，其中大半是全製品。從中國輸出的主要是生絲，茶，豆類，豆製品，種子，植物油，棉花，皮革等農產物，原料品及半製品。馬扎亞爾說：『英國，日本，美國等帝國主義國家和中國間的交易，乃是一種非等價交換；因爲英國，日本等國的商品和中國的商品比較起來，平均是要具體化較少的必要勞動，即社會的必要的勞動時間。農業的資本的有機的構成比較工業要低些，所以農業和工業間的一切交換都是非等價交換。』（中國問題概論日譯本五七—八頁）

加之，中國的國際貿易，幾乎年年都有顯著的入超，就一八七一年至一九二一年間的貿易看，入超額實達至三十二億一千九百萬兩之多，又一九二一年至一九二八年間的入超也達至十七億九千三百萬兩。

資本主義列強在中國還取得了內河和沿海的航行權，列強的輪船得自由航行中國海河的沿岸，從事運輸貨物及搭乘旅客；連在揚子江，白河，西江等內河也得航行；而且得航行的不僅是輪船，軍艦也包括在內！

出入於中國各商埠的外國輪船的勢力在十九世紀之末，英國占着獨占的地位。在中日戰爭時，出入於中國的英國船舶的噸數，約占列國（中國船舶也包括在內）總出入噸數的六九％，一八九八年占六二％，一八九九年占五九％；但到了世界大戰發生的前一年即一九一三年，就降到四一％了。在這個期間，日本的船舶出入於中國的噸數，則由一八九九年的七％激增到一九一三年的二五％。

到了中國承認列強有在中國商埠從事經營工業的權利的時候，英美德等國都在上海大事建設紡織工廠了。但其中美國和德國的工廠不能維持，只有英國工廠得以不斷地發展。日本資本家在中國着手於紡織業，是從一八九五年開始，是收買了中國人設立的工廠而繼續經營的。剛在世界大戰發生之前，英國的紡織業在上海設立了五個工廠，總錘數是二十四萬；而日本當時在上海所設工廠總錘數還不上十萬錘。

義和團事件發生之後，列強在中國攫取利權的運動表面上已沒有以前露骨了，加之，中國受了日俄戰爭的刺激，收回權利的運動也開始了。

粵漢鐵路的建築權，在一九〇五年由美國手裏收回來了，但須由中國付出六百七十六萬美元的賠償金，結果只好由英國借了一百一十萬磅來充抵。一九〇八年中國又償還了平漢鐵路的比國借款，收回了該路的管理權，但這筆款也是由英國法國和日本借來的。津浦鐵路在一九〇八年簽訂最後的契約和一八九八年簽訂的臨時契約內容上也有了若干變更，管理權也算是被收回了。在一八九八年本來英國已和中國簽結了建築滬杭甬鐵路的契約，但後來延不開工，到了一九〇五年發生了廢除該項契約的運動，結果還是簽訂了一百五十萬磅的借款契約。這樣，鐵路的建築權、管理權、經營權等被收回的已經不少。列強雖然不堅持建築權、管理權、經營權，但在技師長、會計主任、會計監督等名目之下，由債權者方面增加些人進去，所以實質上鐵路的建築和經營，仍須受到列強的監督和支配。加之，附屬於鐵路的全財產及其收入，都作爲普通借款的担保品而被握於債權者的手中。所以列強在借款權的名目之下，還是可以控制這些鐵路的死命的。

一九一一年五月，英法德美等四國的銀行團和郵傳部大臣盛宣懷簽訂了六百萬磅的粤漢川漢鐵路借款的契約，這次借款因爲是共同承受，所以由四國組織了一個國際借款團，後來這個國際借款團，企圖獨占中國的鐵路借款以及其他借款，橫暴已極。到一九一二年六月，日本和俄國也加入銀行團，而成立了六國借款團。一九一三年三月美國又宣告退出，所以只有五國借款團繼續存在下去。

一九一一年的資產階級民主主義革命把滿淸推倒，成立了共和國，但這次革命是不徹底的，結果政權被舊官僚軍閥的首領袁世凱奪去了。一九一三年四月，袁世凱和五國借款團簽訂了二千五百萬磅的善後大借款，這份借款是用鹽稅作擔保品，結果鹽務行政和鹽稅的徵收，都要受債權者的監督了。袁世凱依藉着這個借款而物質上精神上都受到帝國主義列強的支持，所以態度強硬了起來，漸次對革命派加以積極的壓迫了。

國際借款團本來是企圖獨占中國的借款的，但結果反而受了束縛。不能敏捷自由地活動，所以後來又出現了獲得鐵路利權的猛烈競爭的時代，協同一致的步調完全弄亂了，各國的投資團都爭先恐後地去追求豐美的穫物，結果就由英國提出一個提案：國際借款團共同承受的只限於政治借款，經濟借款則可由各國單獨處理，這個提案後來卒被通過了。

一九〇三年比利時電車鐵路公司獲得了汴洛鐵路的建築權，並且已經開工敷設路軌。後來在一九一一年九月，該公司又和中國簽訂了包含汴洛鐵路在內的隴海鐵路的二億五千萬佛郎（一千萬磅）的借款契約。這條鐵路西從甘肅的蘭州起，東到東海岸的海州，長達一千八百五十六啓羅，這是橫斷中國的大鐵路，並且還可以再向西方延長，和俄國的中亞細亞相聯接。

還比利時的投資公司又在一九一三年八月和中國簽訂了同成鐵路二億五千萬佛郎的借款契約。這條鐵路從山西的大同起到四川的成都止，達一千七百七十啓羅，若再向北方延長，橫貫蒙古，可以和西伯利亞鐵路相聯接。

在法國資本支配下的中法實業銀行則在一九一四年二月和中國簽訂了欽渝鐵路六億佛郎的借款契約，該路由廣東的欽州經百色、昆明而達重慶，長約二千三百啓羅，再向北延長，可和同成鐵路接軌。這樣一來，欽渝鐵路和同成鐵路縱斷了中國的南北，而受俄國和法國的支配。

英國當然不能默視着俄法兩國的飛躍的發展，它在一九一四年一月，也獲得了長達六百十七啓羅的滇緬鐵路的建築權。該路是由英國緬甸鐵路的終點八莫起，入雲南，經騰越而達大理，並且企圖將來更延長到昆明，到四川的敍府和成都。該路可以和法國在雲南的勢力相對抗，開闢雲南和緬甸間的貿易，把印度到長江流域的交通聯繫起來。接着，在一九一四年三月，英國的中英公司又和中國簽訂甯湘鐵路八百萬磅的借款契約，該路計劃由南京經南昌修到長沙。在同年七月，英國的婆林商會也和中國簽訂了沙興鐵路一千萬磅的借款契約，該路由湖北的川沙起到貴州的興義止，並可利用欽渝鐵路而通至昆明。這樣，滇緬、沙興、甯湘以及既設的京滬鐵路都可以保持聯繫，開拓了由緬甸到上海的陸路交通，橫斷了南中國，又英國的華中鐵路公司在一九一三年十一月，和中國簽訂了浦信鐵路三百萬磅借款，用以修築由浦口到信陽間的鐵路。

若在當時和列強所簽訂建築的這些鐵路完全成爲事實，那麽中國要全被帝國主義的鎖鍊束縛起來了；但結果除了隴海鐵路的一部建築成功外。其他的都沒有實現。這是因爲世界大戰爆發起來，英、法、俄等列強都無暇顧及中國的緣故。

當時，美國的博益公司也和中國簽訂在湖南、廣西、廣東、山西、甘肅建築一千七百七十啓羅鐵路的借款；但由於英、法、俄等三國提出抗議，要求更改路線，故結局該項借款沒有實現。又博益公司曾在一九一六年和中國簽訂五百五十萬美元的疏濬大運河的借款，但因爲占該借款的一半，是在山東省境運河的部分，侵犯着日本在山東省的優越權，由日本提出抗議，結果這份借款就由美日兩國共同承担。

美國的美孚火油公司在一九一四年二月，在陝西和河北獲得了煤油採掘權，但直到現在還沒有着手開採。

二　日本勢力的發展

中日戰爭的結果，日本由中國得到了三億六千四百萬圓的賠款，又在一八九七年實施金本位制，更在一八九九年撤廢了不平等條約，日本資本主義以這些事件爲契機，更有了進一步的發展。

日本在這個期間的已收資本的總額，有如下的增加（據日本帝國統計年鑑）：

一八九三年	二三一（百萬圓）
一九〇三年	八八七
一九〇七年	一、一一四
一九一三年	一、九八三
一九二〇年	八、二三八

在上表中可以明顯地看出：在世界大戰中，日本資本主義有了飛躍的發展。隨着資本主義

的發展，對華貿易也發展起來了。一八九三年的對華輸出入總額（除開香港）是二千四百萬圓，其中日本的輸入額占七百萬圓，一九〇三年是一億一千萬圓，輸出占六千四百萬圓，一九一三年是二億七千七百萬圓，輸出占一億五千四百萬圓，一九一六年是十億八千一百六十七萬圓，輸出占五億九千七百一十七萬圓，到了一九二三年，對華貿易則減至六億九千三百五十四萬圓，其中輸出占三億四千六十一萬圓（東洋經濟新報社編大日本外國貿易五十六年對照表一九頁）。而且日本的對華貿易占對外輸出總額的二〇——二五%；而且常常是出超。日本資本主義的發展，在對華貿易的內容中也反映了出來，即輸出中國的主要是綿紗、綿布、火柴、銅器等工業製品，由中國輸入的主要是棉花、大豆及豆加工品等原料品和食料品。

日本輪船在中國航運上所占的地位，在世界大戰以前，就已凌駕於中國之上，而僅次於英國，其後所占地位又略增高了一些。一九一九年各國在中國各港出入的總噸數中，英國占三七．九%，有三千六百二十八萬四千噸；中國占二八．三%，有二千七百九萬噸；而日本則占二八．八%，有二千七百五十三萬二千噸。到了一九二七年，英國占三四．六%，有四千二十五萬八千噸；中國占一八．六%，有二千一百六十三萬噸；而日本則激增至三〇．八%，有三千五百七十四萬六千噸。

日本的銀行在中國也有了相當的發展。橫濱正金銀行一八九二年在上海設了分行，到了一八九六年至一九〇二年之間，在香港、天津、牛莊、北平等處也增設起分行。台灣銀行是一八九七年創設的，到了一九〇〇年在廈門設立起分行來；朝鮮銀行是一九一一年創設的，不久其勢力就伸張到中國東北四省。三井、三菱、住友、安田等銀行也都在中國設有分行。此外，東洋拓殖會社也在中國設有金融機關、投資機關，大肆活躍。

日本企圖把大冶的鐵鑛抓到自己的手裏，在一九〇四年由日本興業銀行借給中國三百萬圓，其條件是日本得以獨占的低廉的價格買進大冶的鐵鑛：這是日本對中國締結借款關係的開端。一九〇七年漢冶萍公司開始創立時，又由日本的銀行借款九百萬圓，隨後在一九一二年又借了三百萬圓，一九一三年連一部舊債在內，又再簽訂了一千五百萬圓的借款契約。日本對漢冶萍公司的借款，後來越積越多，共達至五千二百萬圓。

日俄戰爭的結果，南滿鐵路落到日本的手裏去了。日本爲從事經營這條鐵路，在一九〇六年設立了南滿鐵路會社，資金定爲二億圓（其中有日本政府所出現金一億圓）。撫順和烟台的煤礦也歸滿鐵經營。本溪湖煤鐵公司是用大倉財團的資本在一九一〇年設立的，名義是中日合辦。滿鐵在一九一六年又設立了鞍山製鐵所。

一九〇七年南潯路向日本興業銀行借款一百五十萬圓；一九一二年又向東亞興業會社借款五百萬圓；一九一四年再向該會社借二百五十萬圓。後來這份借款越積越多，總計達至一千萬圓以上。一九〇九年滿鐵和中國簽訂了二百十五萬圓的吉長路的借款契約。一九一〇年正金銀行爲「援助」中國收回平漢路，對郵傳部借款二百二十萬圓；隨着在一九一一年該行又借給郵傳部一千萬圓。

這樣，當時日本已積極從事對華投資了。由其發展的情勢看來，它在中國農業、畜牧、水產業、煤礦、電氣、自來水、製紙工業、鐵路、銀行、商業等的投資總額在一九〇七年是二億三千五百五十三萬圓，到了一九一四年就激增至四億五千五百六十七萬圓了（一九三〇——三一年中國政治經濟年史四五四頁）。

一九一一年日本兼併了朝鮮。一九一四年世界大戰勃發的時候，日本資本主義乘機大肆發展，它對德國布告宣戰，把德國的勢力完全逐出山東。

一九一五年一月日本向中國提出所謂「二十一條」的要求。

日本最初提出的「二十一條」的內容，主要是如下各點：將旅順大連租借地及南滿安奉兩路的租借期限延長到九十九年；承認日人在滿蒙爲經營商工、農業，有土地的租借權和所有權；許可日本在滿蒙有廣泛的鑛山採掘權；委任日本管理經營吉長鐵路，期限是九十九年；滿蒙的政治，財政，軍事的顧問，須由日本獨占，漢冶萍公司須由中日合辦，中國沿海的灣港和島嶼不得割讓給他國。此外還附有一些希望條件，即：中國政府須聘日人做政治、財政、軍事的顧問；在必要的地方的警察須由中日合辦，並且聘用日人；由日本供給中國一定數量的兵器，或設立中日合辦的兵工廠；中國許可日本建築武昌至南潯路間的，南昌至杭州間的，南昌至潮州間的鐵路；並予日本開發福建省的獨占權。

最初中國政府對這些條件延不答覆，交涉完全陷於停頓狀態。日本政府隨於五月七日發出最後通牒，中國終於屈服，在五月二十五日得到最初的解決；日本的要求的內容也和最初提出來的多少緩和了一些。後來中國把日本發最後通牒的五月七日和指定作最後的答覆的五月九日認爲國恥紀念日。

一九一三年十月，日本政府和中國成立一種契約，中國允許將來用日本的資本來建築滿蒙五鐵路，即四洮、吉海、開海、長洮、洮熱等五路。一九一八年九月，日本的特殊銀行又和中國新簽一種借款契約，名義是用來在滿蒙建築四條鐵路，即開原海龍吉林線，長春洮南線，洮南熱河線，和由洮南熱河某地至海岸的鐵路，並已經由日方交出了二千萬圓。

擬從吉林築到朝鮮的會甯的吉會鐵路，由軍事和經濟的立場看，是最爲日本所重視的，但該路很久以來都成了懸案。日本最初提出要修築吉會路，是在一九〇九年。當時中日間關於間島問題的糾紛已經解決，日本已經承認了中國在間島的主權，同時兩國間已經簽訂了契約，日方將來得在和吉長鐵路同樣的條件下來建築吉會鐵路。在一九一八年六月，中國交通部曾和日本特殊銀行團的代表日本興業銀行簽訂了吉會路借款契約，並且已經交給華方一千萬圓。但吉會路的修築問題後來還是沒有得到解決，一直到九一八事變，都還是一個中日間的懸案。

中國政府和日本特殊銀行在一九一七年九月至一九一八年九月間成立的借款；除了上述的滿蒙四鐵路借款和吉會路借款之外，還有交通銀行第二次借款二千萬圓，有線電報借款二千萬圓，吉黑兩省林鑛借款三千萬圓，高徐和濟順鐵路借款前付二千萬圓，參戰借款二千萬圓，合計七份共達一億四千萬圓，這就是所謂西原借款，這表示出日本企圖積極地把在世界大戰期間蓄積了的資本投資到中國來。

此外，在一九一七年，中國和滿鐵間又簽訂了達六百五十萬圓的吉長鐵路第二次借款條約，第一次借款未付淸的本利，也在這份借款中扣除。從一九一七年到一九一八年間，日本的泰平組合曾賣了八九次的武器給中國，價格共達三千二百零八萬圓，這筆款就作爲借款，就是所謂武器借款。（註）總而言之，在一九一七、一九一八、一九一九這三年間，日本對華的借款一共達至二億三千萬圓了（一九三〇——三一年中國政治經濟年史四五五頁）。

乘世界大戰的機會，日本在華的工業投資也有了很大的發展，其中特別是紡織業最爲顯著：一九一三年的錘總數不過是九萬五千，到了一九一八年就增到三十三萬三千，到了一九二五年更激增到一千二十一萬三千。後來還繼續着發展，到了一九三一年六月末，總錘數達到了一百六十三萬。那時在中國的紡織工業的總錘數中，中國占五〇%，英國僅占八%，而日本竟占了四二%。日本的紡織業投資額則達二億五千萬圓。

在世界大戰中和戰後，日本對其他工業也大量地投資，把其中最重要的種類列舉出來，是：製油、麵粉、製糖、玻璃、火柴、烟捲、釀造、製紙、製冰、製革、製材、機械製造、肥料、水泥、製麻等工業。對電氣和煤氣工業的投資也不在少數。這等工業的投資額，共達一億五千萬圓之多。

在這期間的南滿鐵道會社的發展也值得注目。滿鐵在一九二〇年的公稱資本是四億四千萬圓，已收的資本是三億八千七百一十五萬八千圓，股份的半數是由政府出資的。把已收資本、公司債、公積金即經營資本合計起來，一九一三年是二億四千四百五十萬圓，一九一九年是

（註）阿瓦林在前引書裏說：「僅是一九一八年一年內，日本就供給了中國北京政府五千萬圓以上的兵器。」

四億一千七百十八萬圓，一九二六年竟增至七億四千二百二十六萬圓。滿鐵除了鐵路之外，還直接經營着鑛業、製鐵業和港灣事業；此外還擁有許多的公司和附屬公司，對航運業，煤氣電氣業，窰業等都有關係，這些公司的資本總額在一九二九年達到七億二千六百萬圓，該年的純益就達至四千五百萬圓之多，又和滿鐵有關係的公司，一九三〇年二月達至五十七個，對這些公司投下的資本是一億零五百萬圓。

滿鐵經營下的撫順煤礦，一九二四年產煤五百五十噸，一九二八年產七百十噸，一九三〇年產七百四十噸。在中國本部的最大的煤坑是英國投資的開灤公司，其出產額平均每年約達四百五十噸，還遠落於撫順煤坑之後。日本曾由德國手中奪得了山東的坊子煤坑和淄川煤坑的採掘權，但後來華盛頓會議的結果，改由中日合辦的魯大公司去經營。根據二十一條的要求，日本在中國東北四省獲得了許多煤鑛的採掘權。又由一九一五年到一九二〇年之間，日本在中日合辦的名義之下，在東北四省經營了不少的煤坑（侯厚培、吳覺農日本帝國主義對華經濟侵略一九七—八頁）。這樣，在中國用近代的方法採掘的煤炭總出產量的四五%都受日本資本的支配了。

中國的鐵鑛業和製鐵業的利權，全為日本所獨占。鞍山製鐵所、本溪湖煤鐵公司和漢冶萍公司係在日本資本之下，已如前述；山東省金嶺鎮的鐵鑛採掘權，也由德國轉讓於日本之手，由日本在中日合辦的名義下進行採掘。安徽的裕繁鐵鑛公司由一九二〇年至一九二三年間向日本借款四百七十五萬圓，所以該公司也在日本資本支配之下了。

一九二八年鞍山製鐵所出產生鐵二十二萬噸，本溪湖鐵鑛公司則產六萬噸。大冶鐵鑛自一九二六年北伐軍到達以來出產量大爲低減，然而在一九二七年也還達到十一萬噸，一九二三年達至四十八萬噸。在中國用近代的方法生產出來的全部鐵產額的八〇%可說是在日本的資本控制之下。

日本對華投資的總額，據日華實業協會的估計：共達十八億五千九百萬圓；其中滿洲占十三億三千七百萬圓，其他占五億二千二百萬圓。據小田切滿壽之助氏的估計：一九二七年是二十五億三千九百六十三萬一千圓，其中借款占七億三千四十七萬七千圓，事業投資占十八億三千九百六十萬一千圓。據馬扎亞爾的估計：則日本在中國本部的權益達五億二千二百萬圓，在滿洲的是二十三億二千七百萬圓，兩者合計共達二十八億四千九百萬圓（中國問題概論三五九—六〇頁）。列曼氏曾將一九三〇年末日本在中國的投資額列表如左：（摘自列國對華投資六〇一頁）

直接事業投資額　一、七四八、二五九、〇〇〇
對中國公司的投資額　七七、四二八、〇〇〇
中國政府的債務　四四八、一五五、〇〇〇
合計　二、二七三、八四二、〇〇〇

列曼更將一九〇二年、一九一四年、一九三一年列國對華投資額列表如下：

	一九〇二年		一九一四年		一九三一年	
	單位百萬美元	對總額的%	單位百萬美元	對總額的%	單位百萬美元	對總額的%
英國	二六〇・三	三三・一	六〇七・五	三七・七	一、一八九・二	四〇・一
日本	一・〇	〇・一	二一九・五	一三・六	一、一三六・九	三八・三
俄國	二四六・五	三一・三	二六九・三	一六・七	—	—
美國	一九・七	二・五	四九・三	三・一	一九六・八	六・六
法國	九一・一	一一・六	一七一・四	一〇・七	一九二・四	六・五
德國	一六四・三	二〇・九	一六三・六	一六・四	八七・〇	二・八
其他	五・〇	〇・六	二九・三	一・八	一六七・四	五・七
合計	九八七・九	一〇〇・〇	一、六一〇・三	一〇〇・〇	二、九六九・三	一〇〇・〇

備考——一九三一年蘇聯的對華投資額原來揭載着二億七千三百二十萬美元，但蘇聯自一九一七年以來已經不是帝國主義了，所以舊投資殘留在中國的已經變了性質，因此就把它從此表中刪除了，從而各國投資對總額的

百分比也便完全不同，所以把它改算過了。

三　列強對華的政治工作

列強對於反動的軍閥袁世凱竭力加以援助，對他借了二千五百萬磅的借款。袁死後，中國就走入了軍閥跋扈時代；軍閥割據於各地，形成恰像過去的封建諸侯似的勢力。他們各擁有私兵，爲獲得和擴張地盤，不斷地捲起戰爭。軍閥的背後站着各帝國主義者。軍閥成了他們的走卒。

軍閥對勤勞大衆課以重稅，並且由於戰爭的必要上，向民間徵發家畜、馬車、食糧等，發行不兌換紙幣。他們由於利己的野心、並且在他們的主人操縱之下，不斷地從事戰爭，以致使農村荒廢，阻礙工業的發達，並產生了日漸衆多的土匪和流民。對於工農運動則以全力來彈壓，以討好於他們的主人。

一九二一——一九二二年的華盛頓會議，多少給了中國一些好處。列強間約定：互相尊從中國主權的獨立和領土及行政權的完整，有效地實施門戶開放主義和機會均等主義。這是受了美國政策的影響，因爲它企圖抑止日本在中國的發展，替自己開闢一條發展的途徑，

一九二五年英國和其他列強導發了五卅事件，這完全是一種挑撥的行爲。一九二六年八月二十九日英國軍艦砲擊四川省揚子江沿岸的都市萬縣，死傷約一千五百名，損害非常重大。

同年，廣東的北伐軍進展到揚子江流域的時候，英國企圖引誘日本和美國來共同實行武力干涉；但結果因爲利害關係各有不同，不能取一致的步調。可是在上海方面各國派遣大批的軍艦和軍隊，用飛機、裝甲汽車、坦克車、機關槍等武器來威壓革命勢力。一九二七年三月，英國和美國的軍艦砲擊南京，中國人死傷約二千餘人。一九二七年十二月廣東發生暴動，樹立了蘇維埃政權，在這時，列強的軍艦上的陸戰隊也卽刻登陸，來幫助中國政府彈壓變亂。一九二八年五月，在濟南爆發了五三慘案。一九三〇年七月末在湖南省長沙樹立蘇維埃政府的時候，列強的軍艦也發砲轟擊；結果使蘇維埃政府崩壞了。

四　世界經濟恐慌期及其後列強的對華政策

世界大戰（西紀一九一四——一九一八年）後在一九二〇年，世界資本主義經濟曾一度被捲入恐慌的漩渦。後來雖然漸漸恢復而得到一時的安定，但爲期極短。到了一九二八年，資本主義的矛盾又更加激化起來，而走入了所謂第三期。在一九二九年之秋，以美國的交易所的恐慌爲導火線，世界的資本主義諸國都接二連三地被捲入這個恐慌的漩渦中。工業恐慌之外加上了農業恐慌，發展爲不知止境的世界規模的經濟恐慌了。

中國也受到了世界經濟恐慌的影響。最初雖然較爲緩慢，但終於滑入了恐慌的洪流中，並且因爲中國是處於半殖民地的地位，所受的打擊特別鉅大，帝國主義諸國是企圖拿殖民地和半殖民地做犧牲品，脫出這個恐慌，所以中國的恐慌越來越利害。

帝國主義爲要銷售過剩的商品，是必須獲得市場的，甚至用了傾銷政策來開拓獨占的市場。它們在國內缺乏原料資源，急需獲得獨占的原料供給地。此外，資本的安全的輸出地對它們也是非常必要的，又它們爲了要準備未來的世界大戰，也須將戰略上的重要地點抓在自己的支配之下。

一九三一年九月，滿洲事件爆發了，廣大的一片土地脫離了中國的支配了。（註）一九三二年繼續着爆發了上海事件。一九三二年所謂的「滿洲國」宣告成立，連熱河地方也繼續着歸入「滿洲國」的版圖了。日本更進一步的向華北發展，在一九三三年五月簽訂了塘沽停戰協定，把長城以南劃爲非武裝區域。一九三五年六月成立何梅協定，日本迫使中央軍開出平津地方，平津地方的國民黨部和其他所謂的排日機關，都一律被迫南遷。

日本以滿鐵爲中心，進行着開發華北的工作。因爲它苦於生鐵和鋼鐵的不足，所以首先就

（註）『日本對滿洲的積極侵略，是激烈的資本主義世界恐慌所促成的，是在起因於這個恐慌的特殊的事情之下進行的』（捷林捷夫蘇聯眼中的太平洋爭霸戰日譯本一二九頁。）

來開發在平綏線的宣化一帶的龍烟鐵鑛，同時還企圖恢復北平郊外的石景山鍊鐵廠。此外，日本還計劃着修築由大沽至石家莊間的津石鐵路，建築大沽港以作該路的吞吐港，開發在津石路附近的井陘鐵鑛，投在此等企業上的資本，是出自滿鐵、東拓、及三井、三菱、住友、大倉等財閥的（東京朝日新聞一九三六年十月七日號。）在鐵道方面，日本還企圖將膠濟路向濟南以西延長，結於平漢路上的彰德，而成所謂的彰濟路，這線被認為是與開發鐵鑛和煤鑛有着密切關係的（東京朝日新聞一九三五年七月十九日號。）

日本正在企圖用資本在北平天津一帶發展紡織業；同時特別值得注意的，是日本計劃以河北為中心在華北廣植棉花，使華北成為日本獨占的原料供給地。

日本最近的對華政策，是儘可能地獨占中國。一九三五年四月，日本外務省曾發表了一個聲明，聲稱若他國對中國供給軍用飛機、兵器，建築飛機場，派遣軍事教官和顧問，貸與以設置政治基金為目的的借款，則認為是擾亂中國的和平和統一；日本非提出抗議不可。

美國在無線電報事業上，汽車工業上和航空事業上，都有了很大的發展，對這等事業的投資的活躍，是以恐慌期為背景的。

一九三〇年十二月，真茹的大無線電台開幕了，這是由國民政府的外交部和美國的無線電公司訂了契約建設起來的。一九三〇年七月末，美國和中國間簽訂了航空契約，建立起中國航空公司。這個航空公司是中國的交通部和美國寇蒂斯航空公司（Curtiss American Aviation Company）合辦的。寇蒂斯的股份占了四五%，並且有材料、駕駛員和教官的供給權。資本額是一千萬圓，契約期間定爲十年。現在該公司經營着的航空路，是上海漢口重慶成都線，上海北平線和上海廣州線等。

一九三〇年中國的交通部和德國的魯夫特漢沙公司(German Lusthansa Company)訂了契約，建設起歐亞航空公司來；資本最初是三百萬圓，一九三三年十一月又增爲五百十萬圓。其中三分之二出自中國，三分之一出自德國。定期航空路現在是上海蘭州線和蘭州迪化線(蘭州迪化線現已停航，但又另闢了西安成都昆明線——譯者。)

自世界大戰以來，中國的鐵路建設，除了東北三省之外，幾乎全陷於停頓狀態，列強也沒有注意到鐵路投資這回事。但是，到了最近，列強對於中國鐵路的投資熱又重行恢復了。原來粵漢路很久以來就陷於停頓的狀態，但到了一九三三年，中國以英國退還的庚子賠款作擔保，發行內債，來進行建築沒有完成的那一部分。一九三六年九月一日算是全線貫通了。

一九三四年，中英銀公司和中國建設銀公司（主要是英國和美國的資本）共同投資一千六百萬圓來建築錢江大橋和滬杭甬鐵路上沒有完成的曹娥閘口段（世界政治經濟情報第四輯二七九頁）。中英公司自從一九〇八年的借款以來，就和該路有着關係了。一九三四年當着手建設玉萍鐵路的時候，曾和德國簽訂了八百萬圓的建設材料的借款。

法國在一九三三年成功了大潼路的借款。大潼路是由山西北部的大同，經太原蒲州而達至潼關的長達一千二百六十一啓羅的大鐵路；即過去所計劃的同成鐵路的北段（另外還計劃建築由大沽經石家莊而達太原的鐵路）。本來中國鐵道部和法國巴黎電機公司之間已經成立了三億六千萬佛郎的借款契約，連建築材料都有一部分從法國運來了；但一因該路和山西省營的同蒲路成了並行，二因受了日本的抗議，所以建築大潼路的計劃只好中止了（中國經濟年報昭和十年版，四〇八頁）。

最近英國和中國間成立了一種借款契約，用以建築京贛鐵路（南京至南昌）和購買鐵路材料；據日本報的報道：此項契約已由當事者的中國鐵道部、庚款管理委員會、滙豐銀行和中國銀行所組織的銀團（譯註）間正式簽字了（東京朝日新聞一九三七年十二月九日號）。又據稱四川的成渝鐵路（由成都至重慶長五百二十三英里）的借款也已經成立，已由川黔鐵

（譯註）該銀團係由交通、金城、大陸、中南、中國農民、四行儲蓄會、鹽業、浙江興業等銀行所組成。

路公司、中國建設銀公司和法國銀行團的代表中法商工銀行共同簽字了。該路總經費五千四百五十萬圓中，三千四百五十萬圓是法國銀行團的借款，其中的二千七百五十萬圓是用來購買鐵路材料並充作運至重慶的運輸費，其餘的約七百萬圓是現金借款（東京朝日一九三六年十二月十七日號）英國也老早着眼到這條鐵路，但終於落到法國的手裏了。

一九二〇年列強在美國主唱之下，成立了新四國借款團，但是這個借款團遭到了中國的白眼，結局並沒有作過甚麼活動。列強的對華借款，在世界大戰後幾陷於停頓的狀態，但自世界經濟恐慌發生以來，對華借款又成了列強的切膚的問題了。

一九三三年中國政府和美國復興金融公司簽訂了五千萬美圓的棉麥借款契約。這個借款就是由美國復興金融公司在它本國內購買棉花和小麥借給中國政府。這對於美國是很有利的，它何以將在農業恐慌下生產過剩的棉花推銷到中國去。但這個借款沒有完全成功，只是交付了三分之一就中止了，原因就是由於日本反對這種借款。日本並且聲明：對於國聯的對華技術援助也有加以監視的必要。國聯的對華技術援助，結局也不外是要開闢一條對華借款的道路。

一九三四年末當中國打算接受歐美列強組織的銀行團的投資的時候，日本也提出抗議，結局此項投資計劃就不能實現。一九三五年英國派了經濟特使李滋羅斯到中國來，企圖成立對華借款，但也遭遇了日本的積極的反對。又目的在幫助中國實施貨幣改革的英美法日等的共同借款案，日本政府也聲明決不加以承認。

第五節　中國封建社會的崩壞過程

中國的封建社會，已經有了二千數百年的長期的歷史。雖然有幾多的王朝的興亡，但這些王朝的變革都是仍在同一的社會經濟組織的基礎上進行的。然而，這個封建社會也畢竟是走到了非崩潰不可的時機了，從歐美衝進來的近代資本主義的波濤，沖擊了一切舊的殘餘。

清朝也似乎感到了越來越兇的資本主義的波濤的危險性，清朝之採取閉關主義，限制對外貿易，抑止基督教的傳播，就是爲了這樣的緣故。專制主義的官僚的封建制藉以存立的，不外是小農業和家庭工業的強固的結合，如果發現了有破壞這種基礎的傾向，就是從本能上，也非極力加以防止不可。然而，鴉片侵進來了，接着，在資本主義下生產的棉紗和棉布也侵進來了。清朝立即感到這些輸入品的危險性，爲了終止年年越來越利害的白銀的外流，所以極力設法來阻止鴉片的輸入但結果這種企圖自然是失敗了。鴉片原來帶着資本主義生產的商品的先驅的任務牠可以使封建社會陷於頹廢，可以使民衆陷於貧困，所以當局加以警戒，這並非沒有道理。然而先進資本主義諸國的「加農砲」很容易地就使得落後的封建社會的中國無法應付了；資本主義的機械工業生產的低廉的商品，源源地越過了低額的關稅而流入了，中國農村的家庭工業，自然因此而立即走上衰滅的末路了，成爲中國農村家庭工業的代表的棉布，的確漸漸被壓迫下去了。這種舊的農村家庭工業的瓦解，不外就是中國封建制度的基礎的瓦解，崩壞過程就這樣慢慢地進行了。馬克思曾在中國印度論中有過一段說明此種過程的正確的見解：

「從來的完全的孤立，是舊中國的保全的主要條件。現在這種孤立遭遇到英國的武力干涉而完結，所以其崩壞是一定要發生的，恰恰像保存在密封着的棺內的「木乃伊」一和新鮮的空氣一接觸馬上就要瓦解一樣。」（馬恩·全集日譯本第六卷八五頁）

但孤立的舊中國的封建社會的瓦解，並不是全盤一齊發生的，是要經過一個很長的期間的。馬克思對於這一點也曾經提到，他說：

「他們（英國人）的商業對於印度的生產方法發生了革命的影響，但這也只能說限於他們用廉價的諸商品，破壞了紡織業和機織業——這是農工業生產合一的原始的必然的構成——使這些共同體分解了。而這種分解作用也只是很緩慢地達成的。在中國更是如此，因爲在中國不能利用直接的政治的權力的緣故。由農工業的直接的結合所生的顯著的經費節約和時間節約，在此對大工業的諸生產物給與極其頑強的反抗。」（資本論日譯本第三卷上册、二九二頁）

封建制度雖然利用農工業的直接的結合對大工業的諸生產品給與頑強的反抗，但結局還是非被推翻不可。英國的棉布雖然是一種高級品，不適於中國一般大衆的需要；雖然也許只能供給都市上的富裕階層的需要，但它的勢力也還是漸漸地普及到一般民衆之間去的；這由棉布輸入的日愈增加上也可明顯地看得出來。我們不能忽視了特別是在初期棉布輸入急速的發展。但下列的表中，我們可以得到很顯明的例證（單位千擔）：

年度	輸入量	年度	輸入量
一八七八年	一〇〇	一八九一年	一、二〇〇
一八八五年	三八八	一八九六年	一、六二一
一九〇一年	二、二六七	一九一一年	一、八六〇

一九〇六年	二、五四一	一九一六年	二、四六七

(摘自馬扎亞爾中國農業經濟研究中譯本五四六頁)

用機械製造的棉紗的輸入，對於農村家庭工業給與了很大的影響，促進了由舊的農民家庭工業向資本主義的家庭工業轉化的過程。外國資本主義破壞了中國的小工業和家庭工業的結合，工業漸漸地和農業分離了。農民家庭工業的基礎之被破壞，就是表示中國封建制藉以存立的基礎被推翻了。

在家庭工業的器械上，也發生了技術的革命，已改良的木製織機對舊式的木製織機加以壓迫。在城市中的手工業工場中，鐵製織機愈被使用，而大紡織工廠的蒸氣織機則開始對抗這一切的生產工具(馬扎亞爾中國農業經濟研究五五七頁)。資本主義的家庭工業和城市的工場手工業則執拗地對抗大機械工業的發展。

殘存着村落共同體的或氏族共同體的關係的農村，不待說是要對外國資本主義的侵入佈置防衛的陣容，甚至加以反噬，以阻止其崩壞的，然而畢竟還是逃不出解體的過程。農民家庭工業崩壞的結果，漸漸把農民吸收到商品經濟關係之中，增強了商人的榨取。高利貸資本乘着農民走上貧窮化的過程，就像臭蟲似的來吸取小農民的血液。農村陷於相對的人口過剩，結果農民離開鄉里而流亡於他方，移民大量地往海外流去。

在封建社會的崩壞過程中，其矛盾更加強烈地表現了出來。農民暴動之所以不斷地發生，也就是爲此。又太平天國革命似的農民戰爭之所以有了飛躍的發展，也是由於這樣的關係。

農村爲了適應外國資本主義的要求，大豆、落花生、及其他含油種子等的栽培漸次盛行起來，表面上農村的貧窮化，似乎可以緩和些；但實際上完全不是這樣。半殖民地在原料供給的領域內，不外使自己更要隸屬於外國資本主義而已。此外廣大的肥沃的地域，改種鴉片了，軍閥們重課鴉片稅，因而收到了莫大的利益。中國雖然是農業國，但所需的米麥，都要仰求於外國的供給了。

雖然農民家庭工業漸次崩壞了，但因資本主義的發展非常薄弱的緣故，失了土地的農民不能都參加到近代工廠中的無產者的隊伍裏去。誠然產生了資本制的家庭工業，來代替農民家庭工業；並且誠然生產了一些輸出外國的商品的新的手工業的領域，例如髮網、扇子、蓆子、紐帶、草帽緶等。這類手工業主要的都是在資本制的家庭手工業的形態下生產出來的。但這種生產只不過是養肥了經紀人而已，並不能因爲有大量的商品輸到外國，就能免於衰頹，農民和都市手工業者的生活不能因此而有所改善。而且這類新的家庭工業反而成了資本主義的大產業的發展上的障礙。

帝國主義是一貫地支持着中國封建的殘餘勢力的。一九一一年的中國資產階級革命終於沒有澈底完成，還濃厚地遺下了一些封建關係。又後來之所以產生了軍閥跋扈的時代，就是由於帝國主義的作弄。帝國主義一面使封建的社會關係發生崩潰作用，一面又阻止中國民族資本主義的發展，而對封建的社會關係加以維持。

第六節　中國民族資本主義的發達

中國在周代就已有過近似工場手工業的協業的形態了，例如車的製造，就是採取這樣的形態的（維特佛蓋爾中國的經濟和社會日譯本下卷一〇五頁）。但是這種勞動是使用奴隸，或是使用義務勞役的。在這一點上，是和近代的工場手工業有顯明的區別的，因爲近代工場手工業是使用工資勞動者。製鹽業和製鐵業也早就利用工場手工業的協業了。據傳在前漢時代曾經在自流井採過鹽，而此時也是利用這樣的協業，又在唐、宋、元也有過這樣的協業。景德鎮的陶磁器老早就極有名，製造上也有採用工場手工業的協業的。製造宮廷使用的陶磁器的工場手工業是利用雇傭勞動和徭役的或奴隸的勞動混合起來的形態。這樣看來，利用雇傭勞動的工場手工業在中國老早就發生了，但中國自身未能由工場手工業發展到近代大工業，中國的大機械工業是在歐洲資本主義的刺激之下才產生出來的。

中國最初發生的近代工業是軍需工業。由一八六二年到一八八二年主要是建設些軍需工廠：一八六二年曾國藩在安慶創設了軍械所（製兵器和輪船，）李鴻章在上海、蘇州創設了製砲局。一八六四年設金陵兵工廠，一八六五年曾國藩建議在上海設立江南造船廠。一八六六年左宗棠在福建馬尾設立了船政局（卽造船廠）一八七六年丁寶楨建議設立四川機器廠。一八七八年左宗棠建議在甘肅設立織呢機器廠。一八八一年吳大徵建議設立吉林機器廠。一八八二年在金陵創立了火藥局（周谷城中國社會的變化四四頁）。

這類軍需工廠都是由官僚計劃的官辦事業，因此如下的評語是很正確的，卽『軍閥官僚在前時代的中國工業化的初期，演了重大的任務』（方顯廷中國的產業資本——錄自有澤廣已編中國工業論四二五頁；Nankai Social & Economic Quarterly vol. IX 七三—四頁）。

當時，講授歐美的學術的學校也開設起來了。一八六二年創立了同文館，主要是學習外國語，是在總理各國事務所衙門的管理之下；到了一八六五年開始添授科學，而該館也升爲專門學校了，並改屬於總稅務司。在一八八四年前後所授的外國語是英法俄德四國的語言，其他學科則有國際法、化學、數學、天文學、生理學等，專收八旗的子弟（H. B. Morse, "The International Relations of the Chinese Empire", Vol. III. P. 413。）當時還派遣留學生到外國。一八七一年曾派遣了三十名留學生到美國去，但在數年後因爲到美國的留學生大都洋化了，所以保守性的政府竟勒令他們回國了（前書 P. 414。）一八七六年清政府依李鴻章的奏請，派遣了軍官卞長勝等到德國去學兵器的技術。

後來隨着官辦軍事工業之後，鑛山的採掘、鐵路的建築、紡織業、製絲業的創立都開始着手了。一八七二年設立了一個輪船公司，名爲招商局。一八七八年直隸總督李鴻章用二十七萬兩的資本（後來曾增到一百二十萬兩）在天津設立開平礦務局。一八七八年在開平和塘沽之間敷設了鐵路，名爲唐山鐵路；這條鐵路在中日戰爭之前延長到了山海關。一八八三年上海商人祝大椿在上海創設了源昌機器五金工廠，資本約達十萬。一八八六年湖廣總督張之洞在廣東設立了繅絲局。（註）一八八九年張之洞又奏請在廣東設立織布局，資本定爲四十萬元；同時還奏請設立鍊鋼廠。一八九〇年在上海設立了由官商合辦的紡織新局，同時，李鴻章還奏請在上海設立機器織布局。張之洞後來又奏請把在廣東購買的織布機和熔鐵爐移到湖北；結果在漢陽建設起工廠，成立了漢陽鐵政局。一八九一年上海道台唐淞石在上海設立了機器紡紗局，是由官商合辦。一八九三年張之洞在武昌設立了織布、紡紗、製麻、繅絲等四局，後來合併為湖北紡紗布官局。一八九四年盛宣懷創立了華盛紗廠；一八九四年又在湖北創立了聚昌、盛昌等火柴公司。由一八八二年到一八九四年這十年間，是新式工業大為抬頭的時期，在中國工業的發達史上，稱為官督商辦時代；因為這類新式工業大多數是由商人創設并由政府監督的（周谷城中國社會的變化七三頁。）

中國在其近代工業將要興起的初期，被逼着對外國資本主義的輸入品，只能一律徵收從價五分的低率的入口稅，所以中國出產的商品受了外國先進的近代工業的商品的壓迫，不能發展。在中日戰爭後，帝國主義投資在中國建設起來的近代工業，更阻止了中國土著工業的發達，而使之陷於半身不遂的狀態。

中國民族資本主義的發展之所以遲緩，主要是由於受了外國資本主義的壓迫，但其原因

（註）『據稱一八八一年在廣東附近曾發生了反對使用外國機械製絲的暴動』（列曼近代中國通商史論日譯本八四頁。）又據稱一八六六年曾在廣東建設了中國最初的機械製絲工業（馬扎亞爾中國農業經濟研究中譯本五一八頁。）

不僅只是這一點。受了保守的封建國家的壓迫也是原因之一。同時，我們還得注意到當時雖然轉化爲半封建的社會，但父家長制的關係還殘存着，所以完全不適於資本主義的經營。資本的原始的蓄積極爲微薄，而且官吏只是會浪費其蓄積下來的資金，富裕的商人也不能自發地投資到新式工業上去。對於中國資本主義的發展多少有相當貢獻的，乃是一部分進步的官僚、買辦、華僑資本家等。

方顯廷氏在中國的產業資本一文中說過：『在商埠的許多產業上成了努力的先驅者的若干小工廠和幾個大公司，都是接受了這類買辦的資本或由用買辦在外國公司所賺得的資本設立的獨立公司投資創立的。』（上書四二八頁上刊七六—七七頁）又說：『華僑由海外送回的資金大半也投在一般生產的企業上，電氣事業和其他同樣的事業大半是由華僑投資的，上海鐵釘製造業的先驅者就是由菲律濱歸來的中國資本家；歸國移民設立的或投資的其他工業中還有化粧品製造業等。』（上書四三〇頁上刊七九頁）又中國人在外國經營的小化學工廠，也有在上海設立分廠的。華僑還在上海廣東香港等處設立巨大的百貨公司，而都有相當的成功。在近代產業中，華僑最成功的是樹膠工業，其中心地是在上海。

中國近代的工業雖然緩慢一點，但的確踏上了發展的途徑，這由各種機械輸入的增加，也可以看得出來的。例如由英國輸入於中國的機械類，一八七五年值四萬七千鎊，一八九五年增至二十九萬五千鎊，一九一〇年更增至五十二萬六千鎊。一九一四年世界大戰爆發的時候，外國商品的供給感到不足，所以給中國工業有一個飛躍發展的機會。除了農業機械和家庭工業機械以外的各種機械的輸入額，一九一三年僅值二百四十八萬二千美元。到了戰後的一九一九年就激增到二千七百六十六萬一千美元了（中國經濟年報昭和十二年版一〇一——一二頁。）

在世界大戰前的七八年之間，是中國工業化的飛躍發展的時代。中國很少自製的生產機械，所以由機械的輸入額就可以看出中國工業的發展的指標。現根據瓦爾加的調查，將機械類歷年輸入額列表如下：（據瓦爾加中國革命的展望，該文收於馬扎亞爾中國問題概論日譯本四六七頁）

年度	總值	兩對美金折換率（合美分）	折合美元
一九一三—六年	七・二（百萬兩）	七〇	五・五（百萬美元）
一九一七年	六・五	一三〇	六・七
一九一八年	八・三	一二六	一〇・二

一九一九年	一五·五	一三九	二一·一五
一九二〇年	二四·六	七六	一八·五
一九二一年	五八·八	七六	四四·七
一九二二年	五一·五	八三	四二·八
一九二三年	二八·六	八〇	一八·九
一九二四年	二五·五	八一	一七·七
一九二五年	一七·三	八四	一四·五
一九二六年	一九·八	七六	一五·〇

中國近代的大工業中紡織業最爲發達，故在此有特別加以敍述的必要。在中日戰爭後的一八九六年，中國人的紗廠已經有了七個，紡錘數已達二十五萬五千，外人在華的紗廠則有五個，紡錘數是十五萬八千（中國經濟年報昭和十一年版一〇二頁）。從這時候起到世界大戰止，發展是很緩慢的；但從世界大戰時起，則有飛躍的發展了。例如：

年次	中國			日本			英國		
	工場數	紡錘數	織機數	工場數	紡錘數	織機數	工場數	紡錘數	織機數

一九一五年	二二	五四四千	二千	三	一六五千	〇千	四	一九五千	〇千
一九二三年	七二	二、一一二	一三	四一	一、二一八	五	五	二五〇	二
一九二五年	六九	二、〇三二	一三	四五	一、三三一	五	四	二〇五	二
一九二七年	七三	二、二一八	一三	四二	一、三〇二	九	四	二〇五	二

（據一九三〇—三一年中國經濟年史五四四—五頁）

一九二八年以後，中國人工廠的錘數漸漸地增加起來，即一九二八年是二百十八萬錘，一九三一年是二百七十三萬錘，一九三三年是二百七十五萬錘，一九三四年是二百八十八萬錘，有九十二廠（中國經濟年報昭和十一年版一七三頁）。

世界經濟恐慌對中國人的工業給與很大的打擊。瓦爾加說：『帝國主義諸國要將恐慌的重負的巨大的部分轉嫁出去。而轉嫁的對象首先就找到殖民地了。』（大恐慌及其政治的結果日譯本一一二頁）

在世界大戰後數年間，中國的近代工業的確有了急遽的發展，這是無可否認的事實；但時代已經不同，中國畢竟不能成爲資本主義的國家，它的工業的基礎還是非常薄弱。也可以說許多種類的近代工業已如雨後春筍似的發生了，但一失掉了其發展的條件，就要衰頹下去的。後來世界恐慌一經來到中國，許多近代工業就完全瀕於沒落了。一九三四年中國經濟年報中這樣地寫着：

「中國工業仍然處於嚴重的恐慌之中，很少有局部的繁榮，整個地說來，還是恐慌深刻化的繼續。據一般的估計：一九三四年上海各部門工業的開工率都非常低下，紡紗業僅有七五%；製帽、水泥、針織業七〇%；製罐、染織業六〇%；油漆、印刷、電料業五五%；搪瓷、鐵器、火柴、熱水瓶、玻璃業五〇%；毛織物、製油業四五%；陶瓷業四〇%；樹膠業、造船業三五%；鐵工業二五%；生絲業二〇%。從上列簡單的數字看來，單從開工率來看，就沒有一個部門能夠維持原有的水準。」（中國經濟情報社一九三四年中國經濟年報一〇五頁）

第十一章　太平天國革命運動、布爾喬亞民主主義運動及反帝國主義運動

第一節　太平天國革命運動

李一塵說：『太平天國是一個偉大的，進步的布爾喬亞民主主義的農民革命。』（太平天國革命運動史——中國近代農民經濟史研究，一三三頁。）我也說過『（太平天國）因爲包含着反封建的布爾喬亞民主主義的要求，所以它開了一九一一年的革命和其後的中國革命的發展的緒端。』（農民戰爭的太平天國革命——唯物論研究一九三四年三月號）

因爲太平天國革命運動，在從一八五〇年到一八六四年的十五年間，從中國的南部到中部的廣大地域都捲入了這個運動中，而且在那兒樹立了農民政權，所以使我們不能忽視了它的意義的曠古未有的偉大的農民暴動。而且，因爲如上所述，它是布爾喬亞民主主義革命的先驅，所以具着更大的重要性了。

滿清專制王朝，從滿洲興起，越過山海關而侵入中國，應吳三桂的請求，出來鎮壓李自成等的農民暴動，並且乘着這機會在中國樹立了自己的政權。於是主要在直隸省、山東省等京畿一帶，奪取農民的土地而編入滿洲王公和八旗的莊田，被滿洲皇室、王公、八旗兵士占有了的土地，估計達二三十萬頃（蔡雪村中國歷史上的農民戰爭六九五頁。）

滿洲人把漢人的俘虜作爲奴隸，編入軍隊作爲八旗的一部；又把一部分的男女俘虜充作私人奴僕，每個軍官都有從僕數人，甚至滿洲的士兵也有了自己的從僕。把從農民手中奪來的土地闢爲牧場；把漢人作爲奴隸或農奴而使之從事耕種。但是滿人貴族漸漸流於遊惰，生活奢侈，費用增加，於是漸漸出賣了自己的土地，而這些土地又漸漸移到漢族地主、商人、高利貸的手裏去了。

自清初的順治到道光，前後不達二百年，而田地每畝的價格竟從二三兩漲到五十餘兩了。田價的騰貴使勤勞農民更無得田的機會；田租日重，更增加了地主佔有田地的狂慾（陳登元中國土地制度三二八—九頁。）山西省的地主、商人，曾經乘着河南省的旱災而伸手到河南去，掠奪一般地收買了多數農民的土地。地主中有的建築了城廓般的住所，常使武裝衛兵守衛，自己設立裁判所和牢獄，而任意的殘酷虐待佃農和債務者（張霄鳴太平天國革命史三〇—一頁。）

清朝時代的田租大概是取總收穫的一半。康熙時佃農交給地主的田租是每畝一石（陳登元，前書，三一一—二頁。）

土地的向地主、商人、高利貸、官僚的集中，便是表示農民的土地漸被奪取了。沒有土地的農民，只有耕作地主的土地，而成爲繳納高額田租的佃農，或者是流亡他方。

此外，清朝由於鴉片戰爭花費了巨額的軍費和賠款，國庫愈益陷於窮困；爲了鎮壓叛亂，也使支出大大地增加了。清政府的收入，康熙時是二千餘萬兩，乾隆時增加到三千餘萬兩，嘉慶道光時增加到三千八九百萬兩。這些收入的膨脹不外由於重徵租稅。舊的租稅愈益加重之外，又以種種的名目徵收新稅。特別是被稱爲「火耗」「漕折」「平餘」等稅，是在賦稅的正額之外，更增加了幾成。而且貪官汚吏爲了肥其私腹，也對人民苛斂誅求。諺語裏也有『三年清知府，十萬雪花銀。』（蔡雪村前書，七一七頁）嘉慶曾命令沒收軍機大臣大學士和坤的財產，其額竟達八億兩之多；縱令這數額有些誇張，也還是可以像想到其數額是很大的，他在二十年的官吏生活中，蓄積了莫大的財富：擁有當鋪三十七家（資本金爲三千萬兩，）銀號四十二家（資本金爲四千萬兩，）土地八千頃（估計值銀八百萬兩。）

鴉片巨量的輸入，使中國的白銀外流而招致了不安。英國棉製品的輸入，漸漸打擊了中國農村的家庭工業。

當時中國有了棉織業、製絲業和陶磁器業的手工業工場（李一塵太平天國革命運動史——中國近代農民經濟史研究一五三頁。）在江甯、蘇州、杭州等，有屬於政府的大規模的製絲工場；也有像鎮江的大企業般的屬於私人的大規模製絲場。在浙江、江蘇、廣東諸省，有許多大規模的棉織物業、絹織物業的手工業工場（李一塵前書，一五四—五頁，）此外，製鹽業、礦業、製鐵業、毛筆業、醬油製造業、製糖業也都實施着手工業工場的協業形態（維特弗蓋爾中國經濟和社會下卷一三〇——一七八頁。）中國雖有了這樣的手工業工場，但也無助於大工業的發展。農民的家庭工業雖然還是根深蒂固，但是已被束縛在商業資本的統治下面了，小農是愈益受了高利貸資本殘酷的剝削。

商人積蓄着巨大的財富的很多，米商、鹽商等中，有巨大的商人。獨占國外貿易的特許權的十三公行的商人中，也有積蓄了莫大財富的，像何呱（？）便有二千六百萬先令的財產。山西省是以大高利貸聞名的。

封建的滿洲貴族，和漢族官僚結成集團，而維持清朝政權。我們可以說清朝政權是代表封建地主和一部分商人的利益的。滿洲貴族和漢族官僚的集團只在對付農民的場合是結合着的，他們彼此間還是有軋轢的。雖然在清朝下面地主官僚、富裕商人、高利貸者之間有着密切的關係，可是不可以忘記了封建地主是封建社會的支配的階級。

在清代，有很多的祕密結社存在着：這些祕密結社表示了對滿人統治的反抗，在農民和其他下層民衆間有着很深的基礎。這些祕密結社中最有名的是帶着宗教色彩的白蓮教和其支派的天理教、三合會（又叫天地會、或三點會、）哥老會等。

白蓮教已經敍述過了，是創立於元代末年，焚香燭，唸彌勒佛，做祈禱，以符咒治病（商務印書館發行中國祕密社會史二—三頁。）關於三合會（天地會）的起源，據說是在福建省福州府莆田縣的九連山中的少林寺的僧侶，於誦經焚香的餘暇，練習武藝，聞名遠近，因而這寺院成了武藝教練所了；後來少林寺被官憲燒燬，多數的僧侶慘遭殺害，所以僧侶們產生了這以復讎爲目的的三合會（中國祕密社會史一三—二二頁。）

這些祕密結社，和農民暴動有着密切的關係：在一七七八年，白蓮教的信奉者王倫曾率衆叛亂，結果失敗，因而有千七百人被處磔刑。在一七九六年，白蓮教又起了叛亂，蔓延及湖北四川河南陝西甘肅等省，直接參加叛亂的羣衆達百萬以上，差不多九年間不能鎮定。在一八一三年有天理教的叛亂，延及直隸山東河南陝西山西等，林清和李文成（木工）是這個叛亂的首領。

在太平天國運動之前，還有許多其他和祕密結社有關係或無關係的小叛亂。一八一三年在陝西省有木箱工之亂。一八二一年在廣西省的東北；一八二三年在山西；一八二六年在貴州和臺灣；一八三一年在廣西的南部和海南島；一八三四年在江蘇湖北四川和臺灣；一八三七年在廣西；一八三九年在山西；一八四六年在廣東省的西南和韶州附近以及湖南，都起了叛亂。此外還有苗族猺族等的叛亂。

太平天國的首領洪秀全，於一八一二年生於廣東花縣，家貧而幼失父母，曾就學於鄉塾，但數度應考都不能及第。那時也曾誦讀新舊約聖書和說教的書籍，因而對基督教大感興味，遂與馮雲山組織上帝會。洪秀全把基督教解釋成是他自己的宗教，他以耶和華為天父，基督為其長子，自稱為耶和華的次子。洪秀全雖然吸取了布爾喬亞的新教，可又企圖把它還原為原始的基督教。主張一切人類都應平等，應同樣地享受天福的上帝會，在下層農民間，得到了不少的共鳴者。

一八四七——八年左右，廣西地方為盜賊所苦，可是不能得到官軍的保護，所以人民各自組織了團練。但是，這團練主要的是由富裕人民組織的；所以，不久便和由貧農組織的上帝會常起衝突。作爲宗教團體的上帝會已經踏進了現實的階級鬪爭，而於一八五〇年在廣西省金田村開始了武裝的暴動。

太平天國軍於一八五三年陷南京，在此設立了政府。太平天國運動是受外國資本主義的影響，而包含着布爾喬亞的民主主義傾向的運動，這運動的中心是貧農和失業農民；此外，也有些手工業者和貧乏的士紳。太平天國運動是一個農民戰爭，同時又是想推倒異民族淸朝的支配，而從其壓迫下面把自己解放出來的民族主義運動。

太平天國運動，具有布爾喬亞民主主義的進步性：它承認男女有平等權，主張男女得同樣地分配土地，女子也能受文官考試，職業上也和男子有同等權利，禁止纏足、蓄妾和娼妓，並禁止買賣奴隸，禁止吸鴉片、飲酒、賭博等。太平天國軍毫不留情地焚燒或者破壞佛寺、道廟和佛像，特別是對於代表封建階級的意識形態的儒教精神的孔廟，更不客氣。太平天國軍通過的地方就沒收地主的土地，焚燬租佃契約。太平天國廢土地私有制度而採取土地國有制，分配土地於農民而給與使用權。

太平天國在一八五三年公布的土地法上說：『凡天下之田，天下之人共耕之，此處不足，遷移彼處；彼處不足，遷移此處。凡天下之田，豐荒相通，此處若荒，移彼豐處，以賑此荒處；彼處若荒，移此豐處，以賑彼荒處。務使天下共享天父上主皇帝上帝之大福，有田同耕，有飯同食，有衣同穿，使地無不均勻，使人無不飽暖。此吾黨之主張也。』（稻葉君山最近中國史講話）

太平天國運動雖然具有民主主義的進步的和帶有共產主義的傾向，可是其政治組織還是很封建的。洪秀全自稱天王，以楊秀淸爲東王，蕭朝貴爲西王，馮雲山爲南王，韋昌輝爲北王，石達開爲翼王，這眞是很大的矛盾。太平天國占領了南京以後，天王和各王便建築豪奢的邸宅，使用多數的僕人。據說洪秀全在南京深居在宮中，一步也不外出，宮中只有女人，差不多不顧政治、軍事，而朝夕唱讚美歌。

在一八五六年，太平天國的幹部間起了內訌：職工出身的黑漢楊秀淸，在政治上和軍事上都發揮了優秀的才能，漸漸擴張勢力，但結果遭遇嫉視，被當鋪出身的瘦子韋昌輝所暗殺了。據說，當時楊秀淸一族的黨徒被殺的約達二萬人之多。洪秀全見韋昌輝的手段冷酷和辛辣，因而害怕起來；但後來韋昌輝又爲石達開所暗殺了。石達開感覺到洪秀全猜疑他而性命危，便各自脫離而採取了自由行動。幹部間的這樣的小布爾喬亞的暗鬥完全削弱了太平天國的勢力。

太平軍雖然陷了武漢，可是并不想守住它，因而放棄了又向南京進行。所以曾國藩後來能夠在湖南組織所謂的「湘勇」，慢慢地訓練軍隊，這種軍隊的領導者是官吏和知識分子。曾國藩是漢族中很倔強的官僚，他在征討「髮賊」的檄文中說：

『士不能誦孔子之經，而別有所謂耶穌之說，新約之書。舉中國數千年禮義人倫詩書典則，一旦掃地以盡。此豈獨我大清之變，抑亦開闢以來名教之奇變。我孔子孟子之所痛哭於九泉者也。凡讀書識字者，又豈能袖手旁觀，不思爲之所乎？』（張霄鳴太平天國革命史一六一頁）

這檄文說因爲孔孟之道被廢，所以不僅是清朝之變，而是從來的名教的奇變，這樣巧妙的說法，是想激動官僚和知識分子的同情的，所以這檄文擬裝着是挽救文化的鬥爭。李鴻章也倣傚曾國藩，組織了新的軍隊。

農民只是以其自身的力量，縱令怎樣地革命化了，也不能統一地往一定的方向發展的，農民運動必須要有一個鬥爭意識更澈底的階級的力量來領導他們。即是：農民運動要有布爾喬亞或普羅列塔利亞的指導，纔能統一地往一定的方向發展開去，但是，在當時的中國，還沒有這樣的階級。

恩格斯在德意志農民戰爭中說：

『……各州邦的農民，不顧別的而以自己一個的獨斷去行動，常常對鄰近的起了叛亂的農民拒絕給與援助，其結果在個別鬥爭中，一定要被人數不及叛亂大衆的十分之一的軍隊所殲滅的——這些事情，看了上面所敍述過的說明，無論誰也可以明白罷。』（馬克思恩格斯全集日譯本第四卷三七〇）

這一段話，也適用於來說明中國的農民戰爭。例如在一八五三年九月，叫作七首黨（小刀會）的三合會的一派，突然占領了上海縣城，但是它和太平軍是全無甚麽連絡的，而且其後太平軍也並沒有和它協作，毫不關心地看着它敗北而逃出上海。當時在河南山東直隸陝西等省，還起了捻黨的叛亂，太平軍也未和他們取任何的連絡。

此外，最值得重視的是，先進資本主義列強在撲滅太平軍上，演了非常巨大的任務。不僅是美國人華爾（Ward）和後來英國人戈登（Cordon）少佐所統率的常勝軍很有名；並且，列強還直接地間接地援助淸軍，以殲滅太平軍。矢野仁一氏說：『江蘇的恢復，英美人很有功，同樣，英法人於浙江的恢復也很有功。』（近世支那史）在上海附近，英國和法國的軍隊如何對太平軍加以攻擊；在甯波及其附近，英國和法國的軍艦，如何砲擊太平軍；常勝軍是如何活躍等，在此不能一一加以具體的敍述。

在一八六四年六月三十日，洪秀全終於服毒自殺了，同年七月十九日，南京城也被官軍路落。戰到最後的李秀成雖想逃亡，可是被捉到了。貧農出身的李秀成是太平天國的最優秀的人物，在軍事上也發揮了最傑出的才能。李秀成被捕後，被允許寫太平天國叛徒興起的經歷，每天寫七千字左右，十天而完成。據說南京城中的居民聽到李秀成死，追悼者達數萬戶，曾爲此而相率罷市（蔡雪村前書，七六八頁。）

第二節　布爾喬亞民主主義運動

中國資本主義的發展，受了種種的條件的妨礙，是非常遲緩，從而產業布爾喬亞的力量極其微弱。因爲是這樣的狀態，所以布爾喬亞並未担負起領導布爾喬亞的民主主義運動的任務。但是布爾喬亞民主主義運動受了外國的影響而漸次起來了。特別是在中日戰爭敗北後，這運動急速地擡起頭來。於是在這兒出現了兩個顯然對立的潮流：一個是康有爲所代表的溫和的漸進的民主主義的維新運動；另一個是孫中山所代表的急進的革命的民主主義的運動。

康有爲是廣東省南海縣人，公羊學大家，在鄉里設私塾教育弟子；但是他吸收西洋的新文化，籌劃富國強兵的方策，普及教育，並主張成立君主立憲制。梁啓超是他的門人，在湖南省長沙設省立時務學堂，從事子弟的教育，努力於新學運動和維新運動的普及和發展。康有爲屢以自疆變法的方案上書清庭，並於一八九五年在北京發起保皇會，他受光緒帝的師傅翁同龢的知遇，遂被舉用於光緒帝。光緒帝雖然想依照康有爲的方案而立卽作一大改革；可是觸到守舊派，特別是西太后的妒忌，於一八九八年，光緒帝曾被幽禁起來，維新派譚嗣同以外多人都被拘捕。康有爲和梁啓超逃脫了流亡到海外。梁啓超寄居橫濱，於一九〇一年創刊新民叢報，在外國各處設立保皇會，和中國國內的漸進的立憲運動保持着連絡；但是後來康有爲一派主張立憲君主制的運動，沒有甚麽多大的發展。

日俄戰爭後，由上而下的立憲運動被推進了。駐法公使孫寶琦首先建議採用立憲制，總督中提出同樣建議的也相繼出現了。清朝於一九〇五年派遣五個憲政考察大臣視察各國的憲政。一九〇六年各考察大臣歸國，而預告實施立憲。一九〇八年公布了相當於省議會的諮議局的規程，跟着在一九〇九年公布國會期爲一九一九年；更於一九一〇年公布把國會會期縮短在一九一四年。清朝雖然表示了這樣地讓步和妥協，可是全然不能阻止以推翻清朝建立共和國爲目標的布爾喬亞民主主義運動。

孫逸仙（文）出身於廣東香山縣的農家，少年時學醫學，後來行醫於澳門時，加入了輿中會（王樞之孫文傳一〇二頁）這是他後來成爲革命家的開始的第一步。據說當時的興中會還沒有明白的提出反對淸朝政權的綱領，也是和康有爲的一樣，主張要求淸朝實行政治改革（同書同頁。）但是後來興中會的主張急速地轉化到民族主義了。尤其是中日戰爭發生以後，更明顯地主張反對淸朝了。

在這樣的情勢下面，發生了廣州事件。這次事件是以孫文陸皓東等爲首領，計劃於一八九五年舊歷的九月九日占領廣州省城，但是同黨中發生了自首的叛徒，所以大搜查的結果，同黨多數被捕，陸皓東朱貴金等首領被處死刑。孫文好容易纔能夠逃到了香港。

一九〇〇年三合會的鄭士良等，據惠州府三州田山寨起事，孫文策劃供給武器，但是事不如意，而結果終於失敗了。

黃興於一九〇三年連結哥老會的頭目馬福益計劃在湖南省舉事。但是在起事前被官憲發覺，馬福益被捕斬殺，黃興好容易逃脫而亡命於日本。

孫逸仙在惠州事件後亡命於日本之後，就出發週遊歐美各國，但是到日俄戰爭發生，又回到日本後，所以有和黃興會見的機會。於是黃興的華興會，章炳麟的光復會，孫文的興中會宣佈合併，而成立中國革命同盟會。中國革命同盟會發行機關報——民報，其發行額達四五萬份

（加藤繁中國革命史初版九〇頁）當時中國的日本留學生頗多共鳴於同盟會的主張者同盟會的綱領是這樣：

（一）顚覆現今的惡劣政府；

（二）建設共和政體；

（三）維持世界眞正和平；

（四）主張土地國有；

（五）主張聯合中日兩國國民；

（六）要求世界列強贊成中國革命事業。

（同書九〇——九一頁）

譯者按：同盟會組成後發布的宣言中所揭之四大綱領係：（一）驅除韃虜；（二）恢復中華；（三）建立民國；（四）平均地權，與作者所列舉的略有出入，茲特爲誌出。

一九〇六年，在江西的萍鄉和湖南的醴陵發生了叛亂。江西方面，同盟會的會員劉道一等指使安源的煤礦夫約六千人參加叛亂，但是末後敗北而解散了。在湖南方面，叛衆雖然一時相當優勢，可是未能長久繼續。事件了結後，這地方的農民，被官軍殺了幾千人（加藤繁中國革命史一一八頁。王樞之孫文傳一三二頁。）

一九〇七年，廣東西部欽州的人民反對徵收砂糖稅，廣州人民反對士豪和地主乘荒年囤穀擡高米價，因此聚集在廣州做示威運動；當局派遣新軍六千去彈壓（王樞之前書一三二頁）。當時孫文在安南派遣黃興乘這機會煽動新軍叛變，但是沒有甚麼成效。跟着發生了鎮南關事件，結局也終於失敗。

在一九一一年三月，同盟會會員百餘人襲擊廣東城內兩廣總督府衙門而占領之；但是水師提督李準率水師營大兵來把他們打破。他們多數死亡，剩着的退而作街市戰。他們在狀元橋地方從米店裏拿出米袋作堡壘而和官軍戰鬥（加藤繁中國革命史一五九頁）。死於這事件的同志是七十二人。其屍首被葬於黃花崗，所以也被稱為黃花崗事件。

中國的布爾喬亞民主主義革命運動，這樣地擡頭起來。海外的華僑布爾喬亞，通過孫文底手，對這運動供給了很多的資金。華僑在海外成功的是商業資本家，是金融業家，和不少的產業經營者。

在一九一一年四月，發生了鐵道國有問題。主倡鐵道國有的是郵傳部大臣盛宣懷。其目的是收買全國的鐵道為國有，藉延長和建築鐵道的名義借入外資，以救濟國庫的窮乏（加藤繁中國革命史一六五頁）。因此，從各地發生了反對的意見，特別是在四川，因此曾引起了騷動。情勢這樣迫切，遂於同年十月十日，在武昌勃發了革命。平川清風在中國共和史上，這樣地寫着：

『十日夜九時遂起事，於左腕纏白布爲標記，先以武昌爲其根據地。武昌的新軍響應之。於十二日晨占領武昌全部。湖廣總督瑞澂，新軍統制張彪僅以身免，漢陽製鐵廠、兵工廠全入革命軍之手。十三日推陸軍第二十協統領黎元洪爲都督，舉湖北諮議局長湯化龍爲民政部長。於此……中華民國政府宣告成立。』（一〇七頁）

於是，清朝被推翻，革命大體成功而成爲共和國了。但是民主主義革命幷未被澈底完成，革命的果實全被袁世凱奪去了。從此以後，又產生了封建勢力的軍閥的跋扈時代。其時，孫文僅只是在南方高舉着民主主義的旗幟。一直到今天，布爾喬亞民主主義革命都還沒有澈底地成功。到了最近，中國的勤勞階層已經抬頭起來了。因爲外國資本在中國經營企業，所以中國民族資產階級比較脆弱，反之，勤勞階層的力量則較爲強大。實現布爾喬亞民主主義，成了勤勞階層的任務。在一九二七年大革命發生的時候，中國的布爾喬亞已經表示出害怕民主主義的發展的態度了。

第三節　反帝國主義運動

中國民衆對於外國資本主義的侵入，決不是沒有抵抗的。鴉片戰爭中，奕山和英軍締結休戰條約而決定支付六百萬元的賠款，奕山把這賠款完全使廣東人來負擔，其中四百萬元由藩司、運司和海關三庫支出，其餘的二百萬元徵課稅於一般商人。因爲英軍橫行街市而任所欲爲，所以民衆大爲憤慨，遂於一八四一年六月十日，當英兵千餘人行軍的時候，揭起「平英團」的旗，在中途襲擊英軍而將其包圍。男女農民聚集起來數萬，約殺英人二百餘（張霄鳴太平天國革命史五四頁）。這事件是表示了民衆的反抗，而爲後來的反帝國主義運動的先驅。

太平天國革命運動一方面也是對外國資本主義侵入的一種抗議，可是因爲在上面已經敍述過，所以在這兒便省略了。

在一八九九年，發生了義和團事件。義和團事件雖然被認爲是迷信的祕密結社的一種完全盲目的亂暴行動；可是它是具有農民的反帝國主義運動的意義的。農民在列強帝國主義的侵略下面生活愈益貧窮起來了。義和團事件便是對於外國的侵略的一種抗議。清朝的保守派固然曾經利用過這個運動，可是，這運動自身決不是反動的。義和團運動也是反基督教運動：基督教是外國資本主義侵入的先鋒，被民衆極端憎惡，在這事件以前，也屢次發生過反基督教運動。一八七〇年在天津發生了民衆襲擊法國領事館、教堂和其附屬的孤兒院，殺害了多數法國人和其他外國人的事件。其後，在一八九〇年時也屢次發生反抗基督教的運動；但是義和團運動乃是過去和未有過的大規模的運動。義和團運動結果被資本主義各國的聯合武力壓碎了，中國因此被課了很重的賠款。其他對外國的反抗運動也暫時沉寂了，後來不過是空喊了一些收回權利的口號而已。

在一九〇六年，又採用了一種新的鬥爭手段：即用經濟手段來從事排外運動，即對外國商品的排貨運動。這運動首先向着美國，因爲美國在加利佛尼亞州禁止中國職工入境，所以廣東浙江江蘇和揚子江一帶，都採取了排斥美貨的報復手段。

其次排貨運動又轉向着日本了。最初的排斥日貨運動是起於一九〇八年辰丸事件。跟着在一九〇九年，因爲日本政府對安奉線改築問題，發表自由行動宣言；接着又締結了不平等的日清協約，以致使中國民衆大爲不滿，因而發生了排斥日貨運動。第三回的排斥日貨運動是起於一九一五年中日交涉事件：即是因爲日本提出二十一條的要求，送最後通牒於袁世凱而逼其承認。所以大使民衆激昂，排斥日貨運動因而波及於全國。第四回的排斥日貨運動是在一九一九年，起於山東問題（東亞經濟調查局發行中國內排斥日貨運動——經濟資料第十卷第五號。）關於這事的詳細情形，在講「五・四運動」時再敍述。在一九二三年，關於收回旅大問題，也發生了排斥日貨運動。其後排斥日貨的運動頻頻發生，在這兒不能一一詳述了。

在一九一九年，發生了叫做「五・四運動」的學生運動。從一九一九年一月，收拾世界大戰的和平會議在巴黎開會了。中國派遣陸徵祥顧維鈞王正廷等爲出席委員，想趁此機會，收復國權；特別是想不從日本的手裏，而直接在會議上要求歸還德國在山東的諸權利。但是，在這以前，日本已經從英國法國意國等得到了山東問題任中日直接交涉的允諾，所以這些國家沒有容納中國方面的要求，因此中國的主張全然沒有達到。中國出席的委員把這消息電告到本國，所以排日運動立刻在中國勃發了。五月四日，北京大學等十餘校學生三千人舉行大示威運動，揭起大書「還我青島」「排斥日貨」「提倡國貨」「剷除賣國賊」等等的旗幟，遊行北京市中，遂襲擊親日派首領交通部長曹汝霖的邸宅，使正在那兒的駐日公使章宗祥負了重傷，放火燒燬了曹邸。這運動是學生大衆所領導的，是有劃時代的意義的。五・四運動以來，學生運動普及於中國全國，到處都組織了學生會，幷且組織了全國學生聯合會。

學生們趁着一九二二年四月世界基督教學生同盟大會在中國開會的機會，發起了反基督教運動，在上海組織了反基督教學生同盟；在北平組織了反宗教大同盟。反基督教學生同盟宣言中寫的着：「這種成了資本主義的走狗的現代基督教和基督教教會，是我們的仇敵，不能不和它決戰。」（長野郎中國的興國運動——東亞經濟調查局經濟資料第十二卷第七號，一四頁）反宗教大同盟的規約裏有「本會以脫除宗教之羈絆發揮科學的眞理爲本旨」（同上書十八頁）

香港老早便組織了很強的海員工會，該會於一九二二年十月要求增加工資，不遂，而於翌一月十三日宣告罷工。這罷工因爲是對英國的罷工，所以有特別的意義。到了三月五日，職工方面完全勝利，罷工遂告終結（北京滿鐵月報第四年第二號。）

在一九二四年，展開了收回教育權運動和反對文化侵略運動。在奉天省，組織了奉天收回教育權促進會，要求收回滿鐵沿線的日本教育事業，繼續着在廣東也發生了收回教育權運動，不久就波及到南京、福州、徐州、汕頭、廈門等地。在廣州，發生了學生的同盟罷課，廣州學生聯合會起來援助，主張「恢復學校內集會結社自由，」「反對奴隸教育，收回教育權，」「反對帝國主義者的侵略」等（長野前書，二三—四頁。）於一九二五年五・卅事件後，各地再發生了反基督教運動。

A・加蒂克斯氏說：『一九二五年五月三十日，在上海發生了一個開了中國國民解放鬥爭史上的新時代的「突發事件」——在殖民地或半殖民地的這樣的事件，照例常被帝國主義的新聞這樣稱呼。』（日譯從廣東到上海一〇頁）上海的外國紗廠發生了罷工，公共租界工部局巡捕以學生煽動罷工爲理由，而逮捕了兩個學生，所以學生們要求解放這兩名學生而舉行了大衆的示威遊行。但是工部局的巡官隊以開槍對付這示威遊行，死傷了數十人。於是，上海的學生、職工、商人等，展開了未曾有的大罷工、大罷市。商人團體不久便從戰線退却去，但是上海的勤勞階層仍然表示了巨大的力量，繼續着執拗的總罷工，直到八月的終末。

在廣東六月二十三日爲響應上海，數千學生、工人、兵士、市民大衆舉行示威遊行的時候，也由英法租界開槍，死傷了二百六十五人。於是開始了對英不合作和抵制英貨的運動，從香港撤退到廣東的罷工工人達十五萬。廣東的對英不合作運動長期繼續下去，到一九二六年十月十日好容易纔正式告終了。

一九二六年，廣東的北伐軍進展到揚子江流域，反軍閥反帝國主義的鬥爭擴大起來，但是隨着革命運動的進展，布爾喬亞漸漸害怕起來，終於放棄其戰線，而和軍閥、帝國主義者妥協了，使中國革命暫時遭遇了頓挫。在最近，由於東方的帝國主義者的積極進攻，中國民族在全國團結抗敵救亡的大旗之下，新的民族解放運動又重新展開了，

參考書目錄

序論及第一篇

、駒井知愛、江上波夫東洋考古學——世界歷史大系第二卷

濱田耕作東洋考古學研究

橋本增吉東亞文明的黎明

郭沫若中國古代社會研究

馬特林編早川二郎譯世界原始社會史（辛墾有譯本）

波恰洛夫等著，早川二郎譯唯物史觀世界史教程（神州國光社有譯本）

呂振羽史前期中國社會研究

曾謇中國古代社會上

沙發洛夫中國社會史（新生命有譯本，名中國社會發展史）

希爾特著，西山榮久譯中國古代史

飯島忠夫中國古代史論

錢玄同重論經今古文學問題（日本文求堂印行本）

市村博士古稀記念會編東洋史論叢

內藤虎次郎東洋文化史研究

恩格斯家族私有財產及國家的起原（新生命有譯本）

周傳儒甲骨文字與殷商制度

郭沫若甲骨文字研究

斐文中舊石器時代之藝術

李則綱始社的誕生與圖騰

蘇聯物質文化史研究院編，早川二郎譯考古學概論

梁啓超中國歷史研究法

新城新藏東洋天文學史研究

郭沫若青銅器研究要纂（日本文求堂印行本）

莫爾甘古代社會

維特佛格著，平野義太郎譯在解體過程中的中國經濟和社會

古書辨僞四種（商務國學基本叢書之一）

郭沫若卜辭通纂

呂氏春秋
史記
易經
萬國鼎中國田制史
馬克思資本論
王宜昌中國奴隸社會史——讀書雜誌二卷七八期合刊
丁迪豪殷代奴隸史——歷史科學（日文）第一卷第五期
胡秋原中國社會文化發展草書上——讀書雜誌三卷三四期合刊
郭沫若天的思想——東洋思潮（日本岩波講座）
Marcel Granet, "Chinese Civilization," London 1930
Henri Maspero, "La Chine antique," Pairs, 1927

第二篇參考書

早川二郎譯亞細亞的生產樣式論
柯瓦列夫著，西村雄三譯古代社會論
早川二郎古代社會史
列甯著，鈴木安藏譯國家論
郭沫若兩周金文辭大系
普里哥金等著，永住道雄譯社會構成論
賴哈特著永住道雄譯前資本主義社會經濟史論（中國有施復亮譯本）
郭沫若屈原時代——文學一九三六年二月號
詩經
陳蕙璇春秋的奴隸——食貨民國二十四，八，一日號
奧希潑夫論中國中代社會的奴隸制——歷史科學第五卷第八九號
岡崎文夫中國史概說上
書經
春秋左氏傳
陶希聖中國封建社會史
渡邊秀方中國哲學史概論
上野菊爾東洋文化史

武內義雄中國思想史
宇野哲人中國哲學概論
陳清泉諸子百家考
陳柱諸子概論
A・佛爾格著，原富男等譯中國文化科學概說
胡適中國哲學史大綱
高桑駒吉中國文化史講話
論語
老子
墨子
孟子
莊子
荀子
列子
國語
韓非子
Heinrich Hackmann, "Chinesische Philosophie," München, 1927

第三篇參考書

加木克編，西村雄三譯東洋封建史論
前漢書
後漢書
三國誌
加藤繁中國經濟史——經濟學全集第二十八卷
陳登元中國土地制度
陳伯瀛中國田制叢考
戴銘禮中國貨幣史
廣田茂中國貨幣史錢莊考
森谷克己中國社會經濟史
世界歷史大系第四卷
陶元珍三國食貨志
晉書
松田壽男、野原四郎東洋史序說

蔡雪村中國歷史上的農民戰爭
張霄鳴中國歷代耕地問題
薛農山中國農民戰爭之史的研究上冊
馬非百秦漢經濟史資料——食貨民國二四，十，十六號
黃君默兩漢的租稅制度——食貨民國二五，三，一日號
吳景超西漢奴隸制度——食貨民國二四，八，十六號
杜佑通典
王充論衡
世界歷史大系第四卷
世界歷史大系第五卷
隋書
舊唐書
新唐書
唐會要
陶希聖鞠清遠唐代經濟史
劉道元中國中古時期的田賦制度
周谷城中國社會之結構

鞠清遠唐代官私工業
黃現璠唐代社會概略
馬端臨文獻通考
易曼暉唐代農耕的灌溉作用——食貨民國二五，二，一
陳公博中國歷史上的革命
熊得山中國農民問題之史的敍述——讀書雜誌第一卷第四・五期合刊　第三卷第三・四期合刊
世界歷史大系第六卷
宋史
司馬光資治通鑑
金史
重松俊章宋代的均產暴動及其系統——史學雜誌第四十二卷第八號
陳安仁中國近世文化史
元史
馬哥波羅旅行記
明史

世界歷史大系第七卷
吳偉業綏寇記略
趙翼二十四史劄記
顧炎武日知錄
August Conrady: "Die Beziehungen der c in-sischen Kultur zur Abendländischen" Leipzig, 1895.

第四篇參考書

武堉幹中國國際貿易史
矢田一近代中國外交史
窪田文三中國交通史
世界歷史大系第八卷
世界歷史大系第九卷
高桑駒吉東洋近代史十講
橋本增吉中國的外交關係上
稻葉君山淸朝全史
稻葉君山最近中國史講話
劉彥中國近時外交史
德禮賢中國天主教傳敎史
曾根俊虎髮賊亂志——通俗二十一史第十二卷
張霄鳴太平天國革命史
李一塵太平天國革命運動史——中國近代農民經濟史研究
上海文明書局印行太平天國野史
王鍾麒太平天國革命史
謝興堯太平天國史事論叢
曾友豪編中國外交史
列曼著，小林幾次郎譯近代中國通商史論
內田壽中國貿易事情
三枝茂智中國的外交財政
中國關係條約集
松井等中國現代史
伊藤文吉列強在中國的經濟關係
漆樹芬經濟侵略下之中國

杜冰波中國最近八十年來的革命與外交上、下
黃孝一帝國主義侵略中國史上、下
周谷城中國社會之變化
長野朗列強在華的資本戰
東亞經濟調查局編美國對華經濟政策
馬扎亞爾著，井上昭丸譯中國農村經濟論（神州國光社有譯本）
馬扎亞爾著，田中忠夫安藤英夫譯中國問題概論
侯厚培、吳覺農日本帝國主義對華經濟侵略
東洋經濟新報社編大日本外國貿易五十六年對照表
東洋經濟調查局編一九三〇——三一年中國經濟年史
大中國大系財政經濟篇（日文）
列瑪著、東亞經濟調查局譯列強的對華投資
日本經濟年報第七輯
伊藤武雄現代中國社會研究
渡邊新五郎譯中日外交祕史
阿瓦林著列強對滿工作史
東亞同文會調查編纂部中國之工業
入江啓四郎中國邊疆的角逐
馬場秋太郎中國經濟地誌交通篇
鐵道院運輸局中國之鐵道
猪侯津南雄在遠東的帝國主義
滿鐵調查課滿蒙鐵道及於社會和經濟的影響
石川順中國的鐵道
列甯帝國主義論
李麥麥編中國經濟
瓦爾加中國革命的諸問題——日譯世界經濟年報第三輯
中國經濟情報社一九三四年中國經濟年報
滿鐵總務部資料課華北事情綜覽（日文）
朱其華中國社會的經濟結構
有澤廣巳編中國工業論
朱其華中國經濟的現狀和將來
大中國大系政治外交篇
中國經濟年報昭和十一年版，昭和十二年版

瓦爾加大恐慌和其政治的結果
陳捷義和團運動史
陳功甫中國革命史
長野朗中國革命史
加藤繁中國革命史
平川清風中國共和史
中國革命紀事本末（商務印書館印行本）
威佛格著，簡井英一譯孫逸仙與中國革命
威佛格著中國正在醒覺
正樞之孫文傳
中國祕密社會史（商務印書館印行本）
鈴江言一中國革命的階級對立
長野朗中國的社會運動
長野朗中國的興國運動
長野朗中國的勞動運動
東亞經濟調查局編中國的日貨排斥運動
斯達林中國革命論
阿幾亞蒂克斯著，別府重夫譯從廣東到上海
長野朗中國農民運動觀
瞿秋白中國大革命史
東亞經濟調查局編蘇維埃運動的研究
中山耕太郎新中國讀本
H. B. Morse, "The International Relations of the Chinese Empire."
H. B. Morse, "The Trade and Administration of China."
Henry Yule, "Cathy and the Way Thither."
Cordier, "Histore des Relations de la Chine avec les Pinssanees accidentales."
Maspero, "La Chine," 1918.
E. H. Parher, "China, her history, Diplomacy Commerce," London 1914.
Alleyne Ireland, "China and the Powers," Boston, 1902.

R. M. Martin, "China, Political, Commercial and Social," London, 1847.

Westel W. Willoughly, "Foreign Rights and Interests in China," 1902.

A. J. Sargent, "Anglo-Chinese Commerce and Diplomacy," Oxford, 1920.

J. B. du Halde, "Description geographique historique, chronologique, politique, et physique de lémpire de la Chine et de la Tatarie Chinoise," Paris, 1935.

S. W. William, "The Middle Kingdom."

M. J. Bau, "The Foriegn Relation of China."

T. W. Overlach, "Foriegn Finance Control in China, "New York"" 1919.

Wong Ching-wai, "China and Nations."

G. Dubarbier, "La Chine Contemporaine Politique et économique," Paris, 1926.

Lao-P'ong-yo, "Le Double Dragon chinois Janne ou Rouge." Paris 1927.

Orther Ransome, "The Chinese Puzzle."

E.Valentin, "L'avenment d'une Republique," Paris, 1926.

J. B. Tayler, "F rm and Factory in China," London, 1928.

Roger Lévy, "A qin la Mandchourie?"

J. C. Balet, "La Mandchourie," Paris, 1932.

B. Russell, "The Problem of China," 1922.

"Arbeiterbenregung und Revolution in China," 1925.

E. Burns, "British Imperialism in China," 1926.

Scott Nearing, "Whither China?" New York, 1927.

Deng-Bao-Sjang, "Das blutende China," Berlin, 1928.

M. James and R. Domping, "Soviet China" New York, 1932.